隋唐佛教史稿

汤用彤 ◎ 著

吉林出版集团股份有限公司

图书在版编目（CIP）数据

隋唐佛教史稿 / 汤用彤著 . —长春：吉林出版集团股份有限公司，2017.11
　　ISBN 978-7-5581-3070-0

　　Ⅰ.①隋… Ⅱ.①汤… Ⅲ.①佛教史—中国—隋唐时代 Ⅳ.① B949.2

中国版本图书馆 CIP 数据核字（2017）第 262453 号

隋唐佛教史稿

著　　者	汤用彤
策划编辑	杜贞霞
责任编辑	王　平　史俊南
封面设计	老　刀
开　　本	650mm×960mm　1/16
字　　数	252 千字
印　　张	21
版　　次	2018 年 4 月第 1 版
印　　次	2018 年 4 月第 1 次印刷
出　　版	吉林出版集团股份有限公司
电　　话	总编办：010-63109269
	发行部：010-69584388
印　　刷	天津兴湘印务有限公司

ISBN 978-7-5581-3070-0　　　　定价：52.80 元

版权所有　侵权必究

目 录

绪 言 ··· 1

第一章 隋唐佛教势力之消长 ·································· 4
第一节 隋 朝 ··· 4
第二节 唐高祖、唐太宗 ······································ 11
第三节 玄奘法师 ··· 20
第四节 永徽至元和间(650—806) ························· 25
第五节 韩愈与唐代士大夫之反佛 ························· 35
第六节 会昌法难 ··· 46
第七节 隋唐之僧伽 ·· 59

第二章 隋唐传译之情形 ······································· 74
第一节 传译之人物 ·· 74
第二节 西行求法之运动 ···································· 80
第三节 翻译之情形 ·· 84

第三章 隋唐佛教撰述 ·· 89
第一节 注 疏 ·· 90
第二节 论 著 ·· 91
第三节 纂 集 ·· 98
第四节 史地编著 ·· 101
第五节 目 录 ·· 110

第四章　隋唐之宗派 …………………………………… 117
第一节　三论宗 ……………………………………… 119
第二节　天台宗 ……………………………………… 141
第三节　法相宗 ……………………………………… 156
第四节　华严宗 ……………………………………… 173
第五节　戒　律 ……………………………………… 191
第六节　禅　宗 ……………………………………… 203
第七节　净土宗 ……………………………………… 207
第八节　真言宗 ……………………………………… 211
第九节　三阶教 ……………………………………… 214
第十节　综论各宗 …………………………………… 218
第五章　隋唐佛教之传布 ………………………………… 244
附录一　隋唐佛教大事年表 ……………………………… 253
附录二　五代宋元明佛教事略 …………………………… 313
第一节　本期佛教之势力 …………………………… 313
第二节　本期朝廷对于佛教之法令 ………………… 327

绪　言

　　研究佛教史而专说隋唐二代，特为方便之假设，学者不可胶执也。盖政治制度之变迁，与学术思想之发展，虽有形影声响之关系，但断代为史，记朝代之兴废，固可明政治史之段落，而于宗教时期之分划，不必即能契合。就隋唐佛教之宗派言，则慧文时属北齐，智者亦生于梁代，天台宗不必即起于开皇之初也。即就一宗言，则禅宗不惟有南北之分，且东山法门与曹溪血脉亦复异其趣。学者于区分佛教史之时代，当先明了一时一地宗风之变革及其由致，进而自各时各地各宗之全体，观其会通，分划时代，乃臻完善，固非可依皇祚之转移，贸然断定也。

　　然自宗派言之，约在陈隋之际，中国佛教实起一大变动。盖佛教入华，约在西汉之末，势力始盛在东晋之初。其时经典之传译未广，学者之理解不深。及道安以后，输入既丰，受用遂胜。此中发展之迹，不能详言。自陈至隋，我国之佛学，遂大成。三论之学，上承般若研究，陈有兴皇法朗，而隋之吉藏，尤为大师。法相之学，原因南之摄论，北之地论，至隋之昙迁而光大。律宗唐初智首、道宣，实承齐之慧光。禅宗隋唐间之道信，弘忍，上接菩提达摩。而陈末智𫖮大弘成实，隋初昙延最精涅槃，尤集数百年来之英华，结为兹果。又净土之昙鸾，天台之智𫖮，华严之智俨，三阶佛法之信行，俱开隋唐之大派别。且自晋以后，南北佛学风格，确有殊异，亦系在陈隋之际，始相综合，因而其后我国佛教势力乃达极度。隋唐佛教，因或可称为极盛时期也。

及至唐末，唯识、俱舍虽有学者，相部、东塔虽相争执，然其极盛之时约均在开天年间。禅宗兴起，势力甚盛，然唐末大起分化，而五派并立。德宗至文宗时，湛然、澄观、宗密更兴天台、华严之教，然不久遭武宗之法难，即其经典亦埃灭少存。密宗自金刚智、不空二人弘法之后亦大张，至唐末日本僧人圆仁、圆珍犹相继来学，然武宗以后，亦遂式微。盖会昌法难至为酷烈，且继以五代之乱世，及周世宗之毁法，因而唐代灿烂光辉之佛教，再不能恢复矣。

依上所言，佛教史之分期，盖据势力之盛衰而言。势力之消长除士大夫之态度外，亦因帝王之好恶。隋炀帝之尊智者大师，唐太宗、高宗之敬玄奘三藏，武后之于神秀，明皇之于金刚智，肃宗之于神会，代宗之于不空，佛教最有名之宗派均因之而兴起。而有开元之禁令，三阶教由之而亡；有会昌之法难，我国佛教其后遂衰。宗教与政治社会之关系，固甚重要，因本此旨，述本期佛教势力之消长第一。

佛教源出异域，传译因居首要：一、开发宗派，如法相之学至护法而详密，论理之法至陈那而精审。玄奘入印，恰在其后，故唯识、因明由之大弘。二，决定盛衰，中唐以后，印度之佛教渐衰，中印之交通亦甚阻隔。唐末以来，佛法衰败，亦此之由。而方隋唐佛法盛时，翻译不但广博完善，且有华人主持。隋之彦琮，唐之玄奘、义净是矣。斯亦本期之特色，爰述传译之情形第二。

中国佛教，虽根源译典，而义理发挥，在于本土撰述。注疏论著，表现我国僧人对于佛理之契会，各有主张，遂成支派。而宗义之变迁，首当明其事实经过之述辙，及佛典翻述先后与其性质。故分为注疏、论著、纂集、史地编著、目录五项，述本期佛教撰述第三。

隋唐佛教，承汉魏以来数百年发展之结果，五花八门，演为宗派。且理解渐精，能融会印度之学说，自立门户，如天台宗、禅宗，盖可谓为纯粹之中国佛教也。因分述本期宗派之概略第四。

汉晋之间，佛教来自西域，月氏、于阗、龟兹为其时重镇。此后，多因我国僧人冒万苦入印，得佛教之真传，中土亦渐为传法之中心，高丽、日本遂常来求法，唐时甚盛，由是而述本期佛法之传布第五。

第一章　隋唐佛教势力之消长

第一节　隋　朝

北周武帝于建德三年（574）毁灭佛法，其祸及于关内及长江上游。后四年（578）灭齐，而大河南北之寺像悉夷。江南自侯景作乱以后叠生变故，陈代佛法亦未有梁时势力之盛。佛教之再张，实有赖于隋之高祖。盖杨坚之诞生，传言有尼名智仙者护持之，故早信佛法。① 北周静帝大象二年（580）下诏复兴佛、道二教，则坚之力也。② 及受周禅（581），即奖挹佛法。故《龙藏寺碑》③ 有曰：

"往者四魔毁圣，六师谤法。……慧殿仙宫，寂寥安在。珠台银阁，荒凉无处。……大隋……上应帝命，

---

① 《金石续编》卷三《栖岩道场舍利塔碑》；《广弘明集》卷十七王劭《舍利感应记》；《法苑珠林》卷四。
② 《资治通鉴》卷一四七；又见《佛祖统纪》卷三八及《佛祖历代通载》卷十。
③ 《金石萃编》卷三八，碑为"开皇六年十二月五日题写"。

第一章 隋唐佛教势力之消长

下顺民心。……澍兹法雨,使润道身。烧此戒香,令薰佛慧。修第一之果,建取胜之幢。拯既灭之文,匡已坠之典。"

高祖文皇帝即位之年(开皇元年)即普诏天下,任听出家,仍令计口出钱,营造经像。而京师及并州、相州、洛州诸大都邑,并官写一切经,置于寺内,又别写藏于秘阁。天下之人,从风景慕,民间佛经,多于六经数十百倍。① 又因沙门智周等自西城赍经论至,敕付有司翻译。② 又下诏度千余人,从僧人昙延之请也。③ 开皇元年闰三月,诏于五岳之下各立一寺。七月又诏在其父建功之处襄阳、隋郡、江陵、晋阳各立寺一所,建碑颂德。又当文帝为相,辅周攻破邺城,故七月(《房录》为"八月")敕于相州战地,建伽蓝一所,立碑记事。④ 三年又诏每年正月、五月、九月,自八日至十五日,凡京州诸寺均令行道,行道之日,悉不得杀。⑤ 四年敕天下凡北周已入官而未毁之像再行安置。⑥ 五年受戒大赦,召僧入宫讲经。⑦ 十一年令天下之寺应无分公私,混同施造。⑧ 同年令天下州县各立僧尼二寺。⑨ 十三年发露忏悔,

---

① 《隋书》卷三五《经籍志》四。
② 《历代三宝记》卷三。
③ 《续高僧传》卷八《昙延传》,用"大正藏"本,下同。《佛祖统纪》卷三九。
④ 上均见《历代三宝记》卷十二;又《广弘明集》卷二十八上《隋文帝为太祖武元皇帝行幸四处立寺建碑诏》,"隋郡"作"隋州";同上《于相州战场立寺诏》。
⑤ 《历代三宝记》卷十二。
⑥ 《历代三宝记》卷十二。
⑦ 法琳《辩正论》卷三。
⑧ 《历代三宝记》卷十二。
⑨ 《金石萃编》卷三八《诏立僧尼二寺记》。

参与者日十万人。① 十五年敕撰《众经法式》十卷，约束僧尼。② 十九年十二月下诏禁毁佛、道等像。③ 又曾二次敕撰《众经目录》。④ 又因少时得尼智仙之养育，及即帝位，每谓群臣曰：我兴由佛法。命史臣王劭为尼作传。其潜龙所经四十五州，皆同为大兴国寺。⑤ 仁寿元年以后，立舍利塔，普及天下（下详）。佛教之广被，盖可见矣。

隋炀帝为晋王时，于平陈之日，深虑灵像尊经多同灰烬，是以远命各军，随方收聚。未及期月，轻舟总至，乃命学士高僧整理。在王邸中，立宝台经藏，共四藏，将十万轴。宝台正藏，躬自受持。次藏以下，则在慧日、法云道场，日严、弘善灵刹。此外京都寺塔，诸方精舍，并斟酌分付。⑥ 炀帝在藩时，尝因沙门智果，令守宝台经藏。⑦ 及即位命沙门慧觉掌之，又于其中图高僧形像。⑧ 又尝立四道场（疑即前文之慧日等），由晋国司供给。⑨ 改称佛寺曰道场，道观曰玄坛。⑩ 又曾于智者大师受戒，

---

① 《历代三宝记》卷十二。
② 《历代三宝记》卷十二。
③ 《隋书》卷二。
④ 《历代三宝记》卷十二"《众经目录》七卷，沙门释法经等奉敕撰"；《开元录》卷十"隋《众经目录》五卷，仁寿二年敕请兴善寺大德与翻经沙门及学士等撰"。
⑤ 《广弘明集》卷十七王劭《舍利感应记》；《续高僧传》卷二十六《道密传》。
⑥ 《广弘明集》卷二二《宝台经藏愿文》。
⑦ 《续高僧传》卷三十《智果传》。
⑧ 《续高僧传》卷九《智脱传》，卷十一《吉藏传》，卷十二《慧觉传》。
⑨ 《续高僧传》卷十一《智矩传》、《吉藏传》。
⑩ 《隋书》卷二八《百官志》下："郡县佛寺，改为道场，道观改为玄坛，各置监、丞。"

第一章 隋唐佛教势力之消长

法名总持，而称萧后曰庄严。对于智者，礼意优渥，不能详述。① 又常度人，② 建寺造像。最著者为文帝造西禅定寺，于高阳造隆圣寺，于并州造弘善寺，扬州造慧日道场（隋时两京亦有慧日寺），京师造清禅寺、日严寺、香台寺。③ 又令智果（想即前守藏者）于东内道场（想系慧日）撰诸经目录。分别条贯，为十一项。经、律，论各分为大乘、小乘、杂三类，而于经后列疑经录，于末列记一项（所学者录其当时行事，名为记，共二十部，四百六十四卷），都一千九百五十部，六千一百九十八卷，内收经、律、论疏九十五部，六百六十三卷，亦可谓大备矣。④ 炀帝虽于大业三年（607）令沙门致敬王者，但此令因明瞻抗议不行。⑤ 五年（609）诏汰僧道，因大志抗议不行。⑥ 然炀帝始终对佛法甚致敬礼。又尝遣韦节、杜行满使西蕃，虽意在开边，而于王舍城得佛经还。隋亡后五十一年唐僧道世总计隋朝兴佛之功行如下：⑦

"隋文帝开皇三年周朝废寺，咸乃兴立之。名山之下，各为立寺。一百余州，立舍利塔。度僧尼二十三万人，立寺三千七百九十二所，写经四十六藏，十三万二

---

① 《隋天台智者大师别传》，"大正藏"第五十卷；《国清百录》卷二，"大正藏"第四十六卷；《广弘明集》卷二七上《天台山颉禅师所受菩萨戒文》。
② 《广弘明集》卷二八上《行道度人天下敕》。
③ 法琳《辩正论》卷三。
④ 疑此即宝台经藏之目录，见《隋书》卷三十五《经籍志》四。
⑤ 炀帝令见彦琮《福田论》题目下小注。明瞻事见《续高僧传》卷二四《明瞻传》，"大业三年"作"大业二年"。
⑥ 《续高僧传》卷二七《大志传》。
⑦ 《法苑珠林》卷一百；《释迦方志》卷下；并参见《历代三宝记》卷十二，《辩正论》卷三。

千另八十六卷,修故经三千八百五十三部,造像十万六千五百八十区。自余别造不可具知之矣。

隋炀帝于长安造二禅定,并二木塔,并立别寺十所,官供十年。修故经六百一十二藏,二万九千一百七十二部,治故像十万另一千区,造新像三千八百五十区,度僧六千二百人。

右隋代二君四十七年,寺有三千九百八十五所,度僧尼二十三万六千二百人,译经八十二部。"

此总计是否夸大不可知之矣。但隋代佛史上之最大事件有二:一关中兴佛法,一舍利塔之建立。

隋文帝提倡佛教,名僧大集长安,遂成重镇。而因晋王(炀帝)之弘法,江都为南方僧人北游驻锡之地。及大业时营东都,洛阳亦为佛教中心。然究以西京为最要。开皇二年徙都于龙首原,名城曰大兴城,殿曰大兴殿,门曰大兴门,园曰大兴园,以文帝初封大兴公故名。而尽以靖善坊立寺,寺本名遵善,文帝乃取城名二字坊名一字,名为大兴善寺。寺殿崇广,为京城之最,号曰大兴佛殿。制度与太庙同,名僧之住其中者甚多。并所翻新经及维旧本合七十五部四百六十二卷经为《皇隋大兴录目》。① 而日严、胜光、延兴、禅定、真寂、净影亦为名刹。日严,仁寿元年晋王所立。胜光,为蜀王所立。文帝移都之始,于广恩坊给地为昙延立寺,开皇四年敕名延兴。面对通衢,京城之东西二门改名延兴、延平,均取延名也。② 而永阳坊之禅定寺,乃文帝为

---

① 《隋书》卷二九《地理志》上;《续高僧传》卷二《阇那崛多传》;《历代三宝记》卷十二。

② 《金石萃编》卷一一八《万寿寺记》,延兴寺唐改为永泰万寿寺。

第一章　隋唐佛教势力之消长

献后立。据僧传所载,中住名僧之多,不亚于大兴善寺。① 真寂寺者,高颎舍宅造,三阶教祖信行住此,唐为化度寺,则三阶教寺之最大者也。隋时慧远,僧中硕望,初居大兴善寺,后以其寺法会实繁,置寺别居,名为净影。海内慕风,名僧居此者亦多。计京城内有寺百二十所。而都城附近之寺亦不少,如常见于僧传者有终南山之至相寺。② 炀帝营东都,其寺院想亦甚壮丽。惟唐太宗入洛,焚隋宫殿,废诸道场,记载湮灭,亦不可考矣。

文帝于京师大兴善寺,炀帝于洛都上林园,请达磨笈多、彦琮等译经。③ 而长安自罗什以后,洛阳自流支以后,译事再盛。至若义学沙门,尤来自四方。夫刘宋以后,南北佛理,多不相参,至此而聚于一堂。其促进思想之发达,盖更可注意。开皇时,敕立五众主,又立二十五众主。④ 其名之可考见者,有讲律众主洪遵,十地众主慧迁,涅槃众主童真、法总、善冑,大论众主法彦,宝袭等。⑤ 而讲筵法会,尤无虚日。各方名德,互相辩论,如智脱之与吉藏、吉藏之与僧粲,当惠启后学不少。开皇七年(587)召六大德入关,洛阳慧远,魏郡慧藏、清河僧休、济阳宝镇、汲郡洪遵、太原昙迁是也。随慧远、洪遵、昙迁入关者

---

①《续高僧传》卷十《靖玄传》、《智凝传》、《灵璨传》、《僧朗传》,卷十一《智梵传》,卷十二《童真传》、《灵干传》、卷十八《昙迁传》、《慧瓒传》、《静端传》、《慧欢传》,卷二一《觉朗传》,卷二四《明瞻传》,卷二九《智兴传》等。

② 毕沅校宋敏求《长安志》,并参见《续高僧传》,韦述《两京新记》,张礼《游城南记》,程鸿诏《两京新记》。

③《续高僧传》卷二《达磨笈多传》、《彦琮传》。

④《续高僧传》卷十二《慧迁传》:"开皇十七年,敕立五众,请迁为十地众主。"《续高僧传》卷九《僧粲传》:"(开皇)十七年下敕,补为二十五众第一摩诃衍匠。"又见《历代三宝记》卷十二。又按,文帝立众主早在开皇十七年以前,如《续传》卷十《法彦传》:"开皇十六年,下敕以彦为大论众主。"

⑤ 见《续高僧传》之有关传。

各有弟子名僧十人，随慧藏入关者有智隐，文帝之意自在聚远方之英华。① 而江都智脱，在邺习华严、十地于颖法师，在江都学成实、毗昙于强法师，在金陵习成实于嚼法师。晋王延居江都，复随入京，住日严寺，大业之初复随驾洛邑。建业道庄听成实于彭城宝琼，听四论于兴皇法朗，亦为晋王所重，征入京师，后亦随驾入洛。陈留僧粲游学河北、江南、东西关陇，涉历三国，备齐陈周，开皇十年，迎住兴善寺。豫州智凝学于彭城靖嵩，后亦入隋京。靖嵩者北人学于北，而亦学于南者也。嘉祥大师吉藏为兴皇上首，亦为晋王所致礼，后入京师。太原昙迁初学于北，而复得摄论于南，开皇七年召六大德入关，迁其一也。其余受学南方而入关者，见之僧传尚不乏人，不能尽述。而北人游南，多由于周武毁法，避难南渡。及晋王平陈，征选精英，在南者复群北趣。由是而关中复为佛法之中心，且融会南北之异说也。

隋文帝极好瑞应，《历代三宝记》记载数事，如群鹿来驯仁寿宫门，因为之下诏。② 帝昔在潜龙，得舍利一裹。仁寿元年（601）令于三十一州立舍利塔藏之。③ 二年又于五十余州立塔。④ 四年又下敕造塔，送舍利往博、绛等三十余州。⑤ 盖前后共立塔于百余州。分送舍利者，均选名僧。据王劭所记，仁寿元年天下各塔于十月十五日午时安入塔内石函；据安德王雄等记，二年于四月八日午时入函，礼式均极隆重。令总管刺史以下县尉以上废

---

① 《续高僧传》卷十八《昙迁传》。
② 《历代三宝记》卷十二。
③ 《广弘明集》卷十七《舍利感应记》；《法苑珠林》卷四十。
④ 《广弘明集》卷十七《庆舍利感应表》；《法苑珠林》卷四十。
⑤ 《续高僧传》卷二一《洪遵传》载文帝仁寿四年于三十余州起塔之诏书，又见《释氏稽古略》第二；又《法苑珠林》卷四十："有国兴塔无胜隋代，一代之内百有余所。"故仁寿四年建塔三十余所当可信。

常务七日。因是远近争献舍利。① 安舍利后，各地均以当时瑞应闻。诸塔中有一在岐州凤泉寺，而舍利塔工尤壮丽。其后唐代诸帝，常迎佛骨，即在凤泉乡之法门寺，未知二者是一否。又法门寺后改名重真，不悉是否有二真身，故得此名。② 又今在摄山栖霞寺之舍利塔，谓犹是仁寿元年所造之旧基也。③

第二节　唐高祖、唐太宗

唐高祖早年亦信佛法。隋炀帝大业初，尝为子世民祈疾造像，时太宗年九岁。④ 高祖起义之初，曾在华阴祀佛求福。及即帝位，立寺造像，设斋行道。⑤ 武德二年，于京师立十大德，统摄僧尼，其见于僧传可考者有保恭、慧因、海藏等。⑥ 秦王平王世充，稍借嵩山少林寺僧之威力。⑦ 武德七年，敕许僧法雅发京寺骁悍千僧用充军伍，⑧ 则僧人亦为帝王所利用。

时有太史令傅奕者，数上疏请除去释教。前此隋朝佛道之争，文帝时李世谦有三教优劣之论，炀帝时有惠净、余永通之问

---

① 《法苑珠林》卷四十。
② 《法苑珠林》卷三八；《广弘明集》卷十七；又参看《金石萃编》卷一〇一《大唐圣朝无忧王寺大圣真身宝塔铭》、《续编》卷十三《法门寺浴室院灵异记》、《重真寺田庄记》。
③ 详见《东方杂志》二三卷八号向达《摄山佛教石刻小记》，二六卷六号向达《摄山佛教石刻补记》。
④ 《金石萃编》卷四十《大海寺唐高祖造像记》；《旧唐书》卷一七一《张仲方传》载碑像为张仲方等重修。
⑤ 《法苑珠林》卷一百；法琳《辩正论》卷四。
⑥ 《续高僧传》卷十一《保恭传》："武德二年，下敕召还依旧检校，仍改禅定为大庄严，乃举十大德统摄僧尼。"又卷十三《慧固传》，卷二十一《觉朗传》附《海藏传》。
⑦ 《金石萃编》卷四一《秦王告少林寺主教碑》。
⑧ 《续高僧传》卷二四《智实传》。

答，不一而足。① 武德七年奕上疏亟言佛法害国，谓六朝祚短，悉因信佛，梁武、齐襄，足为明镜。奕好老庄，且尊儒学，疏中亦致意华夷之辩，疏有曰：

> "佛在西域，言妖路远。汉译胡书，恣其假托。故使不忠不孝，削发而揖君亲。游手游食，易服以逃租赋。演其妖书，述其邪法，伪启三涂，谬张大道，恐吓愚夫，诈欺庸品。凡百黎庶，通识者稀，不察根源，信其矫诈。乃追既往之罪，虚规将来之福。布施一钱，希万倍之报；持斋一日，冀百日之粮。遂使愚迷妄求功德，不惮科禁，轻犯宪章。其有造作恶逆，身坠刑网，方乃狱中礼佛，口诵佛经，昼夜忘疲，规免其罪。且生死寿夭，由于自然；刑德威福，关之人主。乃谓贫富贵贱，功业所招，而愚僧矫诈，皆云由佛。窃人主之权，擅造化之力。其为害政，良可悲矣！"②

武德至贞观间，傅奕于反佛至为尽力。曾上书十一条于高祖，③又集魏晋以来，驳佛教者为《高识传》十卷，行于世。④ 助之者有道士李仲卿、刘进喜等。言论想颇倾动一时，故佛教徒亦谓当时，"秃丁之诮，闾里盛传；胡鬼之谣，昌言酒席"。⑤ 其时护法

---

① 《佛祖统纪》卷三九；《佛祖历代通载》卷十；《续高僧传》卷三《慧净传》。

② 《旧唐书》卷七九《傅奕传》。

③ 傅奕上书之十一条事见于《广弘明集》卷十一《上废省佛僧表》及法琳《破邪论》等，事在武德四年。又《傅奕传》事似在七年后。

④ 傅奕《高识传》已佚，《广弘明集》卷六《叙列代王臣滞惑解》载《高识传》大略。传共二十五人，君始自刘宋世祖终唐高祖，臣始自王度终傅奕，分废除（十四人）和毁灭（十一人）二项。

⑤ 《法琳别传》卷上。又"秃丁""胡鬼"均傅奕语。

第一章　隋唐佛教势力之消长

之首领，则称法琳，作《破邪论》以弹奕疏。① 附和者有沙门普应、慧乘等。② 双方辩论，至为激烈。故高祖于武德九年春，下诏询皇太子曰：

> "朕惟佛教之兴，其来自昔。但僧尼入道，本断俗缘，调课不输，丁役俱免，理应尽形寺观，履德居真，没命释门，清身养素。比年沙门，乃多有愆过，违条犯章，干烦正术。未能益出国利化，翻乃左道是修。佛戒虽有严科，违者都无惧犯。以此详之，似非诚谛。今欲散除形像，废毁僧尼，辄尔为之，恐骇凡听。伫子明言，可乎不可。"③

诏下，朝臣赞否不一。揣高祖本意，实欲从傅奕之议，全灭佛法。惟一因恐骇凡听，二因帝起义之初，曾凭借佛法。裴寂进谏略云："陛下昔创义师，志凭三宝，云安九五，誓启玄门。今陛下……欲……毁废佛僧，……理不可也。"④ 且太宗亦以为不可（详下）。又因道士败检与佛徒同，遂下诏沙汰僧尼，并及道士。诏曰：

> "朕膺期驭宇，兴隆教法。深恩利益，情在护持。

---

① 《旧唐书·傅奕传》曰："（武德）七年，奕上疏请除去释教。"《破邪论》当作于七年后，并文中有武德八年论老释先后事。
② 《续高僧传》卷二四《慧乘传》载武德八年慧乘与李仲卿论难事。普应作《破邪论》二卷，又前扶沟令李师政撰《内德论》（见《广弘明集》卷十四）、《正邪论》（已佚），明概有《决对傅奕废佛事》（见《广弘明集》卷十二）。
③ 《法琳别传》卷上。
④ 《法琳别传》卷上。

欲使玉石区僧，薰莸有辨，长存妙道，永固福田，正本澄源，宜从沙汰。诸僧尼道士女冠等，有精勤练行，遵戒律者，并令就大寺观居住，官给衣食，勿令乏短。其不能精进，戒行有阙者，不堪供养，并令罢道，各还桑梓。所司明为条式，务依法教。违制之事，悉宜停断。京城留寺三所，观二所，其余天下诸州，各皆一所，余悉罢之。"①

时武德九年（626）五月也。② 六月高祖退位，太宗摄政，大赦天下，事竟不行。

太宗虽未行武德毁法之诏，但贞观初年，叠有检校。《续高僧传·明导传》谓，贞观初导行达陈州，逢敕简僧，唯留三十。导以德声久被，遂应斯举。③ 又《智实传》谓，贞观元年遣治书侍御史杜正伦，检校佛法，清肃非滥。④ 又《法冲传》谓，贞观初年下敕，有私度者，处以极刑。时峄阳山多有逃僧避难，资给告穷云云。⑤ 又《法向传》谓，贞观三年天下大括义宁（隋恭帝年号）私度，不出者斩，闻此咸畏。得头巾者并依还俗，其不得者现今出家。⑥ 观此则太宗即位之初，禁令仍严峻也。

自武德九年，清虚观道士李仲卿、刘进喜猜忌佛法，恒加讪谤。卿作《十异九迷论》，喜著《显正论》。贞观中，释法琳乃作《辩正论》八卷以驳之。有太子中舍人辛谞著《齐物论》，破难释宗。慧净、法琳，又复作答。当时唐帝自谓为老子之后，故道士

---

① 《旧唐书》卷一。
② 此据《旧唐书》、《新唐书》作"四月"。
③ 《续高僧传》卷二二。
④ 《续高僧传》卷二四。
⑤ 《续高僧传》卷二五。
⑥ 《续高僧传》卷二十。

第一章　隋唐佛教势力之消长

之气甚张。而常因定佛，道之先后，致生二教争执。贞观十三年，道士秦世英指斥《辩正论》，谓实谤皇室。① 帝下诏汰沙门，并下琳于狱按问。琳辩答往复，语极质直，其言有曰：

"窃以拓拔元魏，北代神君，达阇达系，阴山贵种。经云，以金易鍮石，以绢易褛褐，如舍宝女与婢交通，陛下即其人也。弃北代而认陇西，陛下即其事也。"

后太宗降敕，谓汝所著论，言念观音者，临刃不伤，朕赦汝七日，尔其念哉。七日旦，复敕问。法琳答曰，七日以来，未念观音，唯念陛下。并曰：

"琳所著《辩正》，爰与书史符同。一句参差，甘从斧钺。陛下若顺惠顺正，琳则不损一毛。陛下若刑滥无辜，琳有伏尸之痛。"

后太宗卒免其死，放之蜀郡，于道中卒，年六十九。②
　　傅奕在贞观朝仍极力反佛。贞观六年，奕上疏，令僧吹螺，不合击钟。又言佛法妖伪。③ 太宗常临朝谓傅奕曰：

"佛道玄妙，圣迹可师，且报应显然，屡有征验，卿独不悟其理，何也？"

---

① 据《集古今佛道论衡》卷三，事在贞观十四年，而《续高僧传·法琳传》及《法琳别传》均在十三年。
② 上见《法琳别传》卷中及卷下。
③ 《广弘明集》卷七。

隋唐佛教史稿

奕对曰：

> "佛是胡中桀黠，欺诳夷狄，初止西域，渐流中国。遵尚其教，皆是邪僻小人。模写老庄玄言，文饰妖幻之教耳。于百姓无补，于国家有害。"

太宗颇然其言。①

　　近世颇有谓太宗弘赞释教者，即欧阳永叔亦惜其牵于多爱，复立浮屠，评此为"中材庸主之常为"②。但唐太宗实不以信佛见称，如睿宗时辛替否反佛之疏及武宗毁法之诏均引太宗为法式（详下）。上文谓太宗颇然傅奕之言，实亦其乏笃信之明征。太宗讨王世充，虽常用少林寺僧人，然及破洛阳，乃废隋朝寺院，大沙汰僧人。③武德中，法琳著《破邪论》，上书太子建成，有曰："殿下往借三归，久资十善。"而上秦王书中，则仅颂其文德，未言信佛，是亦太宗本不信佛之证。及即皇帝位，所修功德，多别有用心。贞观三年之设斋，忧五谷之不登也。④ 为太武皇帝造龙田寺，为穆太后造弘福寺，申孺慕之怀也。⑤ 为战亡人设斋行道，于战场置伽蓝十有余寺。今所知者，破薛举于豳州，立昭仁寺；破宋老生于吕州，立普济寺；破宋金刚于晋州，立慈云寺；破刘武周于汾州，立弘济寺；破王世充于邙山，立昭觉寺；破窦建德于郑州，立等慈寺；破刘黑闼于洺州，立招福寺；征高丽后，于

---

① 上见《旧唐书》卷七九《傅奕传》。
② 《新唐书》卷二。
③ 《资治通鉴》卷一八九"武德四年"。又《续高僧传》卷二四《慧乘传》，谓此事出于高祖敕旨。
④ 《法苑珠林》卷一百；《续高僧传》卷二〇《明净传》。
⑤ 《法苑珠林》卷一百；《唐会要》卷四八。

第一章　隋唐佛教势力之消长

幽州立悯忠寺，均为阵亡将士造福也。① 至若曾下诏度僧，想因祈雨而酬德也。② 贞观初年，延波颇于大兴善寺译经，或仅为圣朝点缀，但似亦有政治关系（说见下）。综计太宗一生，并未诚心奖挹佛法，仅于晚年或稍有改变。此或在僧人之败德，道士如秦世英之进谗。③ 但太宗所以抑佛者，亦更有其理由。

一曰，帝崇文治，认佛法无益于平天下。贞观二年，太宗语谓侍臣，梁武父子好释老，致使国破家亡，足为鉴戒。曰：

> "朕今所好者，惟在尧、舜之道，周、孔之教。以为如鸟有翼，如鱼依水，失之必死，不可暂无耳。"④

故贞观五年，诏僧道致拜父母，则仍以礼教为先。⑤ 贞观二十年，太宗手诏斥萧瑀曰：

> "朕以无明于元首，期托德于股肱。思欲去伪归真，除浇反朴。至于佛教，非意所遵。虽有国之常经，固弊

---

① 《唐会要》卷四八；《广弘明集》卷二八《于行阵所立七寺诏》；《续高僧传》卷二四《明瞻传》："贞观初，以瞻善识治方有闻朝府。召入内殿，躬升御床，食讫对诏。广列自古以来明君昏主制御之术，兼陈释门大极以慈救为宗。帝大悦，因即下敕，年三月六普断屠杀，行阵之所皆置佛寺，登即一时七处同建。"

② 《广弘明集》卷二八《度僧于天下诏》；《续高僧传》卷二十《明净传》，事在贞观三年，计度三千人。

③ 见《法琳别传》卷中。又据宋敏求《长安志》曰：龙兴观本名西华观。《唐会要》卷五十云："贞观五年，太子承乾有疾，敕道士秦英祈祷，得愈，遂立西华观。"秦英想即秦世英，避太宗讳，除世字。《集古今佛道论衡》卷三，谓有西华观秦世英者，挟方术以自媚，因程器于储贰云云。太宗想颇信任此道士。

④ 《贞观政要》卷六。

⑤ 《佛祖统纪》卷三九。

俗之虚术。何则？求其道者，未验福于将来；修其教者，翻受辜于既往。至若梁武穷心于释氏，简文锐意于法门，倾帑藏以给僧祇，殚人力以供塔庙。及乎三淮沸浪，五岭腾烟，假余息于熊蹯，引残魂于雀鷇。子孙覆亡而不暇，社稷俄倾而为墟。报施之征，何其缪也。而太子太保宋国公璃践覆车之余轨，袭亡国之遗风（按：璃为梁武后人）。弃公就私，未明隐显之际。身俗口道，莫辩邪正之心。修累叶之殃源，祈一躬之福本。上以违忤君主，下则扇习浮华。"①

二曰，帝自以为系李老君之后，故尝先道后佛。亦自谓不好老庄玄谈，神仙方术。贞观二年，谓侍臣曰："神仙事本虚无，空有其名。"又云："至如梁武帝父子，志尚浮华，惟好释氏老氏之教。……孝元帝在于江陵，为万纽于谨所围，帝犹讲《老子》不辍，百寮皆戎服以听。俄而城陷，君臣俱被囚絷。"② 然敦本系，尊祖宗，其有益于治化，自不待言。故贞观十一年诏有曰：

"至如佛教之兴，基于西域。爰自东汉，方被中华。神变之理多方，报应之缘匪一。暨乎近世，崇信滋深。人冀当年之福，家惧来生之祸。由是滞俗者，闻玄宗而大笑；好异者，望真谛而争归。始波涌于闾里，终风靡于朝廷。……遂使殊俗之典，鬱为众妙之先；诸夏之教，翻居一乘之后。流遁忘返，于兹累代。朕夙夜兢畏，缅惟至道，思革前弊，纳诸轨物。况朕之本系，出自桂下。……宜有解张，阐兹玄化。自今已后，斋供行

---

① 《旧唐书》卷六三。
② 《贞观政要》卷六。

第一章　隋唐佛教势力之消长

立至于讲论，道士女冠可在僧尼之前。庶敦本系之化，畅于九有，尊祖宗之风，贻诸万叶。"①

总之太宗所为，如为阵亡者立寺，为高祖、太穆皇后造福，盖皆具有政治作用。《佛道论衡》载贞观十五年，太宗躬幸弘福宗，与僧人论佛道先后，有曰："今李家据国，李老在前；释家治化，则释门居上"云云，此皆从其政治需要出发也。②故其于佛法，虽"非意所遵"，但仍未为傅奕，秦世英言论所动，而毁法者，盖一则视佛法为"国之常经"，明主以不扰民为务，二则帝留心学问，旁及释典，亦常与义学僧接。如慧休、慧乘、明瞻、智实等。③瞻"内通大小，外综丘坟，子史书紊情所欣狎"。贞观初召入内殿对诏，广列自古以来明君昏主制御之术，兼陈释门大极以慈救为宗。太宗之重明瞻，非仅因其为高僧，实亦因其为大学问家也。其余慧乘等，皆博通内外，涉猎子史，故为太宗所接纳。然最为其所敬重者，则为玄奘法师。

贞观十九年春，玄奘法师归自西域。凭绝人之毅力，博得西域各国之隆礼。其学问，其事功，其令誉，其风仪，均足欣动人君。④然奘师初到，请立译场，搜擢贤明。太宗曰："法师唐梵俱瞻，词理通敏，将恐徒扬仄陋，终亏圣典。"玄奘固请乃许。⑤夫翻译佛典，六朝视为国之大事。遑论二秦之译，门徒三千，太宗知之已熟。而隋朝兴善、上林之规式，犹近在人耳目。太宗果有心提倡，必不至拒奘所请。据此可知其对于译经，非有热诚。按

---

① 《法琳别传》卷中。又见《集古今佛道论衡》卷三。
② 《集古今佛道论衡》卷三。
③ 均见《续高僧传》之有关传。
④ 见《金石萃编》卷四九《大唐三藏圣教序》。
⑤ 见《续高僧传》卷五《玄奘传》。

贞观初年，波颇至自西突厥，朝廷曾为之立译场。审波颇初至，太宗适欲远交近攻，思联西突厥。波颇深得叶护信伏，或因此为太宗所垂青。而其译经时，僧传虽言礼意优厚，然时沙门灵佳即论其事曰："昔苻、姚两代，翻经学士乃有三千，今大唐译人不过二十。"① 而道宣于《波颇传》亦一则曰："其本志颓然，雅怀莫诉，因而构疾。"再则曰："人丧法崩，归慸斯及，伊我东鄙，匪咎西贤。"吾人观乎波颇译经之萧索，而应恍然于太宗谢绝奘师之请之故也。

太宗自征辽之后，气力不如平昔，有忧生之虑，遂颇留心佛法。亲制《圣教序》，敕令天下度僧尼，计一万八千五十人，均从玄奘之请也。又曾共师听瑜伽大意，论金刚般若，其兴趣似首在学问。崩御之年，数告法师曰："朕共师相逢晚，不得广兴佛事。"② 可知太宗晚年，因遭遇奘师，或较前信佛。但察其对于奘师所以特加优礼，实亦由于爱才，故曾两次请法师还俗，共谋朝政。此则劝人弃缁还素，与梁武帝之舍身归佛者，自迥不相侔也。

第三节 玄奘法师

玄奘法师（602—664）俗姓陈，名祎。隋仁寿二年生于缑氏之陈堡谷，即在嵩山少林寺之西北。兄弟四人，法师最幼。共第二兄长捷先出家，住于东都净土寺。因其奖劝，法师十三岁出家于洛。好学不倦，跋涉陕、蜀，就学名师（其师承详第四章）。武德五年（623），法师二十一岁，于成都受具后，东下荆州，止

---

① 《续高僧传》卷三《波颇传》。
② 均见慧立《大慈恩寺三藏法师传》；又参见《续高僧传》卷五《玄奘传》。

第一章　隋唐佛教势力之消长

天皇寺，讲摄论、毗昙各三遍，深为汉阳王所敬礼。后又往相州，赵州，复至长安问学。法师既遍谒诸师，备飡众说，详考其义，各擅宗途，验之圣典，亦隐显有异，莫知适从。乃誓游西方，以问所惑，并取《十七地论》（即《瑜伽师地论》），以释众疑。常言昔法显、智严亦一时之士，皆能求法，导利群生，岂使高迹无追，清风绝后，大丈夫会当继之。遂结侣陈表。有诏不许。诸人咸退，唯法师不屈。乃于唐太宗贞观三年（629）秋首途，时年二十八也。①

时有秦州僧孝达在京学涅槃经，功毕还乡，遂与俱去。至秦州，停一宿。逢兰州伴，又偕至兰州。一宿，遇凉州人送官马归，又随至彼。时国政尚新，疆场未远，禁约百姓，不许出蕃。凉州都督李大亮，因止不听行。有慧威法师，遣其弟子慧琳、道整二人，潜送向西。不敢公出，昼伏夜行，乃达瓜州。刺史独孤达优礼之。居月余，凉州访牒至，候捉玄奘。州吏李昌密促早去。幸访得一胡人相引渡玉门关。又得一胡老翁赠一瘦老赤马，马极谙西路，来去伊吾凡十五度。未至玉门关，胡人即生异心，引还，法师自是孑然孤游沙漠矣。惟望骨聚马粪等渐进。经过烽候四处，几中箭射。惟得校尉王祥之维护，得安然西去。再前即渡莫贺延碛，古曰沙河，长八百余里。上无飞鸟，下无走兽，复无水草。是时顾影，唯一心但念观音菩萨及般若心经。四顾茫然，人马俱绝。中经四夜五日无滴水沾喉，几死。忽遇水得救，后遂得到伊吾，止一寺。寺有汉僧三人，中有一老者，衣不及带，跣足出迎。抱法师号哭曰："岂期今日，重见乡人。"

适高昌王麴文泰闻法师至伊吾，特远迎住高昌王城。夜半

---

① 玄奘法师年岁均据《东方杂志》二一卷十九号陈垣《书慈恩传后》。慧立《大慈恩寺三藏法师传》卷一"时年二十八"作"时年二十六"，《续高僧传》卷四《玄奘传》作"时年二十九"。

到，王及妃嫔出宫亲致敬礼，其供养极盛。并言曰："朕与先王（按：文泰父伯雅于隋时入朝，尚华容公主）游大国，从隋帝历东西二京，及燕、代、汾、晋之间，多见名僧，心无所慕。自承法师名，身心欢喜，手舞足蹈。拟师至止，受弟子供养以终一身，令一国人皆为师弟子。望师讲授，僧徒虽少，亦有数千，并使执经充师听众。伏愿察纳微心，不以西游为念。"法师再四谢之。后王竟欲强力相当，法师乃绝食四日，以死自誓。文泰深生愧悔，稽酋礼谢。共入道场礼佛，对母张太妃共法师约为兄弟。仍屈停一月，讲《仁王般若经》。讲讫，为法师度四沙弥，以充给侍。制法衣三十具。以西土多寒，又造面衣手衣靴袜等各数事。黄金一百两，银钱三万，绫及绢等五百匹，充法师往返二十年所用之资。给马三十匹，手力二十五人，并遣殿中侍御史欢信送至叶护可汗衙。又作二十四封书，通屈支等二十四国。每一封书，附大绫一匹为信。又以绫绢五百匹，果味两车，献叶护可汗。并书称：法师者是奴弟，欲求法于婆罗门国，愿可汗怜师如怜奴。仍请敕以西诸国给邬落马，递送出境。盖大雪山北六十余国，皆其部统故。后玄奘于素叶城逢叶护可汗，可汗重其贿赂，遣骑前告所部诸国，但有名僧胜地，必令玄奘到。于是连骑数十，盛若皇华。中途经国，道次参候，供给顿具，倍胜于初。

玄奘法师自高昌西行，因须见突厥可汗，乃经大清池迂回过中亚细亚达印度，此中路程最为艰险。然前因高昌王之护送，后因叶护可汗之通告，屈支国、活国、缚喝国，梵衍那国、迦毕试国诸王均优礼之。而其间过大雪山之险，则有磔迦国慧性法师同行，慧性有声印度。奘师至迦湿弥罗国，王礼遇隆重。自后周游印度本土，广礼圣迹，于贞观十七年首途归国。因高昌王有重见之约，故仍遵陆北行（后玄奘并未至高昌，当系因麹文泰已死），计前后所见所闻百三十八国，中所闻者二十八国。于贞观十九年

第一章　隋唐佛教势力之消长

（645）至长安，前后经十七载。而在印度时其声誉之隆，千古一人。时有戒日王者，于隋大业二年（606）为王，在位四十一年，威力震全印，版图极大。王为玄奘在其都城（曲女城）设大会，备极庄严，集五印度沙门、婆罗门、外道等六千余人，到有东印度鸠摩罗王及其他十八国王，请法师坐为论主。称扬大乘，立真唯识量，序作论意，示一切人。若其间有一字无理能破者，请斩首相谢。竟十八日，无敢论者。王命施与极厚，法师一皆不受。王命侍臣庄严一大象施幢，请法师乘，令贵臣陪卫，巡众告唱，表立义无屈。西国法凡论得胜如此。僧众竞为法师立义名，大乘众号曰，摩诃耶那提婆（大乘天）；小乘众号曰，木叉提婆（解脱天）。后又因定于钵罗耶伽国立施场七十五日，请师随喜。戒日王、鸠摩罗王及十八国王皆参与，道俗到者五十余万人。会毕，法师辞众归国。王及诸众相饯数十里。戒日王仍以素氎作红泥封印，遣达官四人名摩诃怛罗（注：类此散官也）送法师。所经诸国令发乘递送，终至汉境，亦可谓盛矣。惟法师在印时学问之勤奋，之广博，其造诣之深，尤为难能可贵。当详之第四章中，兹姑略之。

玄奘法师归至于阗，即上表太宗。住七八月得敕，降使迎劳曰：

"闻师访道殊域，今得归还，欢喜无量。可即速来，与朕相见。其国僧解梵语及经义者，亦任将来。朕已敕于阗等道使诸国送师，人力鞍乘应不少乏。令敦煌官司于流沙迎接，鄯鄯于沮沫迎接。"

法师奉敕即进发。贞观十九年正月二十四日至京城，时法师年四十四岁，迎者数十万众，如值下生。翌日大会于朱雀街之南，凡数百件，部伍陈列，安置法师于西域所得如来舍利一百五十粒，金檀佛像七躯。又安置所得经论五百二十夹，六百五十七部，以二十匹马负而至。自朱雀街至弘福寺数十里间，道傍瞻仰者，烧香散花不断。时太宗将征辽，已至洛阳。法师东出谒见，相见大悦。帝谓侍臣曰：

"昔苻坚称释道安为神器，举朝尊之。朕今观法师词论典雅，风节贞峻，非唯不愧古人，亦乃出之更远。"

是后即命翻译，国司供给，并许召大德为时推重者襄助。是后法师译经不辍，至高宗麟德元年（664）法师卒于玉华宫，计所翻经论合七十四部，一千三百三十五卷。① 其翻译之情形，另略载第二章中。

综考僧传，长安寺庙名僧之最多者，当推慈恩、西明、弘福诸寺，则均玄奘之住寺也。大慈恩寺者，高宗为太子时所造，有屋一千八百九十七间，中有翻经院，奘师大弟子窥基、普光、法宝、嘉尚等为其中僧。西明寺者，高宗为孝敬太子病愈立，有十院，屋四千余间，藏经当最富，② 奘师上首圆测、道世所在地，而道宣亦其寺僧也。弘福寺者，太宗为太穆皇后立，玄奘居时较短，则智首、灵润所住寺也。

综计奘师相从之人物，非惟集一时海内之硕彦，且可谓历代佛徒之英华。兹未能详述，略举其要者。按圆测法师，奘之神

---

① 此数据慧立《大慈恩寺三藏法师传》。《续高僧传》作"七十三部一千三百三十卷"；《大唐故三藏玄奘法师行状》作"七十五部一千三百四十一卷"；《开元释教录》作。七十六部一千三百四十七卷"。或因有《大唐西域记》计与不计故。

② 《开元释教录》卷八："大唐内典录十卷"，注云，"麟德元年于西明寺撰。"

足，乃新罗国王孙。门人利涉法师，护法名僧，后圆照为之作传十卷，乃西域人也。元晓法师亦曾受学，乃华严大家，亦新罗人。此外尚有新罗顺憬、义湘，高昌玄觉等。是法师之教，声及外国矣。而南山道宣为之证义，是律宗之元匠。康居法藏为华严宗主，略与法师有一度因缘。东塔怀素是奘师门人，后为新疏之主。此外其翻译证义十二大德，缀文九大德，字学一人（玄应），证梵一人（玄謩，贞观初原为波颇译语者），俱时辈所推。由此可见其法会之盛。至若奘师开法相唯识、俱舍、因明之学，其弟子之以义学称者，指不胜屈。如窥基、圆测、神昉、嘉尚、普光，法相之名宿也，而窥基尤为元匠。如普光、法宝、神泰，则称为俱舍之三大家。窥基、神泰、顺憬，又以因明见称。而玄应者字学之大德，亦谓为奘师之门人。至若玄奘入印，声振五天。其后西行者数十辈，而义净亦因少慕其风而卒往天竺者也（详见义净《西域求法高僧传》）。玄奘法师促进佛教势力之功效，岂不大矣哉。

第四节　永徽至元和间（650—806）

高宗、中宗、睿宗均信佛法。高宗为太子时，即优礼玄奘，为之作《述圣记》。① 《长安志》曰："保宁坊，昊天观尽一坊之地，……显庆元年为太宗追福立为观。高宗书额，并制叹道文。"盖高宗亦崇奖道教。显庆元年皇子显（即中宗）生，敕赐号佛光王，为度七人，请从奘师受戒。又许奘师在玉华宫译《大般若经》，即就宫为佛寺。五年，诏迎岐州法门寺护国真身释迦佛指

---

① 文见《全唐文》卷十五。

骨，至洛阳大内供养。① 德麟三年又敕兖州置寺观各三所，天下许州寺观各一所。中宗常幸佛寺及设斋，景龙中盛兴佛寺，令诸州立寺观各一所，以龙兴为名。睿宗诏僧道嗣后每缘法集，齐行进集（以上均见《旧唐书》）。则其事之稍著者也。而在则天皇后时，朝廷特重佛法，诏仍令僧尼居道士女冠前；救天下断屠钓者八年；敛天下僧钱作大像；两京之译经者甚多，而以实义难陀与菩提流志为最著；义净法师留学天竺二十五年，前后凡二往，证圣年（695）归时，天后御上东门迎劳，诏于佛授记寺翻经；大师神秀亦为则天迎入京行道，自此而禅宗之势力闻于全国矣。②

然最重要事实，为武周革命表上《大云经》之事。盖武后于永徽末年，排挤王皇后、萧淑妃，而惨杀之。后高宗苦风眩，百官奏事或使后决之。后性明敏，涉猎文史，处事皆称旨。显庆五年始悉委以政事，权与人主侔矣。至麟德元年后，帝每视事，后垂帘于后，政无大小，皆预闻之，天下大权，悉归中宫，黜陟生杀，决于其口，天下拱手而已，中外谓之二圣。后二十年而帝崩，中宗即位，武后乃亟谋篡位，遂大造符瑞图谶，以期移天下之观听。垂拱四年（688）四月（或五月），武承嗣伪造瑞石，文曰："圣母临人，永昌帝业。"令雍州唐同泰表称获之于洛水。皇太后大悦，号其石为宝图。六月又得瑞石于汜水，是曰"广武铭"，文略曰：

"发我铭者小人，读我铭者圣君。……三六年少唱唐唐，次第还唱武媚娘。……化佛从空来，摩顶为授记。光宅四天下，八表一时至。民庶尽安乐，方知文武炽。千秋不移宗，十八成君子。歌曰：非旧非新，交七为身，傍山之下，到出圣人。"

---

① 《唐书》不载，见《佛祖统纪》卷三九、四一及五三。
② 《旧唐书》卷六；《佛祖统纪》卷三九。

此盖暗示女子武媚当为天子，而摩顶授记，则实暗指《大云经》谶之事。得瑞石之明年，太后服衮冕，搢大珪，执镇珪以祭。再一年，改周正，是为载初元年。

其年七月，沙门怀义、法朗等造《大云经疏》，陈符命，言则天是弥勒下生，作阎浮提主。《大云经》盖此前已译数种，怀义等因其内有女主之文，故特改造表上之。①

其年九月，武后自立为皇帝，改国号曰周，改元天授。现英国伦敦博物馆藏敦煌写本有武后登极谶疏者，中疏《大云经》，按《东域录》有《大云经神皇授记义疏》一卷，想即此也。疏中并有"来年正月一日癸酉朔"之语，查此系天授二年，则此疏者即元年所作，或即怀义等所上也。②巴黎国民图书馆藏敦煌本，疏中并引证明因缘谶，亦造作佛语，彰天女授记之征，则谓为永徽元年在阎罗王处所得。③

武后得《大云经》，怀义与法朗等九人，并封县公，皆赐紫袈裟银龟袋，于每州置大云寺，颁《大云经》于天下。再后三年（长寿二年，693），菩提流支等译《宝雨经》上之，其中有文言

---

① 参看王国维《观堂集林》卷二一《唐写本大云经疏跋》，中云：《大云经疏》"卷中所引'经曰'及'经记曰'云云，均见后凉昙无谶所译《大方等无想经》。此经又有竺法念译本，名《大云无想经》。"又伦敦博物馆藏敦煌卷 S. 3128 为《方等无想大云经》，S. 3976 为《大云轮请雨经》二卷，即《大方等大云经》之《请雨品》。
② S. 6502。
③ 巴黎国民图书馆藏敦煌卷 P. 2768。

隋唐佛教史稿

"菩萨杀害父母",盖武后大杀唐宗室,引之自饰。① 故圣历二年(699)八十《华严》译成,武后亲为制序,有曰:

> "朕曩劫植因,叨承佛记,金仙降旨,《大云》之偈先彰;玉宸披祥,《宝雨》之文后及。加以积善余庆,俯集微躬,遂得地平天成,河清海宴。殊祯绝瑞,既日至而月书;贝叶灵文,亦时臻而岁洽。逾海越漠,献赆之礼备焉。"②

而武后亲制《大唐新译圣教序》亦曰:

> "甘露之旨既深,《大云》之喻方远。"③

《大周圣教序》亦曰:

> "重开甘露之门,方布《大云》之荫。"④

则天之重视《大云》符谶,可知也。

武后重瑞应,初亦颇好道教,然于佛教则特为奖励。狄仁杰

---

① S.2278为《佛说宝雨经》,其题记云:"大周长寿二年岁次癸巳九月丁亥朔三日己丑佛授记寺译,大白马寺大德沙门怀义监译,南印度沙门达摩流之宣释梵本……。"又俞正燮《癸巳存稿》卷十二"僧家伪书"条曰:"明藏此字号《佛说宝雨经》十卷,中言佛授月光天子长寿天女,说当于支那国作女主。寻此经为唐达摩流支译,语甚怪异。检身字函中,有《佛说宝云经》七卷,为梁扶南沙门曼陀罗仙僧伽婆罗译者,《宝雨》文义俱出其中,独无支那女主之说,则《宝雨》文伪。"
② 《全唐文》卷九七。
③ 《全唐文》卷九七,题作《方广大庄严经序》。
④ 《全唐文》卷九七,题作《三藏圣教序》。

第一章　隋唐佛教势力之消长

疏中曾曰："今之伽蓝，制过宫阙，穷奢极侈，画缋尽工。"又曰："无名之僧，凡有几万；都下检括，已得数千。"经典僧伽，盖均冒滥，故《开元录》有武周目录"繁秽尤多"之语。① 然其时名僧辈出，实为甚盛。高宗晚年有玄奘（664卒）、道宣（667卒）、善导（681卒）、窥基（682卒）、道世（683卒）、天台智威（680卒）、禅宗弘忍（675卒）等大师，而其时武后已渐握天下之实权。高宗薨后至武后退位，译人有菩提流支、实义难陀、义净等；义学沙门有华严法藏，禅宗神秀、慧能，律宗怀素，护法之复礼作《十门辩惑论》，玄嶷作《甄正论》等。

然武后一朝，对于佛法，实大种恶因。自佛教大行于中国以后，有高僧大德超出尘外，为天子之所不能臣。故慧远不出虎溪，僧朗幽居金谷，即其论道朝堂，不拜王侯，自称贫道者，代代有之。俗王僧律，盖甚泮然。武则天与奸僧结纳，以白马寺僧薛怀义为新平道行军总管，②封沙门法朗等九人为县公，赐紫袈裟银龟袋，于是沙门封爵赐紫始于此矣。③ 中宗时，僧会范授官封公。④ 代宗时，不空加开府仪同三司，封肃国公，食邑三千户。⑤ 故宋洪迈《容斋三笔》云："自唐代宗以胡僧不空为鸿胪卿开府仪同三司，其后习以为常，至本朝（宋朝）尚尔。"于是前此啸傲王侯（如慧远）、坚守所志（如太宗请玄奘为官不从）之风渐灭，僧徒人格渐至卑落矣。一时道士亦慕僧家之本利，约佛教而为业。⑥ 时有道士杜乂者，求愿为僧，敕许剃染，入佛授记寺，名玄嶷。又以其乍入法流，须居下位，乃敕赐虚腊三十

---

① 《开元录》卷九。
② 《新唐书》卷四。
③ 《僧史略》卷下；又见《佛祖统纪》卷五一。
④ 《旧唐书》卷七。
⑤ 《宋高僧传》卷一。
⑥ 《旧唐书》卷九六《姚崇传》中之《遗令诫子孙文》。

夏，俾可顿为老成，因此赐夏腊始于此矣。① 帝王可干与僧人之修持，而僧徒纪纲渐至破坏矣。②

唐朝兼崇释老，遂致数百年中，二教之互争不绝。唐初遂有焚禁《化胡经》之公案。《化胡经》之真伪，在北朝昙谟最等，已常与道士争辩其妄。至唐高宗时，僧静泰与道士李荣，又辩《化胡经》之真伪。③ 天后时，沙门慧澄乞依前朝毁《老子化胡经》，敕秋官侍郎刘如睿八学士议之，皆言汉、隋诸书有化胡之说，请勿除削。④ 至中宗神龙元年，诏定《化胡经》真伪，沙门法明抗争，九月遂诏削除，违者科罪。洛阳道士上表力争，敕曰："朕志在还淳，情存去伪，顷以万几之暇，略寻三教。道德二篇之说，空有二谛之谈，莫不敷畅玄门，阐扬妙理，何假化胡之伪，方盛老子之宗。"竟不许所请。⑤

天后时，符瑞图谶为上下所同好，自后秘密神异之说风行。万回一日行万里，一行之东水西流，均为当时所乐道。⑥ 道宣之记感应，道世之申冥报，亦可见其时之风尚。⑦ 而特以密宗之传入为一大事。盖玄宗酖嗜神秘，初不信佛，而好道术，甚重张果（世传八仙之一）、罗公远等。⑧ 然在开元时，印土僧人善无畏、金刚智、不空三人相继自天竺至，俱驻长安，结坛灌顶，祷雨禳灾。密教典籍，俱先后译出。而《佛顶尊胜陀罗尼》（咒名，传为除病秘方，为高宗时译出），证以当时石刻存者之多，可见其

---

① 宋钱易《南部新书》；又见《僧史略》卷下"赐夏腊"条。
② 又穆宗赐刘总腊五十，并见《僧史略》卷下"赐夏腊"条。
③ 《集古今佛道论衡》卷丁"僧泰敕对道士李荣叙道事"条。
④ 《佛祖统纪》卷三九。
⑤ 《佛祖统纪》卷四十。
⑥ 段成式《酉阳杂俎》卷三、卷五。
⑦ 如《法苑珠林》所载，道宣有《神州三宝感通录》及《道宣律师感通录》、《大正藏》第五二卷收。
⑧ 《旧唐书》卷八；《酉阳杂俎》卷三；《太平广记》卷二二等。

第一章　隋唐佛教势力之消长

为世俗所特重。① 玄宗诏天下城楼立毗沙门天王像（此世所谓托塔天王也），又诏不空与罗公远于宫中斗法，道士不胜，密教之盛，亦概可知矣。②

唐朝佛教之胜境，当首推五台山，相传即《华严经》之清凉山，为文殊菩萨道场，昔魏孝文帝尝于中台置大孚寺。③ 北齐时有寺二百余，割八州租以供僧众衣药之资。④ 至唐时而其地佛教益昌，高宗龙朔中，敕长安僧会颐往修寺塔，佛显形像，并多奇瑞。⑤ 咸亨中，玄奘法师高足沙门窥基曾共黑白五百人往修寺并布施。武后时，建安王（武攸宜）重修清凉寺。⑥ 玄宗天宝七年贵妃兄杨铦为清凉寺写一切经五千零四十八卷，般若四教、天台疏论二千卷。⑦ 相传山常见佛光，据《唐穆宗实录》，元和十五年四月四日河东节度使裴度奏五台山佛光寺侧庆云现，若金仙乘狻猊，领其徒千万，自巳至申乃灭。⑧ 晚唐《大泉寺新三门记》曰：

"今天下学佛道者，多宗旨于五台，灵迹贤踪，往往而在，如吾党之依孔丘门也。"⑨

泗州普光王寺亦为唐代名刹，寺有僧伽大师塔。僧伽乃唐初

---

① 见《金石萃编》及《续编》。
② 《酉阳杂俎》卷三。
③ 《续高僧传》卷二十《昙韵传》；《法苑珠林》卷三九；又唐慧祥《古清凉传》卷上。
④ 《古清凉传》卷上。
⑤ 《法苑珠林》卷三九，《古清凉传》卷中。
⑥ 宋延一《广清凉传》卷上及卷下。
⑦ 《全唐文》卷二六四李邕《五台山清凉寺碑》。
⑧ 宋邵博《邵氏闻见后录》。
⑨ 《金石萃编》卷一一三。

异僧，葱岭北何国人，因以何为姓。龙朔初，游历江淮，于泗州临淮县建寺，掘土得古碑，乃齐香积寺铭记，并金像一躯，上有普照王佛字，遂立寺焉。景龙二年，遣使诏赴内道场谈论，占对休咎，契若合符。因避武后讳，改其寺为普光王寺。四年三月二日卒于荐福寺，五月送至临淮起塔。弟子之知名者为木叉、慧俨、慧岸三人。相传自唐讫宋，僧伽叠显神迹。[1] 李白有《僧伽歌》，苏东坡亦有《僧伽塔诗》。长庆二年，寺塔均被焚，而伽遗形独存。《唐书》载敬宗时，王智兴于泗州立戒坛，度人邀厚利，李德裕上表斥之曰：

"江淮自元和二年后，不敢私度。自闻泗州有坛，户有三丁，必令一丁落发，意在规避王徭，影庇资产。自正月以来，落发者无算。臣今于蒜山渡，点其过者，一日一百余人，勘问唯十四人是旧日沙弥，余是苏常百姓。"

由此可见，泗州亦颇成佛教重地，而王智兴立戒坛之地，或即在普光王寺。日本和尚圆仁记，称此寺为天下著名之处。会昌四年，敕不许供礼该寺所藏佛指。及至会昌五年六月，圆仁渡淮，见毁法诏下后，其寺庄园钱物奴婢，尽被官家收检，寺里寂寥，无人来往。[2] 其后，寺当又修复。宋太宗太平兴国七年，敕修僧伽塔，又改名为普照王寺。其后日本僧人成寻游履其处，详纪寺塔造像之庄严，读之亦可想象该寺在唐时之规模也。[3]

---

[1] 《宋高僧传》卷十八本传；《全唐文》卷二六三李邕《普光王寺碑》。
[2] 《入唐求法巡礼行记》卷四。
[3] 见《参天台五台山记》。

第一章　隋唐佛教势力之消长

唐代在历史上颇有关系之寺为岐州法门寺，宪宗迎佛骨之处也。《法苑珠林》卷三十八曰：

"西京西扶风故县在岐山南，古塔在平原上，南下北高，乡曰凤泉。周魏以前，寺名阿育王，僧徒五百。及周灭佛法，庙宇破坏，唯有两堂。至大业末年，四方贼起，百姓共筑此城，以防外寇。唐初杂住，失火焚之，二堂余烬，焦黑尚存。至贞观五年，岐州刺史张亮，素有信向，来寺礼拜，但见故塔基曾无上覆，奏敕请望云宫殿以盖塔基。下诏许之。古老传云：此塔一闭，经三十年一出示人，令道俗生善。恐开聚众，不敢私开。奏敕许开。深一丈余，获二古碑，并周、魏之所树也。既出合利，遍示道俗。……京邑内外，奔赴塔所，日有数万。舍利高出，见者不同。……或有烧头炼指，刺血洒地，殷重至诚，遂得见之。"

按此寺原名阿育王，《广弘明集》中道宣已称之为法门寺，在凤泉乡，不知即隋文帝送舍利之凤泉寺否。《珠林》复详载，显庆四年敕僧智琮等往，赐名会昌寺。五年下敕请舍利往东都入内供养。"其舍利形状如小指初骨，长可二寸，内孔正方，外楞亦尔，下平上渐，内外光净，以指内孔，恰得受指，便得胜戴，以示大众"。皇后为舍利造金棺银椁，龙朔二年送还本塔。此后唐帝是否均遵三十年一开之言，殊不可知。但至宪宗时，因迎此舍利，而韩昌黎上表激谏也。

泰山灵岩寺，亦唐时名刹，据汪子清《泰山志》曰：

"唐李吉甫纂《十道图》，以润之栖霞，台之国清，荆之玉泉，合兹寺为四绝。"

而金棨《泰山志·金石》著录之关于灵岩寺甚多，自宋以后尤夥。而宋嘉祐六年《灵岩千佛殿碑》文亦曰：

"其间煊赫中夏，辉映诸蓝，得四绝之伟者，则有荆之玉泉，润之栖霞，台之国清，洎兹灵岩是也。"

此"四绝"者，谓地望、庄严、供施、精进也，与李吉甫合四寺为四绝不同。据李北海《灵岩寺碑》，此寺创于晋宋间法定禅师时。而《泰山道里记》引宋郭思《石桥记》，谓北魏孝文帝本纪太和三年起灵泉殿思远佛寺于方山，遂屡幸焉。迨正光初，僧法定复兴拓建，曰灵岩寺。据此则知李北海之言误矣。① 按唐初有慧斌者曾住此寺，晚年为弘福寺主，卒于贞观十九年十月六日，恰在玄奘入住弘福寺之后数月也。但灵岩似首以风景著称，北宋香火最盛，亦颇有禅宗人物驻锡。但在唐时，则未闻有高僧在也。

玄宗天宝二年，以罗浮山（在广东）佛经所载是华首菩萨所在，敕立延祥寺、华首台、明月戒坛。② 而唐初终南山为高僧如道宣等之所驻锡，亦至为有名。嵩山则北魏以来称盛，唐高祖毁寺，而特保存嵩岳寺，武后特往行幸立官，故亦唐代之名山也。③

玄宗以后，中国常生变乱，诸帝仍奉佛法，而尤以代宗为最。初代宗喜祠祀，而未重释教。后因王缙、元载当时宰辅，盛陈福业报应，帝意向之。由是禁中祀佛讽咀，斋薰引内沙门，日

---

① 见金棨《泰山志》。
② 见《罗浮志》卷十一载余靖《延祥寺记》。
③ 《全唐文》卷二六三李邕《嵩岳寺碑》。

百余,馔供珍滋,出入乘厩马,度支具廪给。或戎狄入逼,必合众沙门诵《护国仁王经》为禳厌,幸戎狄去,则横加锡与,不知纪极。胡人官至卿监,封国公者,著籍者,势倾王公,群居赖宠,更相陵夺。凡京畿上田美产,多归浮屠,吏不能制。诏天下官吏不得箠曳僧尼。初五台山祠铸铜为瓦,以金涂之,所费亿计。王缙使五台山僧分行州郡敛民资作图像。七月望日,宫中造盂兰会,缀饰镠琲,所费百万。设高祖以下七圣位,幡节衣冠皆具,各以帝号识其幡,自禁内分诣佛道祠,铙吹鼓舞,奔走相属。是日立仗,百官班光顺门,奉迎导从,岁以为常。群臣承风,皆言生死报应,故政事废弛。① 及至德宗设会供斋,亦如前代,而澄观法师尤为帝所礼敬,号清凉法师教授和尚。②

第五节　韩愈与唐代士大夫之反佛

唐宪宗元和十四年(819)敕迎佛骨于凤翔法门寺,昌黎韩愈上表谏之,此实为佛教史中有名公案。佛骨者,仅佛中指之一节,据《剧谈录》云:"骨长一寸八分,莹净如玉,以小金棺盛之。"太宗以来,朝廷多加殊礼。元和十四年敕翰林学士张仲素撰《佛骨碑》,共略云:

"岐阳法门寺鸣鸢阜有阿育王造塔,藏佛骨指节,太宗特建寺宇,加之重塔;高宗迁之洛邑;天后荐以宝函;中宗纪之国史;肃宗奉之内殿;德宗礼之法宫。据

---

①　见《旧唐书》卷一一八及《新唐书》卷一四五《王缙传》;又见《杜阳杂编》卷上。
②　《佛祖统纪》卷四一。

本传必三十年一开,则玉烛调、金镜明,氛祲灭、稼穑丰。"①

盖元和十三年有功德使奏,凤翔法门寺有护国真身塔,塔内有释迦牟尼佛指骨一节,世传舍利塔当三十年一开,开则岁丰人安。诏许之。②次年宪宗遣使往,迎入禁中三日,乃送京城佛寺。王公士庶,奔走膜呗,至为夷法灼体肤,委珍贝,腾沓系路。昌黎表谓:"焚顶烧指,千百为群;解衣散钱,自朝至暮;转相仿效,惟恐后时;老少奔波,弃其业次。"其朝野震动详状,史虽未详,然可以由关于懿宗咸通十四年迎佛骨之纪载想象得之。据《杜阳杂编》并参以《剧谈录》记懿宗迎佛骨之盛状如下:

"咸通十四年春,诏大德僧数十辈于凤翔法门寺迎佛骨,百官上疏谏,有言宪宗故事者。上曰:'但生得见,殁而无恨也。'遂以金银为宝帐香舁,仍用孔雀氀毛饰宝刹。其宝刹小者高一丈,大者二丈。刻香檀为飞帘花槛瓦木阶砌之类,其上编以金银覆之,舁一刹用夫数百。其宝帐香舁不可胜纪,工巧辉焕,与日争丽。又悉珊瑚马瑙真珠瑟瑟缀为幡幢,计用珍宝,不啻百斛。其剪彩为幡为伞,约以万队。都城士庶奔走云集,自开远门达于岐川,车马昼夜相属,饮馔盈溢路衢,谓之无碍檀施。(《京城坊曲》:旧有迎真身社,居人长幼旬出一钱。自开成之后,迄于咸通,计其资积无限,于是广

---

① 见《佛祖统纪》卷四一;《金石录》著录张仲素《大圣舍利塔铭》。
② 《旧唐书》卷一六〇《韩愈传》,又《唐会要》卷四七,均言"舍利塔三十年一开",惟唐苏鹗《杜阳杂缠》卷下有"六十年一度迎真身"之语。

第一章　隋唐佛教势力之消长

为费用。时物之价高,茶米载以大车,往往至于百辆,他物丰盈,悉皆称是。)四月八日佛骨入长安,自开远门安福楼,夹道佛声震地,士女瞻礼,僧徒道从。上御安福寺,亲自顶礼,泣下沾臆。幡花幢盖之属,罗列二十余里。间之歌舞管弦,杂以禁军兵仗。锱徒梵诵之声,沸聒天地。民庶间有嬉笑欢腾者,有悲怆涕泣者。皇帝召两街供奉僧,赐金帛各有差,而京师耆老元和迎真身者,悉赐银碗锦彩。长安豪家竞饰车马,驾肩弥路。四方挈老扶幼来观者,莫不蔬素,以待恩福。时有军卒断左臂于佛前,以手执之一步一礼,血流洒地。至于肘行膝步,啮指截发,不可胜数。又有僧以艾覆顶,谓之炼顶。火发痛作,即掉其首呼叫,坊市少年擒之,不令动摇,而痛不可忍,乃号哭卧于道上,头顶焦烂,举止窘迫,凡见者无不大哂焉。上迎佛骨入内道场,即设金花帐,温清床,龙鳞之席,凤毛之褥;焚玉髓之香,荐琼膏之乳,九年诃陵国所贡献也。初迎佛骨,有诏令京城及畿甸于路傍垒土为香刹,或高一、二丈,迨八、九尺,悉以金翠饰之,京城之内,约及万数。妖妄之辈,互陈感应,或云夜中震动,或云其上放光,并以求化资财,因而获剩者甚众。又坊市豪家相为无遮斋大会,通衢间结彩为楼阁台殿,或水银以为池,金玉以为树,竞聚僧徒,广设佛像,吹螺击钹,灯烛相继。又令小儿玉带金额,白脚呵喝于其间,恣为嬉戏。又结绵绣为小车舆,以载歌舞,如是光于辇毂之下。而延寿里推为繁华之最。"

元和之迎佛骨,虽不必如咸通之盛,然亦都人若狂,縻费极多。

韩昌黎恶之，作《论佛骨表》。文公一生，志与佛法为敌，尝以孟子辟杨墨自比。其谏迎佛骨，尤为后世所称美。然上表反佛者，唐朝实代有其人。傅奕以后，则天皇后时，有狄仁杰（明经官至宰相）、李峤（进士官至宰相）、张廷珪（制举官刺史、太子詹事）、苏瓌（进士官宰相）。① 中宗时，有韦嗣立（进士官尚书、刺史）、桓彦范（门荫官宰相）、李乂（进士官侍郎）、辛替否（官御史）、宋务光（进士官侍御史）、吕元泰（官清源尉）。② 睿宗时，有裴漼（举拜官至尚书）。③ 玄宗时，有姚崇（举制官宰相）。④ 肃宗时，有张镐（官至宰相）。⑤ 代宗时，有高郢（宝应进士，贞元中拜相）、常衮（进士官宰相）、李叔明（明经东川

---

① 狄仁杰，《旧唐书》卷八九，有《谏造大像疏》（并见《全唐文》卷一六九）。李峤，《旧唐书》卷九四，有《谏建白马阪大像疏》（并见《全唐文》卷二四七）。张廷珪，《旧唐书》卷一〇一，有《谏白马阪营大像表》、《谏白马阪营大像第二表》（并见《全唐文》卷二六九）。苏瓌，《新唐书》卷一二五云："武后铸浮屠、立庙塔，役无虚岁，瓌以为'靡损虽不出国用，要自民产日殚。百姓不足，君孰与足？天下僧尼滥伪相半，请并寺，著僧常员，数缺则补。'"《全唐文》未收。

② 韦嗣立，《旧唐书》卷八八有《请减滥食封邑疏》（并见《全唐文》卷二三六）。桓彦范，《旧唐书》卷九一有《论时政表》（并见《全唐文》卷一七五）。李乂，《旧唐书》卷一〇一有《谏遣使江南以官物充直赎生疏》（并见《全唐文》卷二六六）。辛替否，《旧唐书》卷一〇一有《陈时政疏》、《谏造金仙玉真两观疏》（并见《全唐文》卷二七二）。宋务光，《新唐书》卷一一八，《全唐文》卷二六八有《谏开拓圣善寺表》。吕元泰，《新唐书》卷一一八，《全唐文》卷二七〇有《谏广修佛寺疏》。袁楚客事见《旧唐书》卷九二《魏元忠传》中，有《规魏元忠书》（并见《全唐文》卷一七六）。

③ 裴漼，《旧唐书》卷一百有《谏春旱造寺观疏》（并见《全唐文》卷二七九）。

④ 姚崇，《旧唐书》卷九六有《谏造寺度僧奏》、《遗令诫子孙文》（并见《全唐文》卷二〇六）。

⑤ 张镐，《旧唐书》卷一一一有《谏内置道场奏》（并见《全唐文》卷四三二）。

第一章　隋唐佛教势力之消长

节度使)。① 德宗时，有彭偃（官员外郎）、裴垍（进士官至宰相）、李岩（官郎中）。② 有舒元褒者，元舆之弟，进士官司封员外郎，《全唐文》载其《对贤良方正直言极谏策》，想为宪宗初擢贤良方正时之对策，策中亦毁及佛法。③ 昌黎之后有崔蠡（进士官侍郎、刺史）、萧俛（进士官尚书宰相）、李蔚（进士官至宰相）、孙樵（进士，昌黎门人）等。④ 又据《新唐书》卷一八一谓懿宗迎佛骨，朝廷如李蔚谏者极多。虽此各朝诸人用功未有昌黎之勤，议论未若昌黎之酷烈，顾其言多与昌黎之表大同。⑤ 诸人所陈，抉其大旨，盖不出以下数端。

（甲）君人者旨在政修民安，故排佛者恒以害政为言。武后造大像，用功数百万，令天下僧尼每日人出一钱以助成之，狄仁杰上疏谏曰：

> "臣闻为政之本，必先人事。……今之伽蓝，制过宫阙，穷奢极侈，画绩尽工，宝珠殚于缀饰，瓌材竭于

---

①　高郢，《旧唐书》卷一四七有《谏造章敬寺书》；《全唐文》卷四四九并有《再上谏造章敬寺疏》、《唐书》文似合两"书"成，故文字不尽同。常衮，《旧唐书》卷一一九有《陈时政疏》毁及释教，《全唐文》缺，而有《禁僧道卜筮制》。李叔明，《新唐书》卷一四七有《请删汰僧道疏》（并见《全唐文》卷三九四）。

②　彭偃，《旧唐书》卷一二七有《删汰僧道议》（并见《全唐文》卷四四五）。裴垍，《新唐书》卷一四七《李叔明传》中有裴之《汰僧道议》（并见《全唐文》卷六一六）。李岩，《旧唐书》卷一五〇《肃王详传》有李之《谏为肃王造塔疏》（并见《全唐文》卷六八四）。

③　舒元褒，《全唐文》卷七四五载其《对贤良方正直言极谏策》。

④　崔蠡，事见《旧唐书》卷一一七，《全唐文》卷七一八载其《请停国忌行香奏》。萧俛，事见《旧唐书》卷一七二，《全唐文》卷七四七载其《谏懿宗奉佛疏》。李蔚，事见《新唐书》卷一八一，《全唐文》载其《谏禁中饭僧疏》。孙樵，《全唐文》载其《复佛寺奏》。

⑤　昌黎门人李汉序《昌黎先生集》有曰："先生……醋排释氏。"

轮奂。工不使鬼，必在役人；物不天来，终须地出；不损百姓，将何以求？生之有时，用之无度，编户所奉，恒苦不充。痛切肌肤，不辞箠楚。游僧一说，矫陈祸福，剪发解衣，仍惭其少。亦有离间骨肉，事均路人；身自纳妻，谓无彼我；皆托佛法，诖误生人。里陌动有经场，阛阓亦立精舍。化诱倍急，切于官征；法事所须，严于制放。膏腴美业，倍取其多；水碾庄园，数亦非少。逃丁避罪，并集法门。无名之僧，凡有几万，都下检括，已得数千。且一失不耕，犹受其弊，浮食者众，又劫人财。臣每思维，实所悲痛。"

辛替否谏中宗盛兴佛寺疏亦有曰：

"臣闻君以人为本，本固则邦宁，邦宁则陛下夫妇母子长相保也。……当今疆场危骇，仓廪空虚，揭竿守御之士赏不及，肝脑涂地之辛输不充，野多食草，人不识谷。而方大起寺舍，广造第宅。伐木空山不足充梁栋，运土塞路不足充墙壁。夸古耀今，逾章越制，百僚钳口，四海伤心。……三时之月，掘山穿池，损命也；殚府虚帑，损人也；广殿长廊，荣身也。损命则不慈悲，损人则不济物，荣身则不清净，岂大圣大神之心乎？"

而张镐之言，更至为质直：

"臣闻天子修福，要在安养苍生，靖一风化。未闻区区僧教，以致太平。伏愿陛下以无为为心，不以小乘

第一章 隋唐佛教势力之消长

而挠圣虑也。"

彭偃《删汰僧道议》谓僧尼游行浮食，于国无益，有害于人，曰：

> "今天下僧道，不耕而食，不织而衣，广作危言险语，以惑愚者。一僧衣食，岁计约三万有余，五丁所出不能致此。举一僧以计天下，其费可知。陛下日盱忧勤，将去人害，此而不救，奚其为政！"

裴珀又言：

> "衣者蚕桑也，食者耕农也，男女者继祖之重也，而二教悉禁。国家著令，又从而助之，是以夷狄不经法，反制中夏礼义之俗。"

此诸人所言，盖谓释教之兴，上不利于君，下不利于民，费财物，养浮食，坏礼教，乱人伦，为天下衰败、祸乱之一因也。

（乙）人主莫不求国祚悠久，故唐朝人士，恒以六朝朝代短促归罪于佛法。此傅奕所首唱，韩文公论佛骨表亦言之。而狄仁杰谓梁武、简文信佛，不救危亡之祸。姚崇亦言，佛图澄最贤，无益于全赵；罗什多艺，不救于秦亡。辛替否在中宗时上疏，征夏商以来帝代，谓有道祚长，无道年短，"岂因其穷金玉修塔庙，方建长久之祚"！而在睿宗时抗言，更引唐朝近事以为鉴戒，曰：

> "中宗……造寺不止，枉费财者数百亿；度人不休，免租庸者数十万。……然五六年间，再三祸变，享国不

永，受终于凶。……寺舍不能保其身，僧尼不能护妻子，取讥万代，见笑四夷。此陛下所眼见之，何不除而改之。"

代宗为太后营章敬寺，高郢上书谏曰：

"臣闻夏禹卑宫室而尽力乎沟洫，人到于今称之。梁武穷土木而致饰乎寺宇，人无得而称焉。陛下若节用爱人，当与夏后齐驾，何必劳人动众，而踵梁武之遗风乎？"①

高郢书奏未报，又再上书冒死再谏，可谓有识之士也。姚崇《遗令诫子孙文》亦曾引中宗、太平公主等事为戒。

（丙）韩昌黎表中引高祖沙汰佛徒，愿宪宗取以为法。而辛替否亦举贞观故事，以告睿宗，求其不弃太宗之治本，而弃中宗之乱阶，其言曰：

"太宗……拨乱反正，开阶立极，得至理之体，设简要之方。省其官，清其吏。举天下职司，无一虚授；用天下财帛，无一枉费。……不多造寺观，而福德自至；不多度僧尼，而殃咎自灭。……自有帝王以来，未有若斯之神圣者也。故得享国久长，多历年所，陛下何不取而则之？"

宪宗迎佛骨，昌黎上表。懿宗佞佛尤甚，萧倣效法文公上疏论

---

① 此据《全唐文》卷四四九。

第一章 隋唐佛教势力之消长

之曰：

"昔贞观中，高宗在东宫，以长孙皇后疾亟，尝上言曰：'欲请度僧，以资福事。'后曰：'为善有征，吾未为恶。善或不报，求福非宜。且佛者异方之教，所可存而勿论，岂以一女子而紊王道乎？'故谥为文德。且母后之论，尚能如斯，哲王之谟，安可反是？……昔年韩愈，已得罪于宪宗。今日微臣，固甘心于遐徼。"

（丁）僧尼守戒不严，佛殿为贸易之场，寺刹作逋逃之薮，亦中华士人痛斥佛徒之一理由。辛替否疏中有曰：

"当今出财依势者，尽度为沙门；避役奸讹者，尽度为沙门。其所未度，惟贫穷与善人耳，将何以作范乎？将何以租赋乎？将何以力役乎？臣以为出家者，舍尘俗，离朋党，无私爱。今殖货营生，非舍尘俗；援亲树知，非离朋党；畜妻养孥，非无私爱。"

彭偃献议亦有曰：

"当今道士有名无实，时俗鲜重，乱政犹轻。唯有僧尼，颇为秽杂。自西方之教被于中国，去圣日远，空门不行五浊，此丘但行粗法。爰自后汉，至于陈隋，僧之废灭，其亦数乎？或至坑杀，殆无遗余。前代帝王，岂恶僧道之善，如此之深耶？盖其乱人，亦已甚矣。……今出家者，皆是无识下劣之流，纵其戒行高洁，为于王者已无用矣，况是苟避征徭，于杀盗淫秽无所不犯者乎！"

而僧人交通权贵，干预政事，则见于桓彦范上中宗之一表：

"胡僧慧范，矫托佛教，诡惑后妃，故得出入禁闱，挠乱时政。陛下又轻骑微行，数幸其室。上下媟黩，有亏尊严。臣尝闻兴化致理，必由进善；康国宁人，莫大弃恶。故孔子曰：'执左道以乱政者杀；假鬼神以危人者杀。'今慧范之罪，不殊于此也。"

元和十四年，韩退之《论佛骨表》，其理论亦不出上述各点。表中第一段言六朝祚短由于信佛；第二段引高祖毁法事为则；第三段斥迎佛骨之伤风败俗，请以付之水火，永绝根本。然其所以震动一时者，其故有数：一则直斥佛法，大异前人之讽谏，致贬潮州，百折不悔。二则退之素恶释教，其肆攻击当在上表之前。按杨惊注《荀子》引退之《原性》全文，故《原性》之作当在元和十三年前。且退之终身未尝不毁佛法也。其与大颠交游，不足为其变更态度之证，世传其与大颠三书尤不足信。故文公反佛致力之勤当不在傅奕下。而上列反佛诸人中，亦有常与僧人交涉，且有为僧寺作碑记者，查《全唐文》可知。① 而文公自比孟轲，隐然以继尧、舜、禹、汤、文、武、周公、孔子之道统自任，树帜鲜明，尤非傅奕所及。三则退之以文雄天下，名重一

---

① 如《全唐文》卷二七九收裴漼《少林寺碑》，卷二四五有李峤《为魏国北寺西寺请迎寺额表》等等。

第一章 隋唐佛教势力之消长

时，其党徒众多，附和者夥。① 门人李翱称之谓，六经之学绝而复兴。② 其后皮日休谓其蹴杨、墨于不毛之地，蹂释、老于无人之境，至请以配飨孔庙。③ 此其辟佛所以大著成效也。

然吾人果明于唐朝士大夫对于佛教之态度，则韩氏之功，盖不如常人所称之盛。盖魏晋六朝，天下纷崩，学士文人，竞尚清谈，多趋遁世，崇尚释教，不为士人所鄙，而其与僧徒游者，虽不无因果福利之想，然究多以谈名理相过从。及至李唐奠定宇内，帝王名臣以治世为务，轻出世之法。④ 而其取士，五经礼法为必修，文词诗章为要事。科举之制，遂养成天下重孔教文学，轻释氏名理之风，学者遂至不读非圣之文。⑤ 故士大夫大变六朝习尚，其与僧人游者，盖多交在诗文之相投，而非在玄理之契合。文人学士如王维、白居易，梁肃等真正奉佛且深切体佛者，为数盖少。此诸君子之信佛，原因殊多，其要盖不外与当时之社会风气亦有关系也。于此不能详论。

文公之前，反对佛教上疏朝堂者多为进士，特以佛法势盛，未敢昌言。及至昌黎振臂一呼，天下自多有从之者。然退之急于功名，无甚精造，故朱文公（熹）论之曰：

> "盖韩公之学，见于《原道》者，虽有以识夫大用之流行，而于本然之全体则疑其所未睹。且于日用之间，亦未见其有以存养省察而体之于身也。是以虽其所

---

① 王定保《唐摭言》曰："唐文公名播天下，李翱、张籍皆升朝籍北面事之"云云。洪迈《容斋四笔》卷五"韩文公荐士"条言，文公为时所重，其所荐士均能登第。
② 《全唐文》卷六四〇，李翱《祭吏部韩侍郎文》。
③ 《皮子文薮》卷九《请唐文公配飨太学书》。
④ 《贞观政要》卷六，载贞观二年太宗谓诸侍臣语，即可见。
⑤ 《旧唐书》卷一六五《柳公绰传》。

以自任不为不重，而其平生用力深处终不离乎文字语言之工。至其好乐之私，则又未能卓然有以自拔于流俗，所与游者不过一时之文士。"①

故韩文公虽代表一时反佛之潮流，而以其纯为文人，率乏理论上之建设，不能推陈出新，取佛教势力而代之也，此则其不逮宋儒远矣。

第六节　会昌法难

穆宗、敬宗、文宗俱循例作佛事，白香山、元微之与僧人交游，宰臣裴休尤为笃信。惟敬宗已醋信道教，道士赵归真已出入禁中。文宗已有毁法之议，大和五年禁度僧营建。杜牧《杭州新造南亭子记》曰：

"文宗皇帝尝语宰相曰：古者三人共食一农人，今加兵，佛，……其间吾民尤困于佛。帝念其本牢根大，不能果去之。"②

李训亦请罢大内道场及沙汰僧尼，文宗许之。及至武宗，佛教经最大之厄难。帝未即位时，已好道术，及登帝位，召遣士入禁中，信其所言。又雄谋勇断，决革积弊，因而会昌五年（845）之毁法至为严酷。日本有僧人圆仁者，于仁明天皇承和年中三次渡海求法，首二次遇风不果，第三次于承和五年六月十三日首涂，七月二日到扬州海陵县（今泰县）。是后数经转折游江南河

---

① 朱熹校《昌黎集》中《与孟简书》注。
② 《全唐文》卷七五兰。

第一章　隋唐佛教势力之消长

北，于承和七年到长安，即开成五年（840）八月二十三日，时武帝已登帝位。再五年，圆仁因毁法还俗，冒险回国，著有《入唐求法巡礼记》四卷。身遭法难，所述极详。今据其文，参以他书，略述于下。

武帝于开成五年正月十四日即位。四月中书奏以帝诞日为庆阳节（圆仁记作"德阳"，《僧史略》中亦作"德阳"），是日设斋行香。① 会昌元年正月四日国忌，敕行香设千僧斋，正月九日敕开讲，其时尚奉行故事，未著手毁法也。但在六月十一日（《旧唐书》作十二日）圣诞日于大内设斋，两街供养大德及道士四对论议，二道士赐紫，释门大德均不得著。南天竺三藏宝月入朝，不先谘开府，从怀中拔出表进上，请许归国，因犯越官罪收禁。宝月弟子三人各决七棒，通事僧决十棒，未打三藏，但不放归国。盖武帝在藩时颇好道术修摄之事，开成末年秋，已召道士赵归真等八十一人入禁中，于三殿修金箓道场，帝亲受法箓。②本年六月又召衡山道士刘玄靖入内，与归真同修法箓。③ 事盖与圆仁所述佛道辩论，及宝月被禁同时，武帝痛恶释氏，已甚显著。或因此，八月七日圆仁上表请归本国，但未得许。

会昌二年三月三日，因宰相李德裕奏，敕下发遣保外无名僧，又不许置童子沙弥，是毁法已见其端倪。五月二十五日使牒勘问外国僧艺业。五月二十九日，敕停内供奉大德、两街各二十员。六月十一日值圣诞，敕僧道御前论议，道士二人得紫，僧门仍不得著紫。十月九日敕下，天下所有僧尼解烧练、咒术、禁气，背军身上杖痕鸟文，杂工巧，曾犯淫、养妻、不修戒行者，并勒还俗。若僧尼有钱谷田地，应收纳入官。如惜钱财，情愿还

---

① 《唐会要》卷二九。
② 《旧唐书》卷十八上。
③ 《旧唐书》卷十八上。

俗，亦勒还俗，充入两税徭役。后左街功德使奏，准敕条疏僧尼除年老及戒行精确者外，其爱惜资财还俗者一千二百三十二人。右街功德使奏同此，还俗者二千二百五十九人。诸道亦奉敕同此处分。所蓄奴婢，僧许留奴一人，尼许留婢二人，余并任本家收管，无家者官为货卖。

会昌三年正月十八日，前项僧尼还俗讫。二十七日军容使仇士良有帖，唤京内当街诸外国僧。明日俱至，计青龙寺南天竺三藏宝月等五人，兴善寺北天竺三藏难陀一人，慈恩寺狮子国僧一人，资圣寺日本国僧圆仁及其弟子惟正、惟晓等三人，诸寺新罗僧等，更有龟兹国僧共二十一人，仇士良亲慰安存。盖仇乃信佛者也。二月一日功德使牒云，僧尼已还俗者辄不得入寺及停止。又发遣保外僧尼不许住京入镇内。四月中旬，敕下杀天下摩尼师，剃发令著袈裟作沙门形而杀之。① 五月二十五日勘问诸寺外国僧来由。六月十一日圣诞，僧道入内论议，道士二人赐紫，而僧则否。时太子詹事韦宗卿进《涅槃经疏》二十卷，《大圆伊字镜略》二十卷，帝敕焚之，并毁其稿。敕书有曰：

> "韦宗卿参列崇班，合遵儒业，溺于邪说，是扇妖风。既开眩惑之端，全庾典坟之旨。簪缨之内，颓靡何深。况非圣之言，尚宜禁斥；外方之教，安可流传。"

敕又斥佛本西戎人，经疏为胡书。又谓韦宗卿不知共遏迷聋，使其反朴，而乃集妖妄，转惑愚人，左迁为成都府尹。按《全唐文》云：韦宗卿元和中官侍御史、户部员外郎，出为益州刺史，

---

① 《入唐求法巡礼行记》卷三原文如此。《旧唐书》卷十八上曰："（会昌三年）二月……制曰：……其回纥及摩尼寺庄宅、钱物等，并委功德使与御史台及京兆府各差官点检收抽。"

敬宗时作《隐山大峒记》。又《义天录》著录有韦宗卿《金刚般若经注》二卷。又前有救焚宫内佛经，埋佛、菩萨并天王像等。九月闻潞府奸人匿京城寺中，敕令两街功德使疏理城中僧人，公案无名者尽勒还俗，递归本贯。诸道州府皆同斯例。近住寺僧，不委来由者，尽捉按问。投新襄头僧于府中，打杀至三百余人。自本年起两街讲说绝。凡此均见武宗毁法之愈亟。圆仁前后求归国者百有余次，不许。

会昌四年正月，中书奏定断屠日。① 遂敕曰：

"斋月断屠，出于释氏，国家创业，犹近梁、隋，卿相大臣，或沿兹弊。鼓刀者既获厚利，纠察者潜受请求。正月以万物生植之初，宜断三日，列圣忌断一日。仍准开元二十二年敕三元日各断三日，余月不禁。"②

据圆仁所记，唐朝原于三长月（正、五、九月）不杀生，兹依道教于三元日（正、六、十月之十五日）断屠。③

三月敕不许供养佛牙。又敕代州五台山、泗州普光王寺、终南五台、凤翔法门寺等处有佛指亦不许供养。如有违者，送一钱者脊杖二十；如有僧尼在前件处，受一钱者脊杖二十。诸道州县送供养者，捉获脊杖同前数。因此四处绝人往来，无人送供。准敕勘责彼处僧人无公验者，并当处打杀，具姓名奏闻。此盖恐潞府留后押衙作僧潜在彼处也。向例长生殿内道场，安置佛像经

---

① 奏文见《唐会要》卷四十一。
② 《旧唐书》卷十八上。
③ 《唐大诏令集》卷一一三云：武德二年正月诏，"自今以后，每年正月、五月、九月，凡关屠宰杀戮，网捕畋猎。并全禁止。"又见《佛祖统纪》卷三九。

教，抽两街诸寺解持念僧三七人，更番入内持念。武帝令焚烧经教，毁折佛像，起出僧众各归本寺，于道场内安置天尊老君之像。本年又于诞日不召僧入内论议，并敕僧尼不许街里行、犯钟声，如有外出者，须于钟声未动前归。又不许别寺宿，违者敕罪。七月又敕以供养佛者，尽入兴唐观祭天尊。是年圣诞日，道士奏略云：孔子言黑衣继十八子为天子。黑衣者，僧人；十八子者，李氏。而武宗为唐第十八代，① 故深信之，憎佛愈甚。此圆仁当时所闻，未悉确否。但《旧唐书·武帝本纪》亦载本年以赵归真为左右街教授先生，时帝志学神仙，师归真。归真乘宠排毁释氏，言非中国之教，蠹害生灵，宜尽除去，帝颇信之。因是自此年七、八月起，法难起矣。

  是年约在七月或闰七月，敕下令毁拆天下山房、兰若，普通佛堂、义井、村邑斋堂等未满二百间、不入寺额者，其僧尼等尽勒还俗。按《通鉴考异》曰：《会要》元和二年薛平奏请赐中条山兰若额为大和寺。盖官赐额者为寺，私造者为招提、兰若。②此即上文之不入寺额者也。故杜牧《南亭子记》曰："武宗皇帝始即位，……去其山台野邑四万所，冠其徒几至十万人。"③ 又《旧唐书·李德裕传》云："（长庆四年）罢私邑山房一千四百六十所。"所谓"山台野邑""私邑山房"等，盖皆招提、兰若之类也。然据圆仁所记，是役长安城坊佛堂亦毁三百余所，天下无数，则所毁之招提、兰若，固有在都内者，非限于"山台野邑"也。同时天下尊胜石幢、僧墓塔等，有敕皆令毁拆。十月又敕令毁拆天下小寺，经佛移入大寺，钟送道观。其被拆寺僧尼，不依戒行者，不论老少尽敕还俗，递归本贯。年老身有戒行者配大

---

① 按高祖至武宗为十五代，加光皇帝、景太祖、元世祖共十八代。
② 《资治通鉴》卷二四八。
③ 《全唐文》卷七五三。

第一章　隋唐佛教势力之消长

寺，虽有戒行而是年少者尽敕还俗，归本贯。长安城中因又毁拆小寺三十三所。其时，道士赵归真等奏曰："佛生西戎，教说不生，夫不生者，只是死也"云云。又谓炼丹服之，乃可长生，广列神府，利益无疆，遂于禁内筑仙台。

《巡礼记》又称八月中，太后郭氏信佛法，每条疏僧尼时皆有词谏，帝进药酒杀之。又太后萧氏貌美，帝欲纳为妃，不从，遂射杀之。按郭后当即宪宗懿安皇后，系死于大中二年；① 萧后当指穆宗贞献皇后，《新唐书》载其卒于大中元年，② 此均在武宗死后也。又据《新唐书》，武宗对于太皇太后、皇太后均甚敬重，圆仁所记，乃僧人之谣传也。③

会昌五年三月，敕不许天下寺置庄园，又令勘检天下寺舍奴婢多少，并及财物。④ 令都中诸寺由两军中尉勘检，诸州府寺舍委中书门下检勘。并分城中寺舍奴婢为三等，分别收遣。（详圆仁记）约在三月，敕令天下诸寺僧年四十以下尽勒还俗，递归本贯。又登仙台，责道士何以无一人登仙。道士诿过于释道之并行，于是又敕令僧尼五十岁以下还俗。其后下诏日益严切，因此依年岁、戒行及祠部牒之有无，分为数起，准敕令僧尼次第还俗。自四月一日起，年四十以下僧尼尽勒还俗，递归本贯。每日三百僧还俗，十五日方讫。自十六日起，令僧尼五十以下还俗，至五月十日方尽。十一日起，无牒者还俗，最后有牒者亦须还俗。五月终，长安僧尼尽。寺惟留三纲检理财物，讫，再还俗。外国无祠部牒者，亦须还俗，送归本国，因此天竺僧人难陀、宝

---

① 《新唐书》卷七七。
② 《新唐书》卷七七。
③ 《新唐书》卷七七。
④ 《佛祖统纪》卷四二云："（会昌五年）四月诏检校天下寺院僧尼数。"《资治通鉴》卷二四八云："（会昌五年）五月，祠部奏括天下寺四千六百，兰若四万，僧尼二十六万五百。"

月等因无牒，均准敕办，日本僧人圆仁亦无祠部牒，功德使准敕，配入还俗例。又帖诸寺牒云：如有僧尼不伏还俗者，科违敕罪，当时决杀。（详圆仁记）以上当是都城内处分之年月及情形，天下州道当推后若干日，而据圆仁记情形则相同也。

据《通鉴》载云：

"秋七月，……敕上都、东都两街各留二寺，每寺留僧三十人；天下节度、观察使治所及同、华、商、汝州各留一寺，分为三等：上等留僧二十人，中等留十人，下等五人。余僧及尼并大秦穆护、祆僧皆敕还俗。寺非应留者，立期令所在毁撤，仍遣御史分道督之。财货田产并没官，寺材以葺公廨驿舍，铜像、钟磬以铸钱。"①

又诏僧尼改隶鸿胪寺。② 八月壬午下诏，略曰：

"朕闻三代已前，未尝言佛，魏晋之后，像教寖兴。是逢季时，传此异俗，因缘染习，蔓衍滋多。以至于耗蠹国风，而渐不觉；以至于诱惑人心，而众益迷。洎乎九州山原，两京城阙，僧徒日广，佛寺日崇，劳人力于工木之功，夺人力为金宝之饰，遗君亲于师资之际，违配偶于戒律之间，坏法害人，莫过于此。且一夫不田，有受其馁者；一妇不织，有受其寒者。今天下僧尼不可胜数，皆待农而食，待蚕而衣。寺宇招提，莫知纪极，

---

① 《资治通鉴》卷二四八，所载每寺留僧数目各不相同，详见《考异》。又《唐会要》卷四八载有会昌五年七月中书门下之毁寺奏。
② 《唐会要》卷四九。

第一章　隋唐佛教势力之消长

皆云构藻饰，僭拟宫殿。晋、宋、齐、梁，物力凋瘵，风俗浇诈，莫不由是而致也。况我高祖、太宗以武定祸乱，以文理华夏，执此二柄，足以经邦。岂可以区区西方之教，与我抗衡哉。……于戏！前古未行，似将有待，及今尽去，岂谓无时。驱游惰不业之徒，已逾千万；废丹臒无用之居，何啻亿千。自此清净训人，慕无为之理；简易齐政，成一俗之功。将使六合黔黎，同归皇化，尚以革弊之始，日用不知。下制朝廷，宜体予意；宜布中外，咸使知闻。"

此诏书中并言，天下所拆寺四千六百余所，还俗僧尼二十六万余人，收充两税户，拆招提兰若四万余所，收膏腴上田数千万顷，收奴婢为两税户十五万人。① 据《旧唐书·食货志》云：腴田鬻钱送户部，中下田给寺家奴婢丁壮者，为两税户，人十亩。② 后又诏东都止留僧二十人，诸道留二十人者减其半，留十人者减三人，留五人者更不留。据《通鉴》，此诏在前诏之后，果尔则僧尼减去更多。③

时宰臣执政者为李德裕，卫公不信佛教，敬宗时任浙西观察使，表奏王智兴在泗州立戒坛之不当。④ 宝历二年亳州言出圣水，饮之者愈疾，德裕奏谓为妖僧用以敛钱，请塞之。先在浙西，罢

---

① 《唐会要》卷四七。
② 《旧唐书》卷四八《食货志》上所载还俗僧尼人数为"二十六万五千人"。
③ 会昌五年毁法，所拆毁寺院数目及僧尼还俗数目等各书记载不尽相同，上列数目或亦嫌夸大，不能详考。可参看李德裕《贺废毁诸寺德音表》（《全唐文》卷七〇〇），杜牧《杭州新造南亭子记》（《全唐文》卷七五三），牟铦《修方山证明功德记》（《全唐文》卷七九一）。
④ 《旧唐书》卷一七四《李德裕传》。

私邑山房一千四百六十,以清寇盗;后在蜀,毁属下浮屠私庐数千,以地予农。蜀先主祠旁有獠村,其民剃发若浮屠者,畜妻子自如,德裕下令禁止,蜀风大变。① 凡此可证卫公早恶佛法。按孟蜀何光远《鉴戒录》谓,卫公信道教,常冠褐,修房中术,求茅君点化,沙汰缁徒,超升术士,未知全确否。德裕虽于敬宗、武宗时上表,谏言方士,惟据其所作《方士论》,则并非谓方士均欺诈,不过真方士乃习静者为之,不必妄入朝市,自衒其术,面欺明主。② 而其《黄冶论》,则谓炼丹之术必有精理,应可成就。③ 且在《李文饶集》中有《伤茅山尊师诗》,又有《三圣记》,中有曰:

> "有唐宝历二年,岁次丙午,八月丙申朔十五日庚戌,玉清玄都大洞三道弟子正议大夫使持节润州诸军事守润州刺史兼御史大夫充浙西道都团练观察处置等使上柱国赞皇县开国男食邑三百户赐紫金鱼袋李德裕,上为九庙圣主,次为七代先灵,下为一切含识,于茅山崇元观南,敬造老君殿院,及造老君、孔子、尹真人像三躯,皆按史籍遗文,庶垂不朽。"

据此则何光远之言,非全虚妄也。总之,武宗信道毁佛,卫公亦不喜释氏,宜其毁法至酷烈也。

将毁法时,两街僧录灵宴、辩章同推玄畅为首,上表论谏,遂著《历代帝王录》,奏而弗听。④ 时朝臣未闻有谏者,僧人抗

---

① 《旧唐书》卷一七四及《新唐书》一八〇《李德裕传》。
② 《全唐文》卷七〇九。
③ 《全唐文》卷七一〇。
④ 《宋高僧传》卷十七。

第一章　隋唐佛教势力之消长

议亦不如周武时之甚，佛教势力之已衰，可知也。杜牧《杭州新造南亭子记》，谓其时毁寺减僧，出四御史屡行天下以督之，而御史乘驿未出关，天下寺至于屋基耕而刈之。且圆仁所记亦为明证。是年六月，圆仁目击泗州普光王寺，庄园钱物奴婢尽被官家役检，寺里寂寥，无人来往。月底到扬州，见城内僧尼正裹头，递归本贯，拟将寺金钱财物庄园钟等入官收检。又闻有敕令尽碎天下铜佛铁佛，称量斤两，委盐铁司收管。七月在楚州，圆仁不敢将佛教像随身行，恐科违敕罪。八月到登州，闻有敕令，天下金铜佛像，当州县司剥取其金，称量进上。登州虽远离京师，地处海边，然"条疏僧尼，毁拆寺舍，禁经毁像，收检寺物，与京城无异"。同月到文登县，又知另有敕天下还俗僧尼缁服，各仰本州县尽收焚烧。恐私家隐藏僧服，窃自披著，故须切加收检，尽行焚讫，奏闻。焚讫后有藏者，查出须处分。又有敕令天下寺舍奇异宝珮、珠玉金银，仰本州县收检进上。又敕天下寺舍僧尼所用银器钟磬釜铛等，委诸道盐铁使，收入官库。时文登县寺院已拆尽，圆仁无寺可住。十一月又闻有敕令边州还俗僧，并仰所在知存亡，且不令东西。又据《百岩寺重建法堂记》叙法难曰：

"明教既□（疑是降字），莫不遵行，官吏颁选，敢不从命。"①

又如颜鲁公《八关斋报德记》后宋州刺史崔倬石幢亦有曰：

"会昌中有诏大除佛寺，凡熔塑□刻堂阁室宇关于佛祠者，焚灭销破，一无遗余。分遣御史复视之，州县

---

①《金石续编》卷十一。

□（疑是震字）畏，至于碑幢铭镂赞述之类，亦皆毁而瘗藏之。"①

此外《重建圆觉大师塔志》、《大云寺残幢》及《方山证明功德记》均记有毁法事。②而《语石》曰：

"余所藏唐幢，往往有大中重建题字，五代宋初尚有发地得之而再立者，皆因会昌之劫也。"

而《金石苑》载有《重修北岩寺记》，其寺亦系毁后再修，此则在蜀之资中也。而浙之天台名刹，亦竟破毁，事见于沈懽之《国清寺止观堂记》。③日本僧人敬光《唐房行履录》，谓圆珍于台州国清寺毁后到台，建止观堂，此毁法之事诚遍天下也。但据圆仁言，则大河以北法难似未波及。圆仁记曰：

"三四年已来，天下州县准敕条疏僧尼，还俗已尽；又天下毁折佛堂兰若寺舍已尽；又天下焚烧经像僧服罄尽；又天下剌佛身上金已毕：天下打碎铜铁佛，称斤两收检讫；天下州县收纳寺家钱物庄园，收家人奴婢已讫。唯黄河已北镇、幽、魏、潞等四节度，元来敬重佛法，不毁折佛寺，不条疏僧尼，佛法之事一切不动之。频有敕使勘罚，云："天子自来毁折焚烧即可然矣，臣等不能作此事也。""

---

① 《金石萃编》卷九八。
② 《金石萃编》卷一一四，《八琼室金石补正》卷七五，叶昌炽《语石》卷四。
③ 日本僧人敬光《唐房行履录》卷上载有此记。

第一章　隋唐佛教势力之消长

《佛祖统纪》卷四十二载，宣宗八年潭州岳麓寺僧往太原求大藏经事，中云河东节度巡官为之记，言潭州僧因天下经典武宗严旨毁灭几尽，乃往太原求藏经五千四十八卷以归。此亦可见会昌毁法至严厉，但河北幸免也。

武宗毁法后，向日游手坐食之僧人必多困乏缺衣食，是以天下不但有拆寺除僧之扰乱，而且徒增生计无著之许多人民，社会之秩序当益因之摇动。僧人为救济贫困，向有悲田院之设，自僧尼还俗后，无人主领。因是李德裕乃奏请改悲田院为养病坊，于乡间中选人主之。① 寺院奴婢之处分，会昌五年四月、八月均有中书门下奏，敕旨依奏。② 据《旧唐书·食货志》，毁寺后所收中下田均与奴婢丁壮，人十亩。但僧人老弱未知如何谋生计。李卫公《请淮南等五道置游弈船》，状文有曰：

"自有还僧以来，江西劫杀，此常年尤甚。自上元至宣池地界，商旅绝行，缘所在长吏掩闭道路，颇甚嗟怨。"③

圆仁《巡礼记》亦曰：

"唐国僧尼本来贫，天下僧尼尽令还俗，乍作俗形，无衣可著，无物可吃，艰穷至甚，冻饿不彻，便入乡村劫夺人物，触处甚多。州县捉获者皆是还俗僧，因此更条疏已还俗僧尼，勘责更甚（"甚"字原文无，今依高

---

① 《旧唐书》卷一七四《李德裕传》。
② 《唐会要》卷八六。
③ 《全唐文》卷七〇四。

楠氏考证加）。"

按唐末王仙芝，黄巢相继起义，山东江淮之民于短期间从之者数万，是必社会人民之困乏，有以致之。① 而武宗之毁法，未详为僧人谋生计，亦或其一因欤？

武宗灭佛后一年而薨。宣宗即位，诛道士赵归真、刘玄靖等，因其惑武宗，排毁释教也。② 李德裕亦因事谪配朱崖，宣宗遂大复佛寺。据大中五年孙樵上疏，谓因诏复营废寺，"自元年正月洎今年五月，斤斧之声不绝天下，而工未以讫闻。陛下即复之不休，臣恐数年之间天下十七万髡如故矣。"③ 是可知武宗诏令，天下实已奉行，然佛教势力犹在，故稍纵复竞事佛矣。又圆仁记并言宣宗初复佛教事，文曰：

"（会昌六年）五月中大赦，兼有敕天下每州造两寺，节度府许造三所寺。每寺置五十僧，去年还俗僧年五十以上者，许依旧出家，其中年登八十者，国家赐五贯文。还定三长月，依旧断屠。"

武宗会昌六年三月二十三日崩，宣宗五月即敕复佛寺，故可知佛教势力仍甚强也。

自会昌五年至唐亡凡七十年，中亦经诸镇之倾轧，黄巢起义之战乱，民生凋敝，佛教之势力亦受其影响。后之诸帝多亦信

---

① 《唐会要》卷八六云："会昌五年四月，中书门下奏：天下诸寺奴婢，江淮人数至多，其间有寺已破废，全无僧众，奴婢既无衣食，皆自营生……。"

② 《旧唐书》卷十八下。

③ 《全唐文》卷七九四。此云"十七万髡"与《旧唐书》不合。据《佛祖统纪》卷四十二知为"二十七万"之误。

佛，而尤以懿宗为甚，遇八斋日，必内中饭僧，数盈万计。帝因法集，躬为赞呗，大安国寺僧彻升台朗咏。帝于彻宠锡繁博，敕造栴檀木讲座以赐之。《旧唐书·李蔚传》记其豪侈曰：

"始懿宗成安国祠，赐宝坐二，度高二丈，构以沈檀，涂髹，镂龙凤，蕑金扣之，上施复坐，陈经几其前，四隅立瑞鸟神人高数尺，磴道以升，前被绣囊锦襜，珍丽精绝。"

懿宗又敕两街四寺行方等忏法，戒坛度僧各三七日。别宣僧尼大德二十人，入咸泰殿，置坛度内福寿寺尼。缮写大藏经，每藏计五千四百六十一卷，雕造真檀像一千躯。咸通十一年十一月十四日圣诞，僧道奉召入宫讲论，僧彻述皇猷，辞辩浏亮，帝深称许。彻又恢张佛理，旁慑黄冠，当时许为法将，赐号净光大师。① 咸通十四年之迎佛骨，至极奢华。（见前）未几帝崩，僖宗即位，诏归佛骨于法门寺，仪事简略。时京城耆耇士女，争相送别，执手相谓曰：六十年一度迎真身，不知再见复在何时，即伏首于前，呜咽流涕。所在香刹，诏悉铲除，近旬百无一二焉。② 想僖宗力谋反懿宗所为。僖宗、昭宗之世，虽常召僧人谈论，当只系奉行故事也。

第七节　隋唐之僧伽

隋唐之世，中国佛教之盛，可于僧数寺数觇之。今所知僧寺数目，自不必正确，且多见于佛家记载，或较浮夸。如隋费长房

---

① 《宋高僧传》卷六。
② 《杜阳杂编》卷下。

谓文帝时僧人将二十万，及唐道世谓隋朝度僧尼二十三万六千二百人。而在唐高祖时，傅奕谓大唐丁壮僧尼二十万众，而道宣于高宗时作之《广弘明集》卷七驳之曰：大唐寺籍，佛、道二众不满七万。傅奕谓唐初为二十万，当非事实。唐开元中，令天下三岁一造僧籍，其结果当较可信。兹就其可考见者，列各朝僧、寺数目如下：

帝　代	僧　数	寺　数	附　注
隋　朝	236200	3685	据《法苑珠林》卷一百。
唐太宗		3716	寺数据《续高僧传》卷五。僧数据道宣云不满七万，上详。
唐高宗	60000余人	4000	据《法苑珠林》卷一百。
唐玄宗	僧75524 尼50576	5358	此据《新唐书·百官志》，应系玄宗时数。《唐六典》所举寺数即为5358，可证也。
唐武宗	260500	大寺4600 兰若40000	此据《旧唐书》检毁之数。

六朝以来，佛教既盛，朝廷多设官分职，以稽核其伪滥。隋承元魏之旧，立昭玄寺，掌诸佛教，置大统一人，统一人，都维那三人。亦置功曹主簿员，以管诸州郡县沙门。后改昭玄寺为崇玄署，而鸿胪寺领典客、司仪，崇玄三署。炀帝时诏郡县佛寺改名道场，道观改为玄坛，各置监丞。① 唐初鸿胪寺属有崇玄署掌李、释二教。惟后又置寺观监，每寺观各监一人，贞观中省。武后延载元年以僧尼隶祠部。开元二十五年，以道士女冠隶宗正

---

① 《隋书》卷二八《百官志》下；《大宋僧史略》卷中；《唐六典》卷十六。

第一章　隋唐佛教势力之消长

寺,亦不属鸿胪矣。① 《旧唐书·职官志》似取《唐六典》所言,谓僧尼隶礼部之祠部。② 凡天下寺应有定数,诸州寺总五千三百五十八所,三千二百四十五所僧,二千一百一十三所尼。③ 每寺立三纲,上座一人、寺主一人、都维那一人。三纲及京师诸大德自鸿胪寺选申尚书祠部,取行业高者充之。④ 又两京度僧尼,御史一人涖之。⑤ 各州则道、佛之事由功曹司功掌之。⑥ 凡僧尼簿籍三年一造,一以留州,一以留县,一以上祠部。⑦ 以上《旧唐书》所言盖为玄宗时制也。综上所述,唐初僧尼隶鸿胪之崇玄署,则北魏昭玄寺之改名也。武后以后则隶祠部,然再后则有功德使之设。功德使之设,不知始于何时。《唐书》及《通鉴》元和四年下曰:贞元四年,……复置左右街大功德使,东都功德使,修功德使,总僧尼之籍及功役。⑧ 但《僧史略》谓,中宗时以沙门廓清为修功德使官,至殿中监。是则中宗时已有功德使。《僧史略》又引《会要》曰:大历十四年,敕内外功德使并宜停罢。⑨ 是则前此已有功德使,但为内外而非左右街,且僧尼未必属之。《僧史略》又谓,元和中并司封、祠部,而置左右街功德

---

① 《唐六典》卷十六。"开元二十五年",《旧唐书》作"二十五年",《新唐书》作"二十四年";《通鉴》卷二百三十七及《僧史略》均作"十四年"。
② 见《唐六典》卷四。
③ 数据《唐六典》卷四。《旧唐书》卷四十二《职官志》僧、尼寺数误。
④ 《唐六典》卷四;《旧唐书》卷四十二。
⑤ 《新唐书》卷四八。
⑥ 《旧唐书》卷四二。
⑦ 《新唐书》卷四八;《唐六典》作"一本送祠部,一本送鸿胪,一本留于州县"。
⑧ 《通鉴》卷二三七;《新唐书》卷四八。
⑨ 《僧史略》中"管属僧尼"条。据《佛祖统纪》四十,"沙门廓清,或作沙门广清"。

使，因吐突承璀（宦官）累立军功，朝廷欲荣之，故有此授，僧道属焉。① 据此则僧尼隶功德使，始自宪宗之并司封、祠部也。但并司封、祠部，不见于正史，恐无共事。且承璀之为功德使，据《通鉴》在元和四年，而《会要》载元和二年，诏僧尼道士同隶左街右街功德使，自是祠部，司封不复关奏。② 此事在承璀为功德使之前，则左右街功德使，亦不由承璀故，始行设立也。《唐书》贞元四年之说或较可信。会昌中以佛出自外国，以僧尼属主客司。至六年五月，仍以之属左右街功德使，所度僧尼，令祠部给牒，此举当在宣宗即位之后也。③ 唐制寺只立三纲，僧统之制废除。至文宗开成中，始立左右街僧录，以僧人充之，首次为端甫法师。④ 至若功德使则大率以中官充之，至昭宗时诛宦官，此职遂由宰臣兼之。

唐制凡国忌日僧、道设斋行香。《唐六典》曰：

"凡道观三元日、千秋节日，凡修金录、明真等斋及僧寺别敕设斋，应行道官给料。……凡国忌日两京定大观寺各二散斋。道士、女道士、僧、尼皆集于斋所，京文武五品以上与清官七品以上皆集，行香以退。若外州亦各定一观一寺以散斋，州县官行香，应设斋者八十一州。"

---

① 《僧史略》中"管属僧尼"条。据《佛祖统纪》四十，"沙门廓清，或作沙门广清"。

② 《唐会要》卷四九；《旧唐书》卷十四文同。

③ 《僧史略》中"管属僧尼"条。

④ 《僧史略》中"左右街僧录"条。据《宋僧传》六《端甫传》，端甫卒于开成元年六月，而言于宪宗时"掌内殿法仪，录左街僧事，以标表净众者凡十一年"，《僧史略》同条亦言"甫公开成中卒，开成后则云端为僧录"。

第一章　隋唐佛教势力之消长

忌日行香，不知始于何时。《六典》为玄宗御撰，既载忌日行香，则事当时已行之。据《僧史略》云：

"后魏及江表皆重散香，且无沿革。至唐高宗朝，薛元起，李义府奉敕为太子斋行香，因礼奘三藏。又中宗设无遮斋，诏五品以上行香。或用然香熏手，或将香末遍行，谓之行香。后不空三藏奏为高祖、太宗七圣忌辰设斋行香。敕旨宜依，寻因多故不斋，但行香而已。"

不空三藏奏当为代宗时事。《唐会要》记有贞观二年设斋行香事；① 《通鉴》记有高宗诣寺行香事。② 故忌日行香似于唐初时已行之，然或未成定制。《会要》谓德宗贞元五年敕，天下诸上州并宜国忌日准式行香。《册府元龟》载贞元九年定所斋人数。③ 开成四年，户部侍郎崔蠡奏国忌行香，事不师古，且经"史官寻讨，起置无闻"，请罢忌日行香设斋。诏从之。④ 据圆仁《巡礼记》，开成五年十二月八日国忌准敕行香设斋。于资圣寺（即圆仁住寺）李德裕宰相及敕使行香。⑤ 可见是时已复行旧事，时武宗已即位。会昌五年七月中书门下奏，天下上州因须行香，合留一寺，并以列圣真容移入。其下州寺并废毁。敕旨，所合留寺，舍宇精华者即留；废坏不堪者，亦宜毁除。但国忌可在当州宫观

---

① 《唐会要》卷四九云："贞观二年五月十九日敕，章敬寺是先朝创造，从今已后，每至先朝忌日，常令设斋行香，仍永为恒式。"
② 《通鉴》卷一九九云："太宗崩，武氏随众感业寺为尼。忌日，上诣寺行香，见之，武氏泣，上亦泣。"
③ 《册府元龟》卷五二。
④ 《全唐文》卷七一八《请停国忌行香奏》。
⑤ 圆仁《入唐求法巡礼行记》卷三。

内行香，不必定取寺名。余依。① 宣宗立即令京城及州府诸寺观国忌日行香，一切仍旧。② 宋王文正公《笔录》载忌日行香事，则此制至宋未革也。③ 又玄宗开元二十年，以寒食上墓编入五礼，永为常式。④ 开元末，侍御史王玙专以祀事希幸，每行祠祷或焚纸钱，祷祈福祐。⑤ 于是有寒食野祭焚纸钱之俗。⑥

又凡皇帝即位、大赦、宣诏，三教徒均应排班听诏。此制不知何时始行之。据唐昭宗时刘恂《岭表录异》曰：

"南中小郡多无缁流，每宣音须假作僧道陪位。昭宗即位，柳韬为容广宣告使，赦文到下属州，崖州自来无僧家，临家差摄，宣时有一假僧不伏排位，太守王宏夫怪而问之。僧曰：役次未当，差遣编并，去岁已曾摄文宣王，今年又差作和尚。见者莫不绝倒。"

刘恂所记当为实录。生日道场自魏太武帝始，唐自代宗置内道场，每年降圣节召名僧入饭，谓之内斋。⑦ 德宗以后，下令皇帝诞日，岁岁诏召佛老儒教人上殿论道，后遂习以为常。⑧ 又每年正月似必敕开讲，太和九年后废，会昌元年又复此制。⑨

自释道安唱弘法必依王者之言，朝廷僧众，互相利赖。惟释

---

① 《唐会要》卷四八。
② 《僧史略》中"行香唱导"条。
③ 王曾《笔录》。《僧史略》中"行香唱导"条亦载宋朝行香事。
④ 《旧唐书》卷八。
⑤ 《旧唐书》卷一三〇《王玙传》。
⑥ 封演《封氏闻见记》卷六；戴埴《鼠璞》。
⑦ 《僧史略》下"诞辰谈论"条"内斋附"；《旧唐书》一一八《王缙传》。
⑧ 洪迈《容斋三笔》。
⑨ 《入唐求法巡礼行记》卷三。

第一章　隋唐佛教势力之消长

子既以帝王为护法，而佛徒自须受国家辖治。武则天之破坏僧家制度，种大毒因；而僧徒之败德，亦历经在上者之沙汰。隋炀帝大业五年，诏天下僧徒无德业者并令罢道，寺院准僧量留，余并拆毁。① 唐玄宗开元二年，因姚崇之言，令有司沙汰僧尼伪滥者一万二千人，并令还俗。② 宪宗元和二年三月，诏避役出家者令所在有司科奏。③ 文宗大和九年因李训之请，罢大内道场，并沙汰僧尼，后因天灾未行。④ 其余关于剃度违寺等多有限制，均惧其伪滥也。如开元二年、十五年对于立寺均下诏限制。⑤ 从师受戒，须列官籍，此制不悉始于何时。说者谓开元十七年，敕天下僧尼三岁一造籍，度人始为朝廷限制。⑥ 于是凡经中省给牒者谓之正度，否则为伪度。度牒皆绫素锦素细轴。代宗广德元年，制伪度僧尼道士并敕正度。宪宗元和中，诏天下勿私度僧尼。⑦ 文宗大和四年，请令天下僧尼非正度者，许具名申省给牒，时人申

---

① 《续高僧传》卷二七《大志传》。

② 《旧唐书》卷九六《姚崇传》；《唐会要》卷四七"一万二千人"作"三万余人"，《旧唐书》卷八作"二万余人"，《佛祖统纪》卷四十亦作"一万二千人"。

③ 《佛祖统纪》卷四一。

④ 《旧唐书》卷三七《五行志》。

⑤ 《佛祖统纪》卷四十。

⑥ 《佛祖统纪》卷四十；又《释氏要览》卷上"祠部牒"条云："此牒，自尚书省祠部司出，故称祠部牒。《唐会要》曰：则天延载元年五月十五日，敕天下僧尼隶祠部，此为始也。"又曰："《续会要》云：天宝六年五月，制所度僧尼仍令祠部给牒，此为始也。"《僧史略》中亦云："案《续会要》天宝六年五月，制僧尼依前两街功德使收管，不要更隶主客，其所度僧尼仍令祠部给牒。"查《僧史略》及《释氏要览》所言"天宝六年"，据《唐会要》当为"会昌六年"，因天宝六年似尚无两街功德使之设。日本学者小竺原宣秀之《唐代僧伽之活动》引《会要》谓给牒始于天宝六年，亦误。

⑦ 《旧唐书》卷一七四《李德裕传》。

者乃有七十万人。① 夫伪度者既若是之多，知三岁造籍实为虚行故事，故文宗大和间特令试僧尼，造籍。② 初度牒不须金钱，及安禄山之乱，杨国忠使御史崔众赴河东度僧尼道士，旬日间得钱百万。③ 肃宗即位灵武，军须不足，用右仆射裴冕权计，大府各置戒坛，度僧鬻度牒，谓之香水钱。④ 荷泽神会立坛度僧，所获财帛，顿支军费，收复两京，会之济用，颇称有力。⑤ 可见卖牒所得实为不少。至若度僧制定标准，取法科举。唐中宗神龙元年，诏天下试经度人。⑥ 玄宗开元十二年六月，敕有司试天下僧尼年六十以下者限诵二百纸经，每一年限诵七十三纸，三年一试，落者还俗，不得以坐禅对策义试。⑦ 代宗大历八年，敕天下童行策试经律论三科，给牒放度。敬宗宝历元年，敕两街建方等戒坛，令左右街功德使择戒行者为大德，试童子能背诵经百五十纸，女童诵百纸者，许与剃度。文宗大和中，敕试经僧尼，如不及格，便勒还俗。宣宗大中十年，敕每岁度僧依本教于戒定慧三学中，择有道性通法门者度之，此外杂艺一切禁止。⑧ 设坛度僧初在两京及各诸大州，余须请敕特准。自中宗以来，贵戚多奏请度人为僧尼，亦有出私财造寺者，富户强丁皆经营避役，远近充满。⑨ 长庆中，中书令王智兴奏请于泗州立方等戒坛，遇圣诞日计度僧，制可。李德裕因江、淮失丁数十万，上书谏之，而穆宗

---

① 《僧史略》中"僧籍弛张"条。
② 《唐大诏令集》卷一一三《条流僧尼敕》。
③ 《旧唐书》卷四八《食货志》。
④ 《佛祖统纪》卷四十；《宋高僧传》卷八。
⑤ 《宋高僧传》卷八。
⑥ 《佛祖统纪》卷四十。
⑦ 《唐会要》卷四九。
⑧ 以上见《佛祖统纪》卷四一、四二。
⑨ 《旧唐书》卷九六《姚崇传》。

第一章 隋唐佛教势力之消长

不听。① 宪宗朝以来，禁私度僧尼，王智兴冒禁陈请，由是天下沙门奔走如不及，智兴邀其厚利，时议丑之。② 文宗大和三年，沈传师以不遵敕立坛被罚。③ 至于祠部给牒用绫素，则自天宝六年始也。

唐制天下寺有定数，立寺亦受朝廷限制。唐睿宗景云二年，敕采访使王志愔，应诸郡无敕寺院，并令拆毁。玄宗开元十五年，敕天下村坊佛堂小者，并拆除之。④

唐时僧尼犯罪，悉按国法处罚。故有玄宗开元二十九年，河南采访使齐澣言：至道可尊，当从宗仰，未免鞭挞，有辱形仪，其僧道有过者，望一准僧道格律处分，所由州县不得擅行决罪。奏可。⑤《旧唐书·王缙传》谓，代宗诏天下官吏不得箠曳僧尼，当亦是同意。又《统纪》载，德宗建中三年，敕僧尼有事故者仰三纲申州纳符告注毁，在京者于祠部纳告。兴元元年，敕分亡僧尼遗产，一依律文分财法。

唐时常有托庇佛法以作奸谋乱者。太宗之用少林寺僧，高祖之以法雅将兵，渐见僧人与武事有关。因而高祖毁法诏中有"亲行劫掠，躬自穿窬"之言。宪宗元和中，嵩山僧圆静之聚众谋反；德宗贞元时，僧人李广弘与尼智因图为帝后，均载于《唐书》。⑥ 僧鉴虚自贞元至元和间，交结权幸，招怀赂遗，为薛存诚笞死，均足征僧尼之滥杂。⑦ 会昌毁法后，僧人多逃幽州。李德

---

① 此据《佛祖统纪》卷四二。又《旧唐书》卷一七四《李德裕传》作"敬宗时"，并云："状奏，即日诏徐州罢之。"
② 《旧唐书》卷十七上。沈传师事，《佛祖统纪》在大和二年。
③ 《旧唐书》卷十七上。沈传师事，《佛祖统纪》在大和二年。
④ 均见《佛祖统纪》卷四十。
⑤ 见《佛祖统纪》卷四十。
⑥ 圆静事见《旧唐书》卷十五及卷一二四《李正己传》；李广弘事见《旧唐书》卷一四四《韩游瓌传》。
⑦ 《旧唐书》卷十五；卷一五三《薛存诚传》。

裕乃召进奏官，谓曰："汝归白本使，五台僧为将，必不如幽州将；为卒，必不如幽州卒。……近日刘从谏招聚无算闲人，竟有何益。"① 据此则僧人流品既滥，藩镇或用之以厚实力。故肃宗宝应元年，诏寺观不得妄托事故，非时聚会。② 宪宗元和十年，又诏停寺观开讲，恶其聚众，且虑变也。③ 则寺院为作奸谋乱之地，固显然也。

隋灵裕法师《寺诰》谓寺有十名：一曰寺；二曰净住；三曰法同舍；四曰出世间舍；五曰精舍；六曰清净无极园；七曰金刚净刹；八曰寂灭道场；九曰远离恶处；十曰亲近善处。④ 此十名未必均为迦蓝所用者。而《僧史略》又分当世之寺为六种：一名窟，谓如伊阙石窟；二名院，禅宗人所住多用此名；三名林，如经中之逝多林；四名庙，如《善见论》之瞿昙庙；五兰若，谓无院相者；六普通。按圆仁记曰："普通院长有粥饭，不论僧俗来集便宿（"宿"字上原有"僧"字，当系衍文）。有饭即与，无饭不与，不妨僧俗赴宿，故曰普通院。"⑤ 圆仁在五台常宿于普通院。《僧史略》亦曰："今五台山有多所也。"按武宗于会昌四年敕，下令毁拆天下山房、兰若、普通、佛堂、义井，村邑、斋堂等未满二百间不入寺额者。唐制大伽蓝须赐额始名寺，此山房等均小者也。（已详第六节）兰若、普通二者均已见上。山房、佛堂、村邑、斋堂，要亦山野小寺。义井者，据《续高僧传》云：隋那连提黎耶舍多造义井，亲自漉水，津给群生。⑥ 而唐慧斌亦

---

① 《资治通鉴》卷二四八。
② 《册府元龟》卷五二。
③ 《册府元龟》卷五二。
④ 《法苑珠林》卷三九；《僧史略》上"创造伽蓝"条。
⑤ 《入唐求法巡礼行记》卷二。
⑥ 《续高僧传》卷二。时在隋前。

第一章 隋唐佛教势力之消长

作有《义井铭》。① 隋唐寺院有田产不少，且不纳税。按《唐会要》卷八十九载，元和六年正月京城诸僧有请以庄碨免税者，宰臣李吉甫阻之，诏从其言。此僧人请免碨碾之税，其他可知矣。

朝廷对于僧人，六朝时视为方外，殊少锡荣典，至唐时乃多有之。一曰赐紫。始于武后之赐怀义等紫袈裟银龟袋，后僧人多以赐紫为荣。《僧史略》引《东观奏记》曰：大中中，大安国寺释修会能诗，尝应制，才思清拔，一日向帝请赐紫云云。一曰赐师号。皇帝向有赠号于其所敬僧人者，如隋炀帝称智𫖮为智者禅师是也。唐懿宗咸通十一年延庆节，因谈论，左街云颢赐三慧大师，右街僧彻赐净光大师，可浮法智大师，重谦青莲大师。自此以后，皇帝赐号，常曰某某大师，是为赐师号之始。② 一曰官补德号。佛徒向常称其贤彦为大德，初非国家称号也。然在代宗时，敕京城僧尼临坛大德各置十人，以为常式，有阙即填，此官补大德之始。此后又有引驾大德、禅大德、上座大德等等。咸通六年，西凉府僧法信禀本道节度使张义朝，表进乘恩法师所撰《百法论疏抄》。两街详定可以行用，敕宜依。其法信赐紫衣，充本道大德。③ 一曰赐夏腊。此始于武后赐杜乂夏腊，盖优异其人，欲令入法高位也。④ 一曰授官阶。此亦以武后授怀义等官为最著，《僧史略》未言及，盖讳之也。《史略》并论之曰："朝廷尚行于爵秩，释子乃竞于官阶，……有识达者于此无取焉。"唐肃宗时，以内供奉授僧元皎，此后京城名僧多授此官。⑤ 一曰赐国师号。《僧史略》谓，北齐主奉法常为国师，国师之号始此。陈隋时智

---

① 《续高僧传》卷二；又《全唐文》卷九〇四。
② 《僧史略》下"赐师号"条。
③ 《僧史略》下"德号"条。
④ 《僧史略》下."赐夏腊"条。
⑤ 《僧史略》下"内供奉并引驾"条。

者号国师，武后时神秀为国师，肃宗时有慧忠号国师，僖宗赐知玄曰悟达国师。

结社为佛教组织之一种，于布教起信当甚重要，但不知其详。《僧史略》曰："社之法以众轻成一重，济事成功，莫近于社。今之结社，共作福因，条约严明，愈于公法。行人互相激励，勤于修证，则社有生善之功大矣"云云。按《续高僧传》，谓陈、隋之际，江左文人多兴法会，每集名僧，连宵法集。此当亦社之属，但不悉条约严明否也。唐益州弘法师，立一福社，倡诵华严。① 此与白香山《华严经社石记》所言立社之用意相同。白氏文曰：

"有杭州龙兴寺僧南操，当长庆二年请灵隐寺僧道峰讲《大方广佛华严经》。至华藏世界品，闻广博严净事，操欢喜发愿：愿于白黑众中劝十万人，人转华严经一部；十万人又劝千万人，人讽华严经一卷。每岁四季月，其众大众会，于是摄之以社，齐之以斋。自二年夏至今年秋，凡十有四斋。每斋操捧香跪启于佛曰：愿我来世生华藏世界大香水上宝莲金轮中毗卢遮那如来前，与十万人俱，斯足矣。又于众中募财置良田十顷，岁取其利，永给斋用。"②

据记石立于宝历二年九月，其时社已成立四年矣。

僧寺为救济贫病，恒在寺中设病坊，曰悲田坊，以悲田养病

---

① 《华严经传记》卷五。
② 《白氏长庆集》卷六八。

第一章　隋唐佛教势力之消长

本于释教也。① 悲田养病，自长安以来，置使专司。开元五年宋璟奏，谓聚无名之人，著收利之便，实恐逋逃为薮，隐没成奸。请罢之，不许。② 开元二十二年，断令京城乞儿悉令病坊收管，官以本钱收利给之。③ 会昌五年僧尼还俗后，李德裕请改悲田为养病坊，令检人管之，并定两京诸州各坊给田数目。④ 又据《续高僧传·智聪传》，谓唐初智聪住栖霞山内，因山林幽远，粮粒难供，乃合率扬州三百清信以为米社，人别一石，年一送之，由是山粮供给，道俗乃至禽兽，通皆给济。⑤

僧人敛财之至可惊者，为三阶教之无尽藏。⑥ 据宋僧道诚《释氏要览》，谓寺院有长生钱，律云无尽财，盖子母展转无尽故。陆游《老学庵笔记》卷六云："今寺僧辄作库质钱取利，谓之长生库，至为鄙恶。"长生钱、长生库，盖均承无尽藏意。唐时寺舍，或已有之矣。

日本僧圆仁于开成五年至京师，其明年为会昌元年，武宗尚未开始毁法，仍容许都内作佛事。圆仁记之颇详，兹摘录于下。

开成六年辛酉正月一日　僧俗拜年。寺中三日有饭供僧。

四日　国忌，奉为先皇帝敕于荐福寺令行香，请一千僧。

六日　立春节，赐胡饼寺粥，时行胡饼，俗家皆然（中略）。

七日　今天子幸太清宫斋。

八日　早朝出城，幸南郊坛，坛在明德门前。诸卫及左右军

---

① 《资治通鉴》卷二一四"禁京城匄者，置病房以廪之"，胡注云："时病坊分置于诸寺，以缘田养病本于释教也。"
② 《唐会要》卷四九。
③ 《唐会要》卷四九。
④ 同上。又见《全唐文》卷七〇四《论两京及诸道悲田坊状》。
⑤ 《续高僧传》卷二十。
⑥ 详见矢吹庆辉《三阶教之研究》；又《矢吹庆辉〈三阶教之研究〉跋》（《往日杂稿》）。

二十万众相随，诸奇异事，不可胜计。

九日　五更时拜南郊了，早朝归城，幸在丹凤楼。改年号，改开成六年为会昌元年。又敕左右街七寺开俗讲。左街四处：此资圣寺，令云花寺赐紫大德海岸法师讲花（华）严经；保寿寺，令左街僧录三教讲论赐紫引驾大德体虚法师讲法花（华）经；菩提寺，令招福寺内供奉三教讲论大德齐高法师讲涅槃经；景公寺，令光影法师讲。右街三处：会昌寺，令内供奉三教讲论赐紫引驾大德文淑法师讲法花（华）经，城中俗讲，此法师为第一；惠日寺、崇福寺讲法师未得其名。又敕开讲道教。（中略）从大和九年以来废讲，今上新开，正月十五日起首，至二月十五日罢。

二月八日　（中略）又敕章敬寺镜霜法师于诸寺传阿弥陀净土念佛教。

二十三日起首至二十五日　于此资圣寺传念佛教。又巡诸寺，每寺三日，每月巡轮不绝。又大庄严寺开释迦牟尼佛牙供养。

从三月八日至十五日①荐福寺开佛牙供养。蓝田寺从八日至十五日设无碍菜饭，十方僧俗尽来吃。左街僧录体虚法师为会主。诸寺赴集，各设珍供，百种菜食，珍妙果花，众香严备，供养佛牙。及供养楼廊下敷设，不可胜计。佛牙在楼中庭，城中大德尽在楼上，随喜赞叹。举城赴来，礼拜供养。有人施百石粳米、二十石粟米；有人无碍供馎头足；有人施无碍供杂用钱足；有人供无碍薄饼足；有人施诸寺大德老宿供足。如是各各发愿布施，庄严佛牙会，向佛牙楼散钱如雨（中略）。松树街西兴福寺，从二月八日至十五日开佛牙供养。崇圣寺亦开佛牙供养。城中都

---

① 此处"三月八日"或当作"二月八日"。

第一章　隋唐佛教势力之消长

有四佛牙：一崇圣寺佛牙，是那咤太子从天上将来，与终南山宣律师；一庄严寺佛牙，从天竺人腿肉里将来，护法迦毗罗神将护得来；一法界和尚从于阗国将来；一从土蕃将来。从古相传如此，今在城中四寺供养（中略）。

（二月）十五日　兴唐寺奉为国开灌顶道场，从十五日至四月八日，有缘赴来，结缘灌顶（中略）。

四月一日　大兴善寺翻经院为国开灌顶道场，直到二十三日罢（中略）。

五月一日　敕开讲，两街十寺讲佛教，两观讲道教。当寺内供奉讲论大德嗣标法师当寺讲金刚经，青龙寺圆镜法师于菩提寺讲涅槃经，自外不能具书（中略）。

六月十一日　今上降诞日，于内里设斋。两街供养大德及道士集谈经，四对论议，二个道士赐紫，释门大德总不得著（中叙罚天竺三藏宝月等事，已见前，略之）。

九月一日　敕两街诸寺开俗讲（中略）。

十一月一日　冬至节彗星出现，数日之后渐渐长大，官家仰诸寺转经（中略）。

（十二月）八日　国忌当寺官斋（按同书记开成五年十二月八日，准敕诸寺行香设斋。当寺李德裕宰相及敕使行香，是大历玄宗皇帝忌日也。总用官物设斋，当寺内道场三教谈论大德知玄法师表赞云云，可与此条参看）。城中诸寺有浴。（下略）

第二章　隋唐传译之情形

隋文帝即位之年，齐僧宝暹、道邃、智周、僧威、法宝、僧昙、智昭、僧律等十人携梵本二百六十部至京师，天子下诏翻译，自是设译馆，立翻经学士，广求中外义学僧人。（《开元释教录》卷七）阇那崛多北印度犍陀罗国名僧也，实为译主；沙门彦琮才华学问一时无双，实为玄匠。此事足见隋唐译事之特质，盖我国人亲寻经典，能自行翻译，此已启其端也。

第一节　传译之人物

隋朝之译馆，一在长安大兴善寺，一在洛阳上林园。大兴善寺译场立于开皇元年，盖梵经遥至，敕由昭玄统沙门昙延等三十余人主持，西域僧人（达摩阇那与那连提黎那舍）传译。然人非长材，致音义乖越，于是乃自突厥迎阇那崛多返中国。新至梵本，部众弥多，或经或书，且内且外，崛多言识异方，字晓殊俗，宣辩自运，不劳传度。文帝更召达摩笈多，居士高天奴，高和仁兄弟等，同传梵语；又置十大德监掌译事，铨定宗旨；沙门明穆、彦琮重对梵本，再审复勘，整理文义，于是译场之组织大备。崛多译佛典共三十七部，一百七十六卷，又共西域沙门若那

第二章　隋唐传译之情形

竭多、开府高恭及婆罗门毗舍达等于内史内省译梵古书及乾文，合二百卷，则所译且及于婆罗门外道书矣。(《续高僧传》卷二《阇那崛多传》)

洛阳之上林园，则炀帝时于中置翻经馆，征达摩笈多并诸学士从事新制，只译七部。未几隋国内乱，其事遂废。然上林园供给事隆，倍逾兴善。(《续传》卷二《彦琮传》)沙门智通于此学梵书语，可见译经之外兼事梵语学。(《开元录》卷八)总计隋朝始终两处译事者为彦琮。彦琮初名道江，历周齐至隋，于朝堂讲玄学，与文人学士交游，王劭、辛德源、陆开明、唐怡结为文外玄友，又尝共晋王(后为炀帝)唱和，其后专学梵文，大品、法华、维摩、楞伽、摄论、十地等皆亲传。新平、林邑所获佛经，合五百六十四夹，一千三百五十余部，并昆仑书，多梨树叶，炀帝敕送馆，付琮披览，并使编叙目录，以次传翻，乃撰为五卷，分为七例，所谓经、律、赞、论、方、字、杂书七也。其时又有王舍城沙门谒帝，将还本国，请《舍利瑞应图经》及《国家祥瑞录》，敕琮翻之为梵，合成十卷，赐之西域。盖译华为梵，为中土前此希有之事，而琮以妙善梵文，其论翻译，实甚中肯綮焉。琮兄子行矩亦习梵文，并参翻译。

唐初中印度僧波颇(亦名波罗颇迦罗蜜多罗)广研大小，博通内外，亦曾受教于戒贤法师。北行经突厥王庭，以贞观元年赍梵本至京师。太宗仍诏于兴善寺设立译场，规模不小。搜求硕德、兼闲三教备举十科者十九人，其中法琳、慧颐、慧净甚有名。① 计波颇所译者有龙树《般若灯论释》、无著《大乘庄严经论》等书。且志在传法译经，不事讲说以趋时誉，似为孤怀独往之士也。

---

① 法琳，《续高僧传》卷二十四；慧颐，《续传》卷三；慧净，《续传》卷三。

波颇卒于贞观七年，其后十二年而玄奘法师至自西域，我国之佛典翻译如日中天矣。其所携来经论等六百五十七部，总计如下：

　　大乘经　二百二十四部

　　大乘论　一百九十二部

　　上座部经律论　十四部

　　大众部经律论　十五部

　　三弥底部经律论　十五部

　　弥沙塞部经律论　二十二部

　　迦叶臂耶部经律论　十七部

　　法密部经律论　四十二部

　　说一切有部经律论　六十七部

　　因明论　三十六部

　　声论　十三部

诏于弘福寺翻译，令宰相房玄龄监理，译场完备，参与者均一世大德。而证义之神昉、神泰（昉为玄奘四大弟子之一；泰著有疏论多种行今），缀文之道宣（律宗开山祖，即作《续高僧传》者），字学之玄应（所作《众经音义》为治音学之要籍），笔受之窥基，则直千古有数之人物也。后太子（即高宗）建慈恩寺，别造翻经院，令法师居之。晚年（高宗时）更常就玉华宫翻译。每年所译恒多至数十百卷，自贞观十九年（646）至德麟元年（664）共译经论等七十三部，总一千三百三十卷。① 《慈恩传》叙法师永徽改元后之用功曰：

---

①　此据《续高僧传》卷五；《开元录》著录为七十六部，一千三百四十七卷，包括《大唐西域记》等；慧立《奘传》为七十四部，一千三百三十八卷。

第二章 隋唐传译之情形

"法师还慈恩寺,自此之后,专务翻译,无弃寸阴。每日自立程课,若昼日有事不充,必兼夜以续之。遇乙之后,方乃停笔摄经,已复礼佛行道。至三更暂眠,五更复起,读诵梵本,朱点次第,拟明日所翻。每日斋讫,黄昏二时,讲新经论,及诸州听学僧等恒来决疑请义。(中略)日夕已去,寺内弟子百余人,咸请教诫,盈廊溢庑,皆酬答处分无遗漏者。"(卷七)

嗟夫,其克享大名,千古独步,岂无故哉!岂无故哉!玄奘以后,直至不空金刚,我国求法与译经,继臻极盛。其与奘师先后同时译人有那提(《续僧传》谓其为"性宗大师",译经三部三卷)、智通(于贞观至永徽中译经四部五卷)、无极高(高宗时将梵本至长安,于慧日寺译《陀罗尼集经》十二卷)、若那跋陀罗(在南海诃陵国译《涅槃》后分)、日照(以高宗凤仪初至天后垂拱末,于两京东西太原寺译经十八部三十四卷)、杜行颛(官鸿胪寺典客署令,明诸番语及天竺语书,译经一部一卷)、佛陀波利(五台山僧,出经六部七卷)。及天后当国,译事尤盛,知名者有提云般若(于阗国人,译《华严经·佛境界分》第共六部七卷)、慧智(本印度人,父居中国,译《赞观世音菩萨颂》一部一卷)、李无谄(婆罗门人,为新罗国僧译《陀罗尼经》一部)、弥陀山(译经一部,又助实叉难陀译经)、宝思惟(多译陀罗尼),而以实叉难陀之译《华严经》,菩提流志之译订《大宝积经》,至为伟巨。① 然玄奘以后,僧人译经之最有名者,实为我国

---

① 实义难陀译《华严经》八十卷,是谓唐译《华严》,难陀于阗国人,共出经十九部一百七卷;菩提流志,本名达摩流支,南印度人,共出经五十三部,一百十一卷,所译订《大宝积经》一百二十卷,系据为玄奘所得梵本,中三十九卷为流志新译。以上均据《开元录》卷八、九。

沙门义净。

义净三藏（635—713）者生于范阳（今涿州），年十八志游印度，仰法显之辟荒，慕玄奘之高节。① 至年三十七到广州，得同志数十人，及将登舶，余皆罢退。净奋励孤行，备历艰险。（其初同行者有弟子善行乃行至室罗筏 Sumatra 以疾归。）经二十五年，历三十余国，以天后证圣元年（695）夏还至洛阳，得梵本经律论近四百部。初与于阗三藏实叉难陀译《华严经》，后自专译。其译场规模亦大，中国、印度高僧并都参与，共出五十六部，二百三十卷。特致力于律部，声名极一时之盛。盖兼通华梵，中国人自行译经，净师仅亚于奘师也。而其所撰《大唐求法高僧传》及《南海寄归内法传》，则为现代研究中印历史者之要籍也。

后中宗时有译人智严（于阗王之质子，译经四部六卷）及般刺密帝（译《楞严经》十卷）。玄宗时译事又大盛，其中心人物为金刚智（南印度人）、善无畏（中印度人）。是时印度密宗代兴，显教（指性、相二宗）已入末运。我国自西传来之学遂渐多密宗，唐初已然，其时译总持者极多（总持谓咒也），至此机熟。善无畏开元四年赍梵夹至长安，以神秘干人主。初沙门无行，西游天竺，学毕言归，中途而卒，所将梵本，有敕迎还，藏于长安华严寺。② 至是善无畏与一行禅师于中检得数种译之，并属总持。所出《神变加持》、《苏婆呼》、《苏悉地》三经，均密宗之要籍也。金刚智以开元七年到广州，敕迎入都。设坛灌顶，祈雨视疾，相传谓多灵验。所译密典四部。其时助弘金刚智、善无畏之密教者为一行，即以历算著名者也。而此二人又交结妃后朝臣，

---

① 此据《南海寄归传》、《宋高僧传》本传"年十八"作"年十五"。
② 见《开元录》卷九；又见《求法高僧传》序及卷下。无行，义净曾见之。

第二章　隋唐传译之情形

于是密风大著，金刚智弟子不空遂开创密宗焉。

释不空本名不空金刚，幼随叔至中国，年十五事金刚智。师死后，奉遗命返印度，求得密藏经论五百余部，于天宝五年（746）赍归。玄宗、肃宗深事优礼，至代宗朝而尤厚。所译密典凡七十七部，一百二十余卷，并敕收入大藏，于是密典充斥天下矣。

不空以后译事大衰。德宗朝则有智慧，北天竺人，译《大乘理趣六波罗密多经》等共十二卷；有莲华精进，丘慈国人，译出《十力经》；有悟空，中国西行求法者，凡译经《回向轮经》等三部十一卷（或谓法戒译出）；有法戒，于阗人，译《十地经》。宪宗时则有般若，罽宾人，先于贞元中译《华严经》后分四十卷，元和尚书孟简助译《本生心地观经》八卷。文宗时则有满月，译《陀罗尼经》四卷，未入藏。① 然以上所译经均非重要，此后至宋初，译事寂然无闻矣。

然唐文宗时有吐蕃人法成者，其名不见于《宋高僧传》，近因敦煌石室遗书之发见，知法成汉文之译著如下列：

大乘稻芉经随听疏

般若波罗蜜多心经

诸星母陀罗尼经

瑜珈论附分门记

萨婆多宗五事论

释迦如来像法灭尽之记

大乘四法经论广释开决记

大乘无量寿宗要经

叹如来无染著德赞

----

① 以上均见《宋高僧传》。又满月见圆仁记。

西藏文一切经中，亦有法成自汉文迻译书多种，最著者为唐圆测法师之《解深密经疏》，故法成实通华梵蕃（西藏）文三种。且成之中译固亦雅驯，译华为蕃，尤为稀有。顾其事迹，殊少可考。近经中外学者疏寻，仅于法成及其弟子智慧山敦煌写本题跋中，推定其为吐蕃人，曾在甘州修多寺译经。所译著者有注大中年号，常题为国大德三藏法师。据乾隆四十四年刊之《甘州府志》，谓自代宗广德元年吐蕃陷甘州以后，河西尽失，直至宣宗大中五年，沙州人张义潮又以甘州归于唐，故据《西陲石刻录》所载赐沙州僧政敕有曰：

"顷因及瓜之戍，陷为辫发之宗。尔等诞质戎疆，栖心释民，能以空王之法革其异类之心。……假内外临坛之名，锡中华大德之号。"

敕书在大中五年中并提及张义潮（义作议）之名，则张氏归唐，僧人同时入奏。① 按法成曾于大中十年讲瑜珈大论，智慧山等听记，因作"分门记"，则法成者亦或曾一度为唐室民人，而所谓"国大德"者，或乃唐帝所敕赐之号欤？

第二节　西行求法之运动

隋炀帝锐意凿通西域，及至唐初，威力震远，甚且发兵入中印度克名都，擒伪王，中外交通因之大辟。而玄奘西征，大开王路，僧人慕高名而西去求法者遂众多。义净三藏作《大唐求法高

---

① 参看《雪堂丛刊》中之《补唐书张议潮传》。

第二章 隋唐传译之情形

僧传》，仅就一己闻见，时限太宗、高宗、天后三朝，所记已有六十人。义净自谓"西去者盈半百，留者仅有几人"，别其湮没未彰不知凡几，而求法之盛概可知矣。

当时因西域各国兴灭异乎前朝，故西行路线亦遂变更，计有如下几路：

（一） 凉州——玉门关——高昌（今吐鲁番）、阿耆尼（今焉耆）——屈支（龟兹，今之库车）——逾越天山——大清池（今特穆尔图泊）——飒秣建（中亚细亚之 Samarkand）——铁门（在今 Derbent 之西八英里）——大雪山（今之 Hirdu Kush）东南行至健驮罗（Gandhara 为印度境）。

此为天山北路，玄奘去时之所经历也。路纡回远经中亚细亚，大异于法显所经。盖尔时突厥强大，中印间诸国多臣服之，西行者必诣突厥王庭，请求通过。故齐僧宝暹东归，阇那崛多西去，均过突厥。（见《开元录》卷七）而玄奘则必西行至大清池左近素叶城见突厥可汗，请得致诸国书而后西行也。

（二） 自玉门关西行经天山南路，由于阗及羯盘陀（今塔什库尔干）再度葱岭，达印度境。

此路为天山南路，玄奘归时所经也。

（三） 经高昌——焉耆——疏勒——于阗再度葱岭，以达印度境。

此则开元中沙门慧超归途所经之路也。其路当略同法显之所经历者。又据《求法高僧传》之《玄照传》，有所谓迦毕试途者，查上三路均经迦毕试，该途不知何指。《传》又言迦毕试途为大食人所阻，亦足注意。

（四） 《求法高僧传》所谓之吐蕃道，则系由西藏出尼泊尔，达北印度。

义净又有出沙碛到泥波罗，则其时自唐朝至西藏历经新疆、青海，此路前此所未通，及唐初吐蕃强盛，其王弄赞尚文成公主，信佛教，遣使至天竺求法，应是中华印度间新辟通道。如玄照法师，即经文成公主送往北天竺者也。然吐蕃常与唐朝绝，而尼泊尔常有毒杀，亦非坦途也。(均据《求法高僧传》)

（五）广州——室利佛逝国（Sumatra 之东南端）——或至诃陵洲（爪哇）——经麻六峡至耽摩立底国（Tamralipti，在恒河口），或至狮子国（锡兰）再转印度。

此为海路，则义净所经，其先止于诃陵国者则为会宁，先至狮子国再往耽摩立底者则为大乘灯。唐初南海诸小国先后朝贡称藩，如占城（交趾），真腊（柬埔寨）、扶南（暹罗）、婆利（婆罗州），阇婆（爪哇）、室利佛逝诸国均于其时来廷，而广州始置市舶司，足征中外贸易之发达，故《求法高僧传》所载经海道往西方者颇不乏人也。

寻求法诸人西去动机，一在希礼圣迹，一在学问求经。迹其所得所求，亦可觇当时佛徒之注意所在。求得律藏，义净、道琳是矣；求得瑜珈，玄奘是矣；会宁之于涅槃，义辉之于摄论、俱舍；无行、玄照均常究心中观。凡此诸端，似为印土所流行，而中土人士所欲究心者也。

凡往天竺，先学梵语。或在国内就学于译场，如沙门玄照以贞观年中在大兴善寺玄证师处初学梵文，后乃杖锡西迈是也。而多数予出国后学之，其地点知名者有四：（1）室利佛逝，则为义净学梵语之国；（2）为耽摩立底，则道琳学梵语之地；（3）为阇阑陀国，则玄照习梵文之处；（4）为大觉寺（佛陀成道之地），则为智弘习梵文之所也。有唐盛时，中印交通虽云大辟，然道途弯远，险阻艰难，求法之所备尝，仍不减于法显，故义净叹美求法高僧曰：

第二章　隋唐传译之情形

"观夫自古神州之地，轻生殉法之宾，显法师则创辟荒途，奘法师乃中开王路。其间或西越紫塞而孤征，或南渡沧溟以单逝。莫不成恩圣迹，罄五体而归礼；俱怀旋蹄，报四恩以流望。然而胜途多难，宝处弥长，苗秀盈十而盖多，结实罕一而全少。实由茫茫象碛，长川吐赫日之光；浩浩鲸波，巨壑起滔天之浪。独步铁门之外，亘万岭而投身。孤漂铜柱之前，跨千江而遗命。或亡餐几日，辍饮数晨。可谓思虑销精神，忧劳排正色。致使去者数盈半百，留者仅有几人。设令得到西国者，以大唐无寺，飘寄栖然；为客遑遑，停托无所。遂使流离蓬转，罕居一处，身既不安，道宁隆矣。"

准此以观，坚苦可想。无论玄奘之独涉流沙（在到高昌以前），义净之孤征南海，中西人士早已共引为美谭。而其余轻身殉法，客死外国，不遂所怀，如玄照、无行之徒者亦夥。盖中印交通不但有天然之险碍，而中途且有当地民族之梗阻。有时泥波罗道，以吐蕃（西藏人）拥塞不通；迦毕试途，以多氏（亚剌伯人）捉而难渡。故求法者无论其智慧，其学识若何，其志气之卓绝盖可惊矣。①

当时求法者留学之处，虽不得其详，然据见之记载，其最有名者如下列：

（一）　那烂陀寺，在恒河右岸，古王舍城之北（Bargaon村），其名不见法显记载，而宋云行传有之。至唐而蔚为印度最大寺院，重大乘学。玄奘留学时，戒贤、智光同时于此各弘性相二宗。（详《十二门论宗致义记》卷上）义净谓其中有僧众三千

---

① 求法者类人格可风，惟沙门道方亏检乏学，当时留学之败类也，事见《求法高僧传》卷上。

五百人，印土第一。

（二）大觉寺，距王舍城不远，释迦成道之处，有释迦之真容，为求法所必瞻礼之地。现在犹存有名之 Maha bodhi temple。

（三）信者寺，在庵摩罗跋国（西印度），为学小乘之处所。

（四）新寺，在印度之北（今之 Balk 地），为大雪山以北之大寺，部属小乘。玄奘、义净均道及之。

（五）大寺，在狮子国之都城。据记载寺极为壮丽，兼大小乘，而上座部甚有势力。距此不远有寺，中藏佛牙极有名。

（六）般涅槃寺，在俱尸城，释迦涅槃之地。道希法师于此专攻律藏。

（七）羝罗荼寺，离那烂陀寺不远，无行于彼学因明。

自玄宗以后，吐蕃强大，阻碍交通。又中国内乱，民力凋敝，因是求法西行，渐成绝响。沙门悟空，本名车奉朝。天宝九年（751）敕宦官张韬光率吏四十余人西迈，车奉朝还至健陀罗，因疾未归，发愿出家，历游印土，前后四十年，至德宗贞元五年（789）返国。此或唐代最后之西游知名者。

第三节　翻译之情形

佛书翻译首称唐代，其翻译之所以佳胜约有四因：一人材之优美；二原本之完备；三译场组织之精密；四翻译律例之进步。今略分述如下。

（一）所谓人材优于前代者，东晋道安，擅文辞，长理论，而译梵则须假手胡人；姚秦罗什，通胡梵，善教理，而译华则必取助叡、肇。隋朝以后，凡译经大师，类华梵俱精，义学佳妙，

第二章 隋唐传译之情形

若彦琮,若玄奘,若义净,若不空,非听言揣义,故著笔时无牵就,不模糊,名词确立,遵为永式,文言晓畅,较可研读。夫隋唐译事,彦琮之开其先导,玄奘之广弘大乘,义净之专重律藏,不空之盛传密典,此四人者三为华人,一属外族,其文字教理之预备,均非前人所可企及也。

（二）所谓原本完备于前代者,如初二期翻译,每多口授,传者意有出入,所译自不精当。稍后有本,且出梵本,则多取自西域。隋阇那崛多谓于阗东南有遮拘迦国,王宫藏大般若、大集、华严三部大经。其东南山中,复藏大集、宝积、楞伽、华严等十二部大经,各十万颂。国法防护甚严,惟许大乘学僧入境传习。① 即此可知西域传大乘经本,偏于保守,历久相承,于经文鲜损益也。而在印度本土则不然,各家造论释经,各有相承之本。如龙树释《十地经》与世亲所释多不相同；又其释大品经（即《智度论》）亦与西域所传有异。罗什翻之,尝依论本加以改订,可知此中之消息矣。经文既因传承派别有异,故前后学说改易,所传又有歧本,经本如此,论更可知。以是西域传本与梵本常不同,而印土传本前后又常互异也。隋唐中所译原本,多系华人自西方携来,既合印土之需要,又直接原本,如玄奘所出不仅丰备,而又不经西域之媒介致有失真,此唐译之所以可贵也。

（三）南北朝以来,翻译渐成国家大事,依敕举行。至隋专设经院,译场组织渐备。及至唐代,制度益臻完密,参与人数虽多,然因言意已融,主译者能统摄始终,无虞歧异。而又人各专司,不嫌混杂,其职司有九：（1）译主,即掌握译事,译本题其名氏；（2）笔受,受所宣译之义而著于文,亦曰"缀文""缀辑"；（3）度语,传所宣义,凡译主为外人时则需之；（4）证梵

---

① 见《历代三宝记》卷十二；又见唐僧详《法华传记》卷一引《西域志》；并参见《大唐西域记》卷十二。

本，校所宣出，反证梵本；（5）润文，依所笔受，刊定文字；（6）证义，证已译之文所诠之义；（7）梵呗，开译时宣梵呗，以为庄严；（8）校勘；（9）监护大使，监阅总校，乃钦命大臣，译本由之进上。此外又有正字一员则不常设，玄奘译场有之。隋唐盛时，中国统一，帝王敕集全土之英彦以入译场，故所出精审；而场中员司次序，说者谓亦与译经之完善有关，故译事极盛也。①

（四）翻译律例之讨论，莫详于隋代之彦琮，曾著《辩正论》以垂翻译之式。其论中建八备之说，盖谓译才须有八备：（1）诚心爱法，志愿益人，不惮久时；（2）将践觉场，先牢戒足，不染讥恶；（3）筌晓三藏，义贯两乘，不苦暗滞；（4）旁涉坟史，工缀典词，不过鲁拙；（5）襟抱平恕，器量虚融，不好专执；（6）耽于道术，淡于名利，不欲高炫；（7）要识梵言，乃闲正译，不坠彼学；（8）薄阅苍雅，粗谙篆隶，不昧此文。② 凡此诸项，即执以绳现代之翻译，亦为不刊之言。而世间译本之草率，则或因用功不勤，经时非久；或因本为下材，冒欲高炫，此则应为彦琮所痛恨也。

翻译之事，定名甚难。据隋沙门灌顶《大般涅槃经玄义》载有广州大亮法师者立五不翻之说，其文略曰：

"广州大亮云：一名含众名，译家所以不翻。……二云名字是色声之法，不可一名累书众名，一义叠说众义，所以不可翻也。三云名是义上之名，义是名下之义，名即是一，义岂可多，……若据一失诸，故不可翻。四云一名多义……关涉处多，不可翻也。五云……此无密语翻彼密语，故言无翻也。"

---

① 以上二段均参考吕澂《佛典泛论》。
② 见《续高僧传》卷二。

第二章　隋唐传译之情形

玄奘法师更依其多年翻译之经验亦立五不翻之说,较之大亮更为完备。其五不翻之说为:(1)秘密故,如陀罗尼;(2)含多义,如薄伽;(3)此无故,如阎浮树;(4)顺古故,如阿耨菩提;(5)生善故,如般若。(参见周敦义《翻译名义序》)细味诸律,则知译露西亚不如用俄罗斯,而论理学实不如逻辑,此均足觇译事之进步也。

彦琮对于翻译之主张,趋重直译,其《辩正论》有曰:

"若令梵师独断,则微言罕革;笔人参制,则余辞必混。意者宁贵朴而近理,不再巧而背源。"

彦琮所言,以梵师笔人相对,因梵华所分,致形扞格,然其后译主如玄奘、义净,则中外并通,全无此弊,故于玄奘,道宣赞曰:

"自前代以来,所译经教,初从梵语,倒写本文,次乃回之,顺同此俗,然后笔人观理文句,中间增损,多坠全言。今所翻传,都由奘旨,意思独断,出语成章,词人随写,即可披玩。"(《续高僧传》卷五)

以是玄奘所译,实方便善巧之至极也。

彦琮之《辩正论》且言及译事既甚困难,不如令人学梵语,故云:"直餐梵响,何待译言;本尚亏圆,译岂纯实。"更极言学梵文之必要,云:"研若有功,解便无滞,匹于此域,固不为难。……向使……才去俗衣,寻教梵字,……则人人共解,省翻译之劳。"如斯所言,实为探本之论。然彦琮以后,则似无有注意及此者。即如奘师，亦仅勤译，尽日穷年，于后进学梵文，少所致力。依今日中外通译经验言之，诚当时之失算也。彦琮《辩正论》之外，尚有明则之《翻经法式论》，灵裕之《译经体式》，刘凭之《内外旁通比较数法》等，亦与译事有关，于此从略。

第三章　隋唐佛教撰述

隋唐佛教撰述之丰富，当不下于南北朝，但其数目亦难估计。按隋开皇时，法经目录载有五千三百一十卷。仁寿时，彦琮目录内有五千又五十九卷。① 大业时智果目录则载有六千一百九十八卷，其所以较《法经录》约多一千卷者，盖有经律论疏及记一千一百二十七卷。② 今约举其成数，中国佛教撰述在隋大业前者，盖将及一千卷。《法苑珠林》卷一百《杂事部》曰：

> "翻译方言，卷数五千。英俊道俗，依傍圣宗，所出文记，三千余卷。……历代隐显，部帙散落，虽有大数，不足者多。寻访长安，减向千卷。"

是则唐高宗时，长安所有亦不过千卷。然《珠林》复曰：

> "唯闻庐山东林之寺，即是晋时慧远法师所造伽蓝。纲维主持，一切诸经，以及杂集，各造别藏，安置并足。知事守固，禁掌极牢。更相替代，传授领数，虑后

---

① 上二数据《开元录》。
② 此据《隋书·经籍志》，其中所谓"记"者，未必全为中华撰述。

法灭，知教全焉。"

东林寺盖藏有译本五千卷及文记三千卷，惟此文记中必有隋至唐初之著作，则隋前中国佛教撰述亦不过二千数百卷。至唐元和中僧人合注疏及开元至贞元中新译立为别藏，计共四千九百余卷。查贞元《续开元录》，载新译经论及念诵法一百九十三卷，若于东林别藏中，减新译及隋唐前撰述之数，则隋代至元和中撰述约不下二千卷。此中当有重出遗漏，不能即据为定数，然隋唐撰述之富，抑亦可知矣。兹分类述本期佛教撰述之概略于下。

第一节　注　疏

　　隋唐注疏，至为丰富，又极重要。一因翻译既多，研究益繁，注疏家恒揉合百家之言，因而卷巨大，如澄观之《华严疏》六十卷，《演义抄》九十卷，礼宗《涅槃注》八十卷，明隐《华严论》六百卷，如净等释《四分律》六十卷；疏抄重叠，如《成唯识论》有《述记》，有《了义灯》，有《演秘》，均所常有。因译人口翻梵文，常加以讲解，如玄奘弟子所传，多印度大师口义。奘师曾授普光以沙婆多师口义。此项注疏，更为可贵。一因义理渐彰，见解纷歧，树立宗派者恒以一经论为主干，如三论宗之《中》、《百》、《十二门》，贤首之《华严》，天台之《法华》，法相之《瑜伽》、《唯识》，禅宗原主《楞伽》，慧能以后乃重《金刚般若》。而往往一经同派之疏解，亦各分门户，如《四分律》有法励、怀素之疏；《唯识论》有窥基、圆测之记，则其立说不同之有名者也。注疏遂为研究各宗本末枝流之主要书籍矣。此详第四章"隋唐之宗派"。

　　注疏名目各殊，而性质亦不同：其专分一经之章段者曰科文；其随文解释字句者曰文句；其随文解释义理者曰义疏；而此中因师口授，笔记所得，则谓之述记；其总论一经之大义，恒不随文出疏，而分门以释全书之内容，则常曰玄义；其集前贤注疏而成一书者曰集注，如唐道世之《金刚般若经集注》，敦煌本之道液《净名经关中疏》亦属此类。按液代宗时人，见《开元续录》。其疏之注释常曰疏抄；其字音之训释，则称为音义或音训，凡此名目繁多，不能具列。

注疏既多，颇难毕举，即音义一项，已著录者亦有二十余部，其他可知矣。日本醍醐天皇延喜十四年（五代梁乾化四年，914），令僧人进各宗章疏，仅据当时日本所传，且载六朝人章疏及他项论著，然唐人注疏究居其大半，亦可谓盛矣。

第二节 论 著

注疏依经而有，至于个人思想之发挥，问题之讨论，则较能于论著文显之。一为通论，标本宗义，自建法门。隋唐各宗因均有其根本之论文，类为教祖开宗明义之作，而后人叠加疏解，遂为一宗章疏之主体。华严宗有法藏之《华严一乘教义分齐章》及宗密之《原人论》，天台宗有智颛之大、小《止观》、《四教义》，净土宗有道绰之《安乐集》，禅宗顿教之《六祖坛经》，三阶教信行之《三阶集录》，则其中之最著者也。一为专论，就特殊问题而加以研求，兹列其可考之目如下：

（一） 论佛性

《佛性论》二卷

法上撰，《房录》入于《隋录》。按据《房录》，法上卒于隋初。而《续僧传》则云，法上卒于周大象二年。《内典录》同《房录》。

《佛性论》二卷

唐恒景撰，见《宋高僧传》卷五。

《法性论》

唐灵一撰，见《宋高僧传》卷十四。

（二）　论因果

《通命论》二卷

隋晋府祭酒徐同卿撰，《房录》、《内典录》均著录。《续高僧传》曰："引经史正文，会通运命，归于因果。意在显发儒宗，助宣佛教，导达群品，咸奔一趣。"

《因果论》二卷

隋灵裕撰，《房录》、《内典录》著录。

《六道论》十卷

《法苑珠林》著录，谓唐左卫长史兼弘文馆学士阳尚善撰。《唐志》作"杨上善《六趣论》六卷"。

《敬福论》十卷

《略敬福论》二卷

《善恶业报论》

上唐道世撰。前二者《内典录》著录，《珠林》仅载《敬福论》三卷，《宋僧传》有《信福论》、《善恶业报论》仅见于《宋僧传》。

（三）　论形神

《形神不灭论》一卷

唐时释海云撰。圆仁《承和五年入唐求法录》，谓为灵溪沙门。又《新求圣教目录》亦著录，惟"灵溪"作"云溪"。唐末密宗有海云，然住净住寺。

（四）　论翻译

《辩正论》一卷

第三章 隋唐佛教撰述

隋彦琮撰，以垂翻译之式，文见《续僧传》。

《译经体式》

隋灵裕，见《续僧传》。

《翻经法式论》十卷

隋明则撰，《内典录》、《珠林》著录。

《内外旁通比较数法》一卷

隋翻经学士刘凭撰，《房录》、《珠林》著录，《续僧传》卷二曰："凭学通玄素，偏工数术。每以前代翻度，至于数法比例颇涉不同，故演斯致。"并载《比较数法》之序。

（五） 论僧伽

《僧官论》一卷

隋彦琮撰，《内典录》、《珠林》著录。《僧史略》卷中，谓共"广明僧职"。

《僧尼制》一卷

隋灵裕撰，《房录》著录，《续僧传》作《僧制》。

《寺诰》

隋灵裕撰，见《续僧传》、《释氏要览》曰："灵裕法师《造寺诰》（当是诰字）十篇，且明造寺方法准正教，谓避讥涉，当离尼寺及市傍府侧，俾后无所坏。"《珠林》卷三十九及《大宋僧史略》卷上均引《寺诰》寺有十名说。

（六） 论仪式

《唱导法》

隋彦琮撰，见《续僧传》。

《十种读经仪》

《礼佛仪式》二卷

唐玄琬撰，均见《内典录》。

《受戒仪式》四卷

《礼佛仪式》二卷

唐道世撰，《珠林》著录，并见《宋僧传》。

《集诸经礼忏仪》二卷

唐智升撰，《开元录》著录。

《信法仪》

唐道氤撰，见《宋僧传》。

至若道宣、义净等著作甚多，悉可属律宗典籍，繁多不能详也。①

此外隋唐论著之著录者极多，惟仅知论名，未详宗旨，且无由考定，兹故从阙，不具录。论著之又一为争论护教之文，隋唐亦富，列之于下：

《通极论》一卷

《通学论》一卷

《辩教论》一卷

隋彦琮撰，《房录》、《珠林》、《内典录》均著录。《续僧传》谓开皇三年，琮作《辩教论》二十五条，斥老子化胡，明道士之妖妄。又《房录》、《内典录》叙此三论曰："《通极》者，破世诸儒不信因果，执于教迹，好生异端，此论所宗，佛理为极。《辩教》者，明释教宣真，孔教必俗，论老子教不异俗儒，灵宝等经则非儒摄。《通学》者，劝诱世人，遍师孔释，令知外内，备识真俗。"《通极论》全文载《广弘明集》卷四。据唐神清《北山录》，谓此论与道安《二教论》均"先设奇难，后始通之"。

《福田论》一卷

隋彦琮撰，《内典录》、《珠林》、《新唐志》著录。《广弘明集》卷二十五载其文，乃因隋文帝令沙门致敬而作。《释氏要览》

---

① 见《法苑珠林》卷一百；《开元录》卷九。

第三章　隋唐佛教撰述

卷中引其中一段。

《安民论》十卷

《陶神论》十卷

隋灵裕撰，《房录》、《内典录》、《珠林》均著录。《安民论》、《房录》作"十二卷"，并谓二论"意在宣通无上法宝"。

《劝信释宗论》

隋灵裕撰，见《续僧传》。

《伤学论》一卷

《存废论》一卷

《厌修论》一卷

隋长安舍卫寺沙门慧影撰，《房录》、《内典录》、《续僧传》均著录，并叙之曰："《伤学论》者，为除谤法之愆；《存废》，为防奸求之意；《厌修》，令人改过服道者也。"

《析疑论》一卷

唐慧净撰，《内典录》、《珠林》均著录，《广弘明集》载之。《内典录》叙之曰："每以士俗诸儒沈迷执业，轻侮僧传，以文自拥，净乃著《释疑论》以晓业缘。"

《破邪论》二卷

唐普应撰，见《法琳别传》，为斥傅奕之作。

《破邪论》二卷

《辩正论》八卷

唐法琳撰，现存。据《破邪论》虞序，琳作有《三教系谱》，释老宗源，当亦护教之文。

《内德论》一卷

唐贞观门下典仪李师政撰，《内典录》、《珠林》、《新唐志》均著录。《广弘明集》载之，凡三篇。《内典录》叙之曰："初明显正，喻傅氏之谗诽；中明运业，晓古今之迷滥；后述因果，辩感报之非谬。"又自叙曰："《辩惑》第一，明邪正之通蔽；《通命》第二，辩殃庆之倚伏；《空有》第三，破断常之执见。"此所谓"空"，乃指断见，不信感报之谓也。又敦煌本有《法门名义集》标为"东宫学士李师政奉阳城公教撰"。

《正邪论》

唐李师政撰，见《法琳别传》，与《内德论》同为斥傅奕者。

《辩量三教论》三卷

《十王正业论》十卷

唐西明寺法云撰，《内典录》、《新唐志》著录。《珠林》仅著录《辩量三教论》。《内典录》并叙二论曰："每见俗流邪论，均三教于一宗；商略皇王，混政道于时俗，遂搜采名理，讨核玄儒，著兹二论开道悟俗。"

《通感决疑录》二卷

唐道宣撰，两《唐志》均著录。

《显常论》二卷

唐李玄冀撰，《珠林》著录。

《辩真论》一卷

唐元万顷撰，《珠林》著录。

《辩伪显真论》一卷

唐道世撰，《珠林》著录。

《三教诠衡》十卷

唐杨上善撰，两《唐志》均著录。当即撰《六道论》者，或旨在弘佛。

《论衡》一卷

唐利涉法师撰，见慧琳《音义》。日本圆仁《入唐新求圣教目录》，有《利涉法师与娄（亦作寿）斑论》一卷；《东域传灯录》亦著录，惟"娄"作"韦"。《宋僧传》卷十七，谓利涉与

第三章　隋唐佛教撰述

颖阳韦玎辩论，后作《立法幢论》。此《论衡》者，或即《立法幢论》欤？

《定三教论衡》一卷

唐道氤撰，见慧琳《音义》。《宋僧传》称为《对御论衡》，乃对李宗（道教）而作。

《十门辩惑论》三卷

唐复礼撰，今存。两《唐志》均著录，作二卷。

《甄正论》三卷

唐玄嶷（又号杜乂炼师）撰，今存。两《唐志》、《宋僧传》均著录。

《破倒翻迷论》三卷

唐神邕撰，见《宋僧传》。

《破邪论》一卷

唐楚南撰，《新唐志》、《宋僧传》著录。

《显正论》十卷

唐玄畅撰，见《宋僧传》。

《北山录》十卷

唐神清撰，今存。《宋僧传》作《北山参玄语录》。

《会昌皇帝降诞日内道场论衡》一卷

日本圆仁《入唐新求圣教目录》著录，另有一卷无"会昌"二字。又有《京兆府百姓素征上表论释教利害》一卷。

《佛道二宗论》一卷

《三教不齐论》一卷

日本最澄《越州录》著录。以上三部均不悉著者为何人。

《心镜论》十卷

李思慎撰，两《唐志》著录，或亦护教之书。

《崇正论》六卷

释彦琮撰，两《唐志》著录。惟《新唐志》曰："僧彦琮《崇正论》六卷，又集《沙门不拜俗议》六卷，《福田论》一卷。"按《不拜俗议》，乃唐彦琮集；《福田论》，乃隋彦琮作。而《唐志》又另列"僧彦琮《大唐京寺录传》十卷，又《沙门不敬录》六卷"，且注曰："龙朔人，并隋有二彦琮。"查《不敬录》即《不拜俗议》之异名。惟据"并隋有二彦琮"之言，则作《崇正论》者，隋彦琮也。而《崇正论》或即《辩正论》耶？又按唐僧或名"彦惊"（此据《开元录》；慧琳《一切经音义》亦作"彦惊"，并谓"前有从玉作琮，未详同异），作"琮"或误。

次曰义章，取材虽由于纂录群经，然依义撰著，成一家言，实非通常之纂集也。且收采宏富，往往可见一代学说之纲领，如读隋慧远《大乘义章》，可知六朝以来义学之大略；读窥基《法苑义林章》，可窥唐初学术之内容，且实罗列法相一宗之言也。兹表其目如下：

《大乘义章》十四卷　隋慧远撰

《大乘义章》四卷　隋灵裕撰

《义章》十三卷　唐慧觉撰

《大乘章抄》八卷　唐道基撰

《大乘法苑义林章》七卷　唐窥基撰

《义门》　唐德感撰

第三节　纂　集

佛典浩如烟海，整理归纳，常有纂集。一曰"合经"：藏中盖尝有同本异译之经论，会列其文以见源委，隋开皇中僧就合《大集经》四家成六十卷，释宝贵合《金光明经》四家为八卷之类是也。二曰"法苑"：或汇集佛典事理，俾便翻寻；或集中华撰述，免至佚遗，前者如《法苑珠林》，后者如《广弘明集》。兹以限于篇幅，未能详叙，仅列其目，简叙如下：

《内典文会集》

隋彦琮与陆彦师、薛道衡等共撰集。

《香城甘露》五百卷

隋智果等撰，见《珠林》。

《众经法式》十卷

隋彦琮等撰，《房录》、《内典录》著录。《续僧传》曰："开皇十五年，文皇下敕，令翻经诸僧撰《众经法式》，时有沙门彦琮等，准的前录结而成立，一部十卷。"详见《房录》。

《论场》三十一卷

隋僧琨集，《房录》、《内典录》著录，并叙曰："采撷先圣后贤所撰诸论，集为一部称曰场论。"

《沙门不敬俗录》六卷

唐彦悰撰，今存，《内典录》、《开元录》、《新唐志》著录。《开元录》作"《集沙门不拜俗议》"，并略谓："龙朔二年有诏令拜君亲，恐伤国化，令百司遍议。于时沙门道宣等共上书启闻于朝廷。众议异端所司进入，圣躬亲览，下敕罢之。悰恐后代无闻，故纂斯事并前代故事及先贤答对，名《集沙门不拜俗议》。"

《诸经要集》二十卷

唐道世撰，今存。《开元录》曰："显庆年中，读一切经，钞诸要事，撰成一部，名《诸经要集》。"

《法苑珠林》一百卷

唐道世撰，今存。

《集古今佛道论衡》三卷（或四卷）

唐道宣撰，今存。《开元录》曰："见《内典录》，前三卷龙朔元年于西明寺撰，第四卷麟德元年撰。"

《续集古今佛道论衡》一卷

唐智升撰,今存。《贞元录》著录。

《广弘明集》三十卷

唐道宣撰,今存。

《心要集》

唐印宗撰,《宋僧传》曰:"著《心要集》,起梁至唐,天下诸达者语言总录焉。"

《三教文》

唐印宗撰,《宋僧传》曰:"纂百家诸儒士三教文,意表明佛法者,重结集之。"

《法义例类》

唐宗密撰,见《宋僧传》。

《禅林妙记》前集十卷、后集十卷

唐玄则撰,麟德二年成,《珠林》著录,《广弘明集》载序二篇。《后集序》曰:"凡建十章,章分上下,成二十卷,经寻一千五百余轴,义列三百六十余条。所建十章,辄成四例:初二立真俗之境,次双明染净之由,中四坦修证之途,后两垂汲引之范。"

《禅林要钞》三十卷

唐麟德二年会隐、玄则等十人奉敕撰,《宋僧传》曰:"于一切经中略出精义玄文三十卷。"

又武后有《玄览》一百卷,见《新唐志》;隋诸葛颖撰《玄门宝海》一百二十卷,则想均道教之纂集也。

此外,释子之诗文集,隋唐二代见于正史及佛书者甚多,然多诗文唱和,无关教理。最有名者,总集如慧净《续古今诗苑英华》二十卷,别集如皎然、寒山之诗集。(《唐志》均著录)然集僧人导文赞呗,则可谓纯粹佛家文字,如真观《导文》二十余卷,道世《百愿文》一卷,知玄《礼忏文》六卷,都昂《僧宝道呗赞》六十首一卷等。又变文、五更转等佛教通俗文学,敦煌卷甚多,兹不能详。至若武后时,集三教学士纂《三教珠英》一千三百卷,目十三卷,至为有名,然非释教专书也。

一曰字书:有解释名相者,如李师政之《法门名义集》一卷,义楚之《释氏六帖》,玄畅之《科六帖名义图》三卷,则依事分类者也;隋法上之《增一数法》四十卷,则依数分列者也。而通释音训之书则亦颇多,最著名之群经音义如下列:

《大唐众经音义》二十五卷　玄应撰

《一切经音义》百卷　慧琳撰

《大藏经音疏》五百余卷　行瑫撰

第四节　史地编著

隋唐佛子史地撰述亦不减于南北朝,然其存者亦十仅一二,兹分为七类略陈之:一曰,释迦传记;二曰,教史;三曰,僧传;四曰,宗派史;五曰,杂记;六曰,名山寺塔记;七曰,西域地志。

一释迦传记。如道宣之《释迦氏谱》一卷,今存,分为五科,一序所依贤劫;二序氏族根源;三序所托方土;四序法王化相;五序圣凡后胤。均钞录经典,未有考定。然旨在弘法,自不可依普通历史论之也。

二教史。魏收《魏书》之《释老志》,叙汉代以后二教历史,至隋王邵作《北齐志》(隋、唐志著录),中遂亦列入"释老志"。[①] 其专叙佛史之书,有隋费长房《历代三宝记》十五卷,叙佛陀行化及东渐以后之历史,并译著目录及作者略传,实中华

---

① 《广弘明集》卷二载王邵《述佛志》,又法琳《辩正论》卷五引邵书,当为接《广弘明集》所载者;则该书或释、老分列二志欤。

佛教全史也。而首列年表，则佛史编年之始。晚唐神清作《释氏年志》三十卷（见《宋僧传》），则为编年佛史，与元念常《佛祖历代通载》二十二卷较，或更详尽。他若隋灵裕之《佛法东行记》（《房录》、《内典录》著录，作"《经法东行记》一卷"）、《齐世三宝记》（见《续僧传》），唐玄琬《佛教后代国王赏罚三宝法》（见《续僧传》），玄畅《三宝五运图》，① 均为中华佛教史资料。贞元时圆照撰《贞元新定释教目录》，集睿宗、玄宗、肃宗、代宗、德宗诸朝制旨碑表，则善于保存佛教史料者。又有专记僧伽制度者，如灵裕之《僧尼制》一卷（已见前）；唐一行奉诏撰《释氏系录》一卷，总有四条，一纲维塔寺，二说法旨归，三坐禅修证，四三法服衣。二书均已佚失，想其内容或似宋赞宁之《僧史略》也。

三僧传。又可分五：

第一别传行状，简列于下，如：

隋行矩《彦琮行记》，见《续僧传》。

隋智猛《慧远法师行状》，见《续僧传》。

隋曹毗《真谛别传》，见《续僧传》、《内典录》作《真谛三藏历传》。

《信行本传》，见《续僧传》十六，不著录撰者姓名。

智颛《南岳思禅师传》，见《内典录》。

唐道基《靖嵩行状》、《志念行状》，见《续僧传》。

灌顶《智者大师别传》一卷，今存；《杭州真观法师别传》，见《内典录》。

明则《昙迁行状》，见《续僧传》。

行友《智通本传》，见《续僧传》；《已知沙门传》、《唐志》

---

① 《僧史略》引有此书。《宋僧传》著录，并载有玄畅上《历代帝王录》于五宗事，《三宝五运图》与《历代帝王录》想实为一书。

著录，注曰："序僧海顺事。"

彦悰《法琳别传》三卷，今存。

慧立撰彦悰笺《慈恩寺玄奘法师传》十卷，今存。

冥详《玄奘法师行状》一卷，今存。

圆照《利涉纪传》十卷，见《宋僧传》。

如净《道宣传》，按圆仁《承和五年入唐求法目录》有《唐故终南山灵感寺大律师道宣行记》一卷，或即如净撰。

法铙《章安大师别传》一卷，日本《传教大师别传》著录。

吕向《金刚智行纪》一卷，《续开元录》著录。

李华《善无畏行状》，见《续藏经》乙第二十三套及《大正藏》卷五十，今存。

赵迁《不空行状》，见《续藏经》乙第二十三套及《大正藏》卷五十，今存。

李吉甫《一行传》一卷，《唐志》著录。

志明《天台山七祖智度和尚略传》，日本《传教大师将来越州录》著录。

杜胐《南岳思禅师法门传》，圆仁《承和五年入唐求法目录》著录。

崔致远《法藏和尚传》，日本《新编诸宗教藏总录》著录，见《大正藏》卷五十，今存。

清沔《澄观行状》，见《宋僧传》。

乾济《长安座主传》一卷，《传教大师将来越州录》著录。

辛崇《僧伽行状》一卷，《唐志》著录，《宋僧传》十八谓有《僧伽实录》。

此外尚有失名之：

《惠果和尚行状》一卷，见《续藏经》乙第二十三套，今存，又见《大正藏》卷五十，题作《大唐青龙寺三朝供奉大德行状》，今存。

《天台山第五祖左溪和尚传》一卷,《传教大师将来台州录》著录。

《南岳思大师别传》一卷,《传教大师将来台州录》著录。

《曹溪大师传》、《传教大师将来越州录》著录,今存,见《续藏经》乙第十九卷。

《杜法顺和尚缘起》、《圆珍入唐求法目录》、《智证大师请求目录》著录。

以上见于僧传及中日各家目录者,共三十三部。

第二碑表,为僧人事迹之原料。信行诸人碑铭,大鉴、大通碑铭,为近人考究三阶教及禅宗之根据。而《国清百录》载智者表文,圆照集《不空和尚制表》,及《玄奘上表记》(失名),亦可用以勘校智者等传记而发明史实。"碑志"多载于金石录,兹不评述。

第三记一类僧人之传,如灵裕之《光师弟子十德记》则偏叙昭玄师保之书。(《续僧传》序)如义净《大唐西域求法高僧传》,则专列唐初游方沙门之书。僧瑗之《武丘名僧苑》,或系记一地名僧事迹。释慧日之《衡岳十八高僧传》,[①] 及阙名之《天台山十二弟子别传》、《上都云花寺十大弟子赞》,则不但叙属于一地之僧,且似集一宗之名德。

第四为僧人总传,似仅有道宣所作之《续高僧传》,而隋法论撰《名僧传》未成,本遂不行。据道宣自著《内典录》,列有《续高僧传》三十卷,《后集续高僧传》十卷,但所存本,仅有《续传》,而无《后集》,似《后集》已佚。盖《开元录》卷八谓

[①] 有卢藏用序,见《全唐文》238卷,日本《最澄台州录》有卢藏用《南岳高僧传》,当即此,盖误以作序者为著者。卢序中谓慧日传叙思大师以下十八人。

寻《后集》本不可得，亦认为已失。然据《续高僧传序》，传始自梁世，终于贞观十九年，而现存之本，载永徽、显庆、龙朔、麟德中事，又序谓正传三百四十人（一作三百三十一人），而现本有正传四百九十二人，可知《后集》已经后人揉入，现存之书非道宣之旧也。道宣之后，罕有总叙高僧者，故赞宁《宋高僧传序》曰："爰自贞观命章之后，西明绝笔已还，此作蔑闻，斯文将缺"云云。

第五为感应传，隋唐此类书极多，可见一时之风气。撰述之涉及感应者，如《法苑珠林》，如敦煌本《金光明经》卷首之"感应缘"，如《内典录》末所列之诸经感应因缘，自不能具述，仅列专记感应者于下：

《旌异传》二十卷

隋侯白（君素）撰，见《续僧传》、《唐志》作十五卷，《房录》"旌"作"精"。

《善财童子诸知识录》一卷

隋彦琮撰，《房录》著录，《华严感应传》引之。

《仁寿舍利瑞记》一卷

隋王邵撰，载《广弘明集》、《辩正论》引之。

《舍利瑞图经》及《国家祥瑞录》

隋彦琮译为梵文，见《续僧传》。

《灵异志》二十卷

隋王邵撰，《内典录》著录。

《寺破报应记》

隋灵裕撰，见《续僧传》。

《感应传》十卷

隋净辩撰，见《续僧传》。

《集神州三宝感通记》三卷

唐道宣撰，《内典录》著录，现存。

《道宣律师感通记》一卷

唐道宣撰，《续开元录》著录，现存。

《冥报记》三卷

唐府临撰，《珠林》著录，现存。

《冥报拾遗》二卷

唐郎元休撰，《珠林》著录。

《沙弥忏悔灭罪辩瑞相记》一卷

唐圆照撰，见《宋高僧传》。

《释门自镜录》二卷

唐怀信撰，《续藏经》乙第二十二套，现存。

《释门自镜录》五卷

唐慧详撰，《承和五年入唐求法目录》著录。

《弘赞法华传》十卷

唐慧详撰，现存。

《法华传记》十卷

唐慧详撰，现存。

《华严经传记》五卷

唐法藏撰，现存。

《华严经感应传》一卷

唐惠英撰，现存。

《法华三昧灵验传》二卷

唐宋谷撰，《慈觉大师在唐送进录》著录。

《往生西方净土瑞应传》一卷

现存，不著录撰著人姓氏，考系唐时。

《金刚经鸠异》一卷

唐段成式撰，现存。

第三章 隋唐佛教撰述

《冥志记》

《法华传记》引之,考系唐人作。

《应验传》

《法华传记》引之,似亦为唐人作。

《瑞应传》

见《自镜录》跋尾,或亦唐人作。

《五台山灵迹记》

《广清凉传》引之,乃唐人作。

《三宝感应要略录》

现存,说为宋人非浊撰(一说唐人),中所引书之记感应者,应考定列入本表。

《唐志》等著录鬼怪书均未录。

四教派史。隋唐二代宗派大兴,既各定宗旨,复掇拾史事,往往加以附会,成师资传授史。禅宗有玄赜《楞伽人法志》(已佚),净觉《楞伽师资记》(现存,中引玄赜《楞伽人法志》之《弘忍传》及《神秀传》),阙名之《历代法宝记》(现存)及智炬之《宝林传》。天台宗似无专籍,《佛祖统纪》谓有《宗元录》、《九祖略传》。有《天台山小录》者或名《国清圣灵传》,想亦属此类,但均不知何代人作。然天台宗有如上所言五祖、七祖之传,及所谓《天台大师传法第六师荆溪妙乐寺先师诸州门人弘教录》(日本目录均著录)。密宗有海云《师资相承记》(现存)。华严宗亦有传法定祖之说散见各书。此外天台之《国清百录》、《天台略录》,华严之《清凉山传略》,则兼记史地者也。而禅宗之《达磨血脉》,密宗海云之《阿阇黎血脉》,则述宗义也。又有《重集大乘血脉图》(《圆珍入唐求法目录》著录),想亦述一宗宗义。宗派史记著录虽多,然或内容不明,如日本《惠运录》有《师资相授法传》(按,又《诸阿阇梨真言密教部类总录》亦著录，故此或为密宗之宗派史），或撰者无考，兹以繁乱不能具陈。

五杂记。其性质之可知者，如圆照所撰之《再修释迦牟尼佛法本记》一卷（《宋僧传》著录），及《大圣释迦牟尼佛现八相身利益天人成正觉记》一卷（《宋僧传》著录），失名之《释迦如来贤劫记》（见《慈觉大师在唐送进录》），则记佛陀事迹也。如圆照《三教法王存没年代本记》三卷（《宋僧传》著录），则记法王年代者也。《求法新记》（"新"一作"杂"），则西行求法之记载，如《法华传记》引其僧隆往北天竺求法事。《翻经杂记》，则掇拾译经事实。（《三宝感应要略录》引之，似唐人作）失名之《西国付法传》、《西国仙祖相承传法记》，则记传法事也。① 至若义净《南海寄归传》，传印土之仪律；怀海《百丈清规》，记禅宗之戒规，均研究僧人制度史者之要籍也。

六名山寺塔记。唐代佛教名山记载，自首推五台、天台、衡山三者。今所知者，五台有慧祥之《古清凉传》（现存），及《清凉山略传》（见日本《慈觉录》，注谓"大华严寺记"）、《五台灵迹记》（《古清凉传》引之）。天台有神邕之《天台地志》二卷（见《宋僧传》），失名之《天台略录》一卷。② 衡山有李邕之《南岳记》（日本《台州录》著录）。而天台、衡山均为天台宗圣地，故有并记二山作《南岳并天台山记》者（日本《台州录》

---

① 《西国付法传》，日本《传教大师将来越州录》著录，圆仁《入唐新求圣教目录》作《西国付法藏传》。《西国仙祖相承传诸记》、《惠运禅师将来教法目录》著录。

② 见圆仁《入唐求圣教目录》；又圆珍《福州、温州、台州求得经律论疏记外书等目录》有《天台山小录》一卷，或题《国清灵圣传》，想即《天台略录》。另有道士徐灵府天台山记一卷，现存。

第三章 隋唐佛教撰述

等录，失名）。三山以外，则仅知法琳撰有《青溪山记》。① 至总记寺塔则有彦悰《大唐京寺录传》十卷，② 清彻《金陵塔寺记》三十六卷（《唐志》著录），段成式《酉阳杂俎》中之《唐京寺记》。而《三宝感应要略》亦引有所谓《寺记》者（《法华传记》亦引之），叙唐僧含照事不见于段氏之《寺记》，或系别有其书。此外灵湍《摄山栖霞寺记》一卷（《唐志》），慧则《明州育王寺塔记》一卷（《宋僧传》），圆照《大庄严寺佛牙宝塔记》三卷、《无忧王寺舍利塔记》三卷（《宋僧传》），灌顶《天台智者大师十二道场记》（见《入唐新求圣教目录》）及怀信《自镜录》引之《灵岩寺记》，明则撰之《诸寺碑铭》三卷，则当不属于名山塔寺总记类矣。

七为西域地志。隋唐之记西域地理者，不仅僧人游方纪行之作，而帝王开边，亦使臣下记外国事，如隋帝敕裴矩所撰。今列本期西域传于下，其非僧人所撰者不列入：

《大隋西国传》

隋彦琮撰。《续僧传》曰："有彦琮沙门，……以（达摩）笈多游履具历名邦，见闻陈述事逾前传，因著《大隋西国传》一部凡十篇，本传一方物，二时候，三居处，四国政，五学教，六礼仪，七饮食，八服章，九宝货，十盛列山河国邑人物。"又据道宣《释迦方志序》曰："沙门彦琮著《西域传》一部十篇，广布风俗，略于佛事；得在洽闻，失于信本"，即指此书。

《天竺记》

---

① 山在荆州，见法琳之《破邪论序》。又《续高僧传》卷十七《法喜传》云："青溪禅众天下称最。"
② 《唐志》、《内典录》著录，龙朔元年修。而《唐志》又于《法琳别传》后列《大唐京师寺录》，查《别传》系彦悰撰，此《录》当亦悰作，非另为一书也。

裴矩、彦琮共修。《续僧传》曰："令裴矩共（彦）琮修缵《天竺记》。"

《大唐西域记》十二卷

玄奘奉敕授辩机撰，现存。

《释迦方志》二卷

唐道宣撰，现存。

《西域志》六十卷、图画四十卷

麟德三年令百官撰。《唐志》曰："高宗遣使分往康国、吐火罗，访其风俗物产，画图以闻，诏史官撰次，许敬宗领之，显庆三年上"云云。《珠林》卷二十九谓此据奘传、王玄策传等，并记灵异，因是虽非僧作，亦列入。

《往五天竺国传》

唐慧超撰，敦煌遗书有残卷。①

《悟空入竺记》

唐圆照撰，见《宋僧传》，现存。

《游天竺记》

唐常愍撰，又名《游历记》、《三宝感应要略》引之。《要略》并引有《外国记》一书，而《法华传记》亦引之，并引《西国传》多条。

第五节　目　录

隋唐佛经目录之作，至为丰富，不能详举，兹仅以僧人之所撰者列之于下：

《众经目录》七卷

---

① P. 3532，散1705。

第三章　隋唐佛教撰述

开皇十四年大兴善寺沙门法经等二十大德奉敕撰，分为九类。扬化寺沙门明穆区域条分，指踪铉络。日严寺沙门彦琮觇缕缉维，考校同异。

《历代三宝记》十五卷

开皇十七年费长房撰。《续僧传》曰："《三宝录》十五卷，始于周庄之初，上编甲子，下录年号，并诸代所翻经部卷目。轴别陈列，亟多条例。然而瓦玉杂糅，真伪难分，得在通行，阙于甄异。"

《众经目录》五卷

仁寿二年彦琮奉敕撰，分为五例。

《众经目录》

大业中智果奉敕撰，分为十一类，录一千九百五十部，六千一百九十八卷。详见《隋志》。

《宝台四法藏目录》一百卷

大业中撰，见《隋志》。

《众经目录》五卷

唐贞观初普光寺玄琬撰。《续僧传》卷二《达摩笈多传》引《贞观内典录》，或即此录。

《京师西明寺录》三卷

《大唐内典录》十卷

上两录均释道宣撰。按《静泰录序》曰："显庆四年，西明寺奉敕写经，具录入目"，又曰："显庆年际，西明寺成御造经藏，……律师道宣又为录序"，则道宣实撰有《西明寺录》。又《内典录》卷十于"隋仁寿年内典录"下，言及西明寺所写正录云云。故圆照《续开元录》著录有"《京师西明寺录》三卷"。据《内典录》卷五《玄奘传》，谓"始自弘福今迄北宫一十八载"，及卷九"大唐众经录"条，《内典录》在龙朔二年已开始撰集。又据跋尾，则谓龙朔四年（即麟德元年）讫，故《开元录》谓"《大唐内典录》十卷，麟德元年甲子西明寺沙门释道宣撰"。又据《静泰录》所述《西明录》内容，则《内典录》或由《西明录》改造而成也。

《大唐东京大爱敬寺一切经论目录》五卷

麟德元年静泰等奉敕撰。

《续大唐内典录》一卷

智升撰。

《古今译经图记》四卷

靖迈撰。

《续古今译经图记》一卷

智升撰。

《大周刊定众经目录》十五卷

明佺等奉敕撰。

《开元释教录》二十卷

智升撰。

《开元释教录略出》四卷

智升撰。

《大唐贞元续开元释教录》三卷

圆照撰。

《贞元新定释教目录》三十卷

圆照撰。

《般若三藏续古今译经图记》二卷

圆照撰，见《宋僧传》。

此中最精审者，为智升之《开元释教录》。智升，崇福寺僧，于开元十八年岁次庚午撰，开为总别二录。一总括群经录（卷一至卷十），自汉至唐所有翻述，以作者先后朝代次序，检之可见

第三章　隋唐佛教撰述

历代译述之变迁。每人先列所翻述，每部下附以年月、地方，异译诸考证，可知每部书之源委。次载作者小传，以见其平生之事迹。次又总列妄传为其所作或重出之书，俾晓然于伪误。总录之末（卷十），并叙古旧诸家目录，部帙多少，及详显同异。二别分乘藏录，曲分为七。一有译有本（卷十一，十二，十三），此分类列当时尚存之本。二有译无本（卷十四、十五），此分类总列名存本阙者。三支派别行（卷十六），此叙别生。四删略繁重（卷十七），谓同本异名，或广中略出（即别生），以为繁膡，今并删除。五拾遗补阙（卷十七），谓旧录阙题、新翻未载之类。六疑惑再详，七伪邪乱正（均卷十八），考订群录中伪经并及经钞。而全书之末（卷十九、二十）则为入藏目录，直列经名，及标纸数，盖开元藏经之总目也。其叙述详审，条例明晰，古今真无出其右者。据白居易《香山寺经藏记》，谓以《开元录》按而校之，则此录之行世可知。智升后有圆照依其规模作《贞元释教录》，然内容不如远甚。

以上均中文佛经目录也。在隋大业中，于新平、林邑所获佛经合五百六十四夹，一千三百五十余部，并昆仑书，多梨树叶。有敕付彦琮披览，使编次目录，乃撰为五卷，分为七例，所谓经、律、赞、论、方、字、杂书七也。此则外国文字佛经之目录。说者谓南海一带现行者为所谓锡兰小乘，则此林邑经录者，或巴利文佛经录也。

以上悉僧人所作佛典专录也。自阮孝绪撰《七录》，载佛仙二家后，中国人士之撰典籍录者，亦往往加入释书。《隋书·经籍志》著录僧人撰述若干卷，然于正藏则仅据智果所作目录载其部数。唐毋煚撰集四部经籍录，称曰《古今书录》四十卷（见《唐志》），其外，有释氏经律论疏、道家经戒符箓凡二千五百余部，九千五百余卷，亦具翻译名氏，序述指归，又勒成目录十卷，名曰《开元内外经录》。(《唐志》著录，并详见《全唐文》卷三七三序文)此则非僧人亦有为佛典目录者。

除以上所载目录外，有嘉尚为奘师作之翻经目录（见《开元录》）；唐末日本圆珍《青龙寺求法目录》中，载《贞元舍拾录》一卷，又谓有《贞元拾遗目录》，不悉"舍拾"即"拾遗"二字之误否，并亦不悉即圆照撰之三卷《贞元续开元录》否？

隋唐藏经之所，想遍天下。文集中常见藏经序文，方志中所记寺庙常有藏经之院，其最著名者有四：一为隋时江都之宝台经藏（详见第一章第一节），盖聚江南佛典，所收六朝章疏至为可贵，当已毁于隋末之乱。二为丹阳牛头山佛窟寺经藏，此为刘宋初刘司空所造，访写七藏，分为一佛经，二道书，三佛经史，四俗经史，五医方图符，至唐贞观十九年火灾全毁。三为西明寺经藏，显庆中御造藏经，道宣为之作录（详上文），至贞元中慧琳在此作《大藏音义》一百卷，贮本于其中。四为庐山东林寺经藏，元和年云门僧灵彻流窜而归，栖泊此山，将去，言之江南西道观察使武阳公韦丹，请建经藏。韦之夫人兰陵萧氏卒，尝有服珥之资，买田荆州，收其租入，以奉檀施。至是取之，益以己俸，即洪州抄写而致之。又建堂殿贮经，又请浮槎寺僧义彤主之。据元和七年李肇《东林寺经藏碑铭》文曰：

"初彤公受具于庐山浮槎，常讨大藏，恶其部帙繁乱，将理之而不可。遂发弘誓，四十余夏，果得志焉。于是搜远近之遗函坠卷，目在辞亡者得之，互文合部者兼之，断品独行者类之，本同名异者存之，以伪乱真者标之。又病前贤编次，不以注疏入藏，非尊师之意。开元庚午之后洎德宗神武孝文皇帝之季年相继新译，大凡七目，四千九百余卷，立为别藏，著杂录七卷，以条贯之，合开元崇福旧录，总一万卷，举藏以志函，随函以命轴。"

此经藏总括中土译经及章疏，可谓大备。故白乐天《东林寺经藏西廊记》曰："一切经典，尽在于是。"至会昌法难，僧人道深窃藏之石室，后寺复而经复，然亡失者过半矣。后僧正言又稍补之。（唐大中时蔡京《李肇东林寺经藏碑阴》记此事）宋熙宁中，陈圣俞犹见之，经之跋尾有曰"贞元十三年写"者。（参看宋陈圣俞《庐山记》卷一）

此外《全隋文》及《全唐文》中多有经藏记，惟多止于正藏，凡五千余卷。而经藏颇用转轮，其制略见白乐天《苏州南禅院千佛堂转轮经藏后记》，文略云：

"堂之费计缗万，藏与经之费计缗三千大百，……藏八面，面二门，丹漆铜锴以为固。环藏敷座六十有四，藏之内转以轮，止以梐。经函二百五十有六，经卷五千五十有八。

"梵文经藏有玄奘所造之经塔。永徽三年（亦作二年），法师欲于端门之阳，造石浮图，安置西域所将经像。其意恐人代不常，经本散失，兼防火难，遂以奏闻。敕助施成办，改用砖造。仿西域制，塔基面各一百四十尺，共五级；高一百八十尺，上层以石为室。三藏亲负篑图，担运砖石，首尾二周，功业斯毕。"

前述僧义彤于写定藏经甚为辛勤，此外唐初沙门玄琬贞观时奉敕于苑内德业寺写现在藏经，于延兴寺更造藏经，均由其监护。《内典录》曰：

"又以法流东渐，三被诛残。虽后鸠拾，不无纰紊。琬欲澄一文义，该贯后贤，乃集达解名德三十余人，亲面综括，披寻词理。经延岁序，方乃究竟。即写净本，以为法宝正则。故方隅道俗，欲写藏经，皆就传本，以为楷准。"

玄宗时长安僧玄逸，叹编简倒错，讹譌脱夺，遂据古今所撰目录，勘比诸经，字舛者详义而纶之，品差者颐理而纲之，积年撰《释教广品历章》三十卷，（乐陵尹灵琛为序）考其大小乘经律论并东西土贤圣集共一千八十部，以蒲州、共城二邑纸书，校知多少，缚定品次，亦可谓校书之至勤者也。

第四章　隋唐之宗派

佛法演至隋唐，宗派大兴。所谓宗派者，其质有三：一，教理阐明，独辟蹊径；二、门户见深，入主出奴；三、时味说教，自夸承继道统。用是相衡，南北朝时实无完全宗派之建立。盖北虽弘三论，大说空理，然门户之见不深，攻击之事不烈。南虽弘成实，而齐之柔、次，梁之旻、云，未尝闻以承继道统自诩。虽有慧导拘滞，疑惑大品；昙乐偏执，非拨法华；僧渊之谤涅槃，法度之创异议（见《祐录》卷五），然争执限于一时，立教仅行一方，未为重要。故中国旧说，谓六朝时有三论、成实、涅槃诸宗，严格论之，实过言也。

然时味说教，列祖继宗之说，则于隋唐之前即已有之。昔慧观、刘虬俱判二教，顿教如华严，渐教又开为五时，谓天人一，声闻二，般若三，法华四，涅槃五是也。吉藏《三论玄义》卷一曰：

"昔涅槃初度江左，宋道场寺沙门慧观仍制经序，略判佛教凡有二科：一者顿教，即华严之流，但为菩萨见足显理；二者始从鹿苑，终竟鹄林，自浅至深，谓之渐教，于渐教之内开为五时，……"

又隋慧远《大乘义章》卷一曰：

"晋武都山隐士刘虬言说：如来一化所说，无出顿渐。《华严经》是其顿教；余各为渐，渐中有五时七阶。"（并见《祐录》卷九刘虬之《无量寿经序》）

又有昙济（宝唱从之）立六家七宗之说，僧镜主十二家。元康《肇论疏》曰：

"梁朝释宝唱作《续法论》一百六十卷，云：宋庄严寺释昙济作《六家七宗论》，论有大家，分分七宗：第一本无宗，第二本无异宗，第三即色宗，第四识含宗，第五幻化宗，第六心无宗，第七缘会宗。本有大家，第一家分为二宗，故成七宗。言十二者，《续法论》云：下定林寺僧镜作《实相六家论》，先设客问二谛一体，然后引大家义答之，……前有六家，后有六家"云云。（参见隋慧远《大乘义章》卷一；隋硕法师《三论游意义》；唐均正《四论玄义》卷十；唐法藏《华严分齐章》卷一）

其他异说繁多，不能备举。然南北朝时，要少入主出奴之见，虽有多说，未依之建立宗派。及至隋唐，宗派既盛，而顿渐五时之说，乃为要事矣。

定祖之说，根据《付法藏传》等。考此经之译，后魏曾有二次。意者其时正当太武帝灭法之后，致疑于佛法为汉人所伪造，故迭译此书，以见释迦传统之不绝。然南北朝，实无人唱以中国

第四章　隋唐之宗派

僧人承继龙树、世亲之道统者，仅梁时僧祐作《萨婆多部师资记》，历举印度诸祖，而以中华律师续列于后（见《出三藏记集》卷十二），顾亦似非传统之说也。

然自梁武帝既大张释教于南，胡太后奖励僧侣于北，佛教大盛。而东晋以来，教理之疏讨日益繁密，于是华人渐自辟门户，辩论遂兴。陈隋之际，乃颇多新说，而宗派之分以起。陈傅绎作《明道论》有曰：

> "顷代浇薄，时无旷土。苟习小学，以化蒙心。渐染成俗，遂迷正路。复竞穿凿，各肆营造。枝叶徒繁，本源日翳。一师解释，复异一师。更改旧宗，各立新意。同学之中，取寤复别。如是展转，添糅倍多。"（见《全陈文》卷十六）

傅氏所指，似在成实之学。盖开善（智藏）、庄严（僧旻）、光宅（法云）俱成论大师，立说互异，并三人成实之外，各有专精，《法华玄义释签》谓"开善以涅槃腾誉，庄严以十地、胜鬘擅名，光宅法华当时独步"。而此外陈末南摄论北地论对立，地论亦分南道北道二派。（见《法华玄义释签》等）迨及隋唐，而宗派确定矣。兹分列诸宗，朔其源流，审其史料，撮教事之大要著于篇。

第一节　三论宗

中华三论学，传之者鸠摩罗什，阐之者肇，影、叡、导，人材辈出，实极一时之盛。其后关中叠经变乱，加以魏太武毁法，学士零落，宗风不振。在南朝齐梁之际，斯学复起于摄山。栖霞僧朗谓得关河旧说，其师资已不可考，今日流行之传授说，绝不可信。摄山而外，当时固亦有弘宣三论者，惟仍以僧朗为重镇，继以止观僧诠、兴皇法朗，一变江南之学风。三论宗兴，成实式微，实由于摄山之学者，其重要自不在齐梁造像、隋代立塔之下也。

一

世谓三论之学，推文殊师利为印度始祖，鸠摩罗什为中国初祖，罗什传之道生，道生传之昙济，昙济传之河西道朗，朗传之摄山僧诠，诠之弟子有兴皇法朗。法朗盖中华三论宗之第六世，其嗣法者即嘉祥大师吉藏也。而此说不知始于何时，然甚流行于日本，如凝然大德《内典尘露章》、《三国佛法传通缘起》，载罗什以后传统世系，即如上说。

印度之传授，兹不详考。若罗什门下，深擅三论者当为僧肇，昙影、僧叡、僧导等。至若道生虽演空义，然在江南持顿悟、佛性诸义，与涅槃契合，时人称之为涅槃圣。（见《涅槃玄义文句》卷上）其著述中，亦无三论章疏也。

至若昙济，据《高僧传》及《名僧传抄》知其作有《六家七宗论》，叙罗什以后谈空者之家数，实为般若性空学者。然其学系得之于什公门下之僧导。导曾作《三论义疏》，就今所知，乃三论疏之最早者。昙济为河东人，年十三出家，住寿阳八公山东寺，为僧导弟子，至宋大明二年过江驻锡建业之中兴寺。其时道生在元嘉十一年早卒于庐山，距昙济至江南已二十四岁。二人异时异地，曾否谋面，已属疑问，师资相授，决无其事也。

河西道朗如谓为助昙无忏译《涅槃经》之人，则既非昙济弟子，亦不能为僧诠之师。昙济只知为僧导弟子，于宋孝武帝时，誉动京师。而河西道朗于北凉玄始十年参与译场时已称河西独步。（见《祐录》十四）而元嘉二十二年凉州僧人出《贤愚经》时慧朗（当即道朗）称为河西宗匠。（《祐录》九《贤愚经记》）

第四章　隋唐之宗派

是道朗为昙济之前辈，无反为其弟子之理。吉藏《涅槃经游意》中，谓"涅槃"译名宜存胡音，"此远述河西，乃至大济，皆同此说"，云云。此中河西指道朗，大济即昙济（二人均有《涅槃》疏），嘉祥大师固明言济在朗后也。

至于谓助译《涅槃》之凉州释道朗为僧诠之师，则系因误解吉藏章疏中言，而有此说。盖如《中论疏》卷一曰，河西道朗亦制《中论序》；卷八亦引河西道朗师义；《大乘玄论》卷三曰，河西道朗与昙无忏共翻《涅槃》，作《涅槃义疏》，此皆指北凉之道朗也。而如《中论疏》卷四曰，大朗法师教周颙二谛；卷五曰，大朗法师关内得此义，则皆指摄山之朗即僧诠之师也。后人不察，竟指译《涅槃》之道朗即僧诠之师。实则僧诠受学之时，已当齐末梁初，上距译《涅槃》之年，已九十余载。河西道朗必至少寿百二十岁，乃可为僧诠师也。

二

僧诠之师实为僧朗，在摄山复兴三论之学。僧朗之师，名法度。法度为黄龙人，江南人士谓燕为黄龙，僧朗为辽东人，二人故乡，盖相接近也。南齐明征君遁迹摄山，刊木驾峰，薙草开径，披拂榛梗，结构茅茨。（语见江总持《栖霞寺碑》）法度南游，征君相与友善。将亡舍宅，请度居之，是曰栖霞寺。按当时有三法度：一何园寺法度，见《高僧传》卷九《慧隆传》。一北魏法度，见于道宣《续僧传·道登传》，谓登学于彭城僧渊，后与同学法度北行至洛。此与慧皎《僧传》卷七所载"伪魏昙度"事相符，当是一人。① 一摄山法度，即僧朗之师也。（《高僧传》

---

① 《传》云："从僧渊法师受《成实论》，……魏主元宏闻风餐挹，遣使征请，既达平城……。"又据《名僧传抄》，宝唱书第十七有"伪魏法度传"。

卷九有《摄山法度传》，亦见《名僧传》第二十二）此法度之师不知为何人。度备综众经，而不以义学见称。江总持碑谓其"梵行殚苦，法性纯备"。慧皎《传》曰："时有沙门法绍，业行清苦，誉齐于度，而学解优之。"度信弥陀净土，讲《无量寿经》，故僧朗虽为其弟子，而三论之学似不出于度。关于僧朗之记载，以《高僧传》为最早，其文曰：

> "法度齐永元二年卒于山中（江总持碑谓在建武四年，未知孰是），春秋六十四。度弟子僧朗继踵先师，复纲山寺。朗本辽东人，为性广学，思力该普。凡厥经论，皆能讲说。《华严》、三论，最为命家。今上深见器重，敕诸义士，受业于山。"

据此，则慧皎作书时，朗犹在世。《高僧传》止于天监十八年，朗之死在此年后。江总持《栖霞寺碑》谓梁武帝敕人受学，在天监十一年，其文曰：

> "先有名德僧朗法师者，去乡辽水，问道京华。清规挺出，硕学精诣。早成波若之性，凤植尸罗之本。阐方等之指归，弘中道之宗致。北山之北，南山之南，不游皇都，将涉三纪。梁武皇帝能行四等，善悟三空，以法师累降征书，确乎不拔。天监十一年，帝乃遣中寺释僧怀，灵根寺释慧令等十僧，诣山谘受三论大义。"

栖霞寺创始于南齐永明七年，至天监十一年，仅有二十三年。据"将涉三纪"一语，则僧朗南止建业，或在宋末齐初。惟是否偕法度同来，则史书阙文，不可妄断。至隋时，吉藏章疏中数次言

第四章 隋唐之宗派

及僧朗事迹而加详，如《大乘玄论》卷一曰：

> "摄山高丽朗大师，本是辽东城人，从北土远习罗什师义，来入吴土，住钟山草堂寺，值隐士周颙。周颙因就师学。次梁武帝敬信三宝，闻大师来，遣僧正智寂十师往山就学。梁武天子得师意，舍本成论，依大乘作章疏。开善亦闻此义，得语不得意。"

《二谛义》卷下亦有一段而较详。其末曰：

> "梁武……本学成论，闻法师在山，仍遣僧正智寂等十人往山学。虽得语言，不精究其意。所以梁武异诸法师，称为'制旨义'也。"①

《中论疏》卷五曰：

> "次齐隐士周颙《三宗论》。……大明法师关内得此义授周氏，周氏因著《三宗论》也。"

吉藏所传，较梁释慧皎、陈江总持加详。而要点有三：（一）周颙从受学，因作《三宗论》。（二）梁武得其义而作疏。（三）朗之三论学，得之关中。日人境野黄洋于此均有卓见，然推断非全精审，兹分论之。

周颙受学，作《三宗论》，恐系虚构。周颙虽于钟山西有隐舍，然实非隐士。其作《三宗论》，正官于建业。时有高昌郡沙

---

① 唐均正《大乘四论玄义》卷七引梁武《制旨义》，文曰："《制旨义》有六种佛性"云云。

门智林者，著《二谛论》，又注《十二门论》、《中论》，服膺空宗。闻颙将撰《三宗论》，与己意相符。但恐"立异当时，干犯学众"，因致书促其速著纸笔。（见《高僧传》卷八及《南齐书·周颙传》）书中有曰：

"此义旨趣，似非初开。妙音中绝，六十七载（《南齐书》作六、七十载）。理高常韵，莫有能传。贫道年二十时，便得此义。……窃每欢喜，无与共之。年少见长安耆老多云，关中高胜，乃旧有此义。当法集盛时，能深得斯趣者，本无多人。传过江东，略无其人。贫道捉麈尾以来，四十余年，东西讲说，谬重一时。其余义统，颇见宗录。唯有此途，白黑无一人得者。……植越天机发绪，独创寸方。非意此音，猥来入耳。且欣且慰，实无以况。"

书中不但论此义江左罕传，且称周颙立义出于独创。则谓周颙在锺山得义于僧朗，的是谰言也。《三宗论》不知成于何时。按智林于宋明帝时至京师，周颙当时即亲近宿直。智林后还高昌，卒于齐永明五年。如《三宗论》作于永明中，僧朗当至建业不久。如在宋明帝时，则僧朗应犹未南来也。有释玄畅者，齐永明中卒，颙为之制碑文。畅善三论，颙之三论或得之于畅。畅与北山二圣法度、僧绍原相善也。

梁武帝得朗义作疏，则或有其事，而不免夸大。盖梁武帝曾经注解《大品经》（五十卷），所谓疏当即此。《祐录》载其序曰：

"朕以听览余日，集名僧二十人，与天保寺法宠等

第四章　隋唐之宗派

详其去取，灵根寺慧令等兼以笔功，采释论以注经本。略其多解，取共要释。此外或据关河旧义，或依先达故语，时复间出，以相显发。若章门未开，义势深重，则参怀同事，广其所见。使质而不简，文而不繁，庶今学者有过半之恩。"

《大品经注》作于天监十一年（见《广弘明集》十九陆云《御讲波若经序》），正梁武遣僧十人从朗受学之时，而参赞之灵根寺慧令，江总持碑谓十人之一。故所谓"关河旧说"，或即得之于僧朗者，盖吉藏屡言其宗承关河旧说。而智林书中，则谓江南殊少得者。梁武作疏时，智林、周颙均已死，亦未闻别有精研关河旧说之人，则谓其所采得之于僧朗，似乎近理。但不能谓全因得朗义舍成实而作疏，如吉藏所传也。（梁武帝之书不传，其序中非难五时，则与吉藏之意合。）

至谓僧朗得三论之学于关中，则有可疑。而自后人误以河西道朗、辽东僧朗为一人后，且谓此学得之敦煌郡之昙庆法师（见日人安澄《中论疏记》），而谓关河者乃关中与河西（亦安澄说），则为谬见。盖关河一语，本指关中，如《宋书·武帝纪》："奉辞西旆，有事关河"；《范泰传》："关河根本动摇；《南齐书》王融《求自试启》："汉家轨仪重临畿辅，司隶传节复入关河"，均可证。关河旧说，即罗什及弟子肇、影诸公之学。僧朗于齐梁之际，复兴三论，其远凭古说，理无可疑，但系得之师传，抑仅就旧疏决择发明，则不可考。智林致周颙书中谓关中旧有此义，后妙音中绝，则朗即有师授，不必即在关中。然吉藏屡次申言僧朗之学得自关中者，则别有用意。此不可不先稍明乎摄山三论发达，及其与成实学者之争执。（上均参见境野氏《支那佛教史讲话》）

三

鸠摩罗什卒于晋义熙九年，其后四年而刘裕入关，又明年赫连勃勃破长安，此时前后又有西秦、后魏之争战。关内兵祸颇繁，名僧四散。往彭城者有道融、僧嵩；止寿春者为卑摩罗叉、僧导；昙影、道恒遁迹山林；慧叡、慧观、慧严、僧业南住建业；道生早已渡江；僧肇又先天折。长安法会之凋零，不可尽述。后在北魏，佛法惨遭法难，势甚式微。罗什之学传于江南者，一为《十诵律》，因僧业、慧询、慧观之奖挹，遍行南方，至唐中宗时始革；一为成实论，南朝义学此号最盛，约可分为二系：一为寿春僧导，一为彭城僧嵩。综计南北朝研五聚者，泰半出寿春、彭城二系。导、嵩二师，俱在宋时。继之者有齐之柔、次二公，梁之开善、庄严、光宅三大法师，陈之建初、彭城二名德。成实之势力，弥满天下，而尤以江左为尤甚。至若般若、三论，罗什宗旨所在，则宋代殊少学者。显著事实，仅知僧导曾作《三论义疏》，中兴寺僧庆善三论，为时学所宗（见《高僧传·道温传》），昙济作《六家七宗论》。般若虽稍多学士，而仍不如成实之光大。齐竟陵文宣王即已见当世大乘，陵废莫修，"弃本逐末，丧功繁论"（"繁论"谓"成实论"），故于永明七年令柔、次等，略《成实论》为九卷，八年功毕，使周颙作序。（详见《祐录》卷十一《略成实论记》）而周颙心向空理，故其序极叹惜当时之学风，曰：

"顷《泥洹》、《法华》，虽或对讲。《维摩》、《胜鬘》，颇参余席。至于《大品》精义，师匠盖疎。《十住》（即《华严经·十地品》）渊弘，世学将殄。皆由寝处于论家（谓数论、成论之家），求均于弱丧。"

第四章 隋唐之宗派

梁武帝《大品经注序》所言，亦可与此相发明：

> "顷者学徒罕有尊重，或时闻听，不得经味。帝释诚言，信而有征。此实贤众之百虑，菩萨之魔事。故唱愈高，和愈寡；知愈希，道愈贵。致使正经沈匮于世，实由虚己情少，怀疑者多。"（《祐录》卷八）

周颙服膺空宗，与时流异趣。其作《三宗论》，知立异当时，将干犯学众。可见当时般若正道之衰，而成实则直炙手可热。周颙造论，智林作疏，盖三论、成实相争之先导也。

然三论之兴，实由摄山诸师。僧朗未闻有著述，而于三论当有独到。僧朗之师法度已称"备综众经"，而僧朗则称"为性广学，思力该普，凡厥经律，皆能讲说"。其于博学外，必于教义有所开发，故梁武敕僧受业。有南兰陵肖际素者，亦朗之友人。陈江总持入栖霞寺，见有朗（僧朗）、诠（僧诠）二师、居士明僧绍、治中肖际素图像（见江氏《入栖霞寺》诗）。肖际素见《梁书》本传，曰："肖际素……性静退，少嗜欲，好学能清言，……于摄山筑室"云云，当亦一时名士。江氏《栖霞寺碑》曰：

> "南兰陵肖际素，幽栖抗志，独法绝群。遁世兹山，多历年所。临终遗言，葬法师墓侧。"

夫既命葬僧朗墓侧，其钦佩之忱可知。故摄山僧朗隐居摄山，虽数十年，然因重兴几绝之学，已为人所注目也。

且僧朗不但重振三论，抑并大弘华严。盖觉贤译六十卷，巨部罕有精者。宋代虽有法业、玄畅，以斯经驰誉，然隋唐华严大盛，且演为一宗者，则北方不得不归功地论诸师，南方亦颇得力于三论学者。摄山僧朗，《高僧传》本谓其"《华严》、三论最所命家"。《续高僧传》谓僧诠亦讲《华严》，法朗从之学。而嘉祥大师《华严经游意》，亦谓江南梁代三大法师，不讲此经。陈时建初、彭城亦不讲。建初晚讲，就长干法师（三论宗智辩也）借《义疏》。彭城晚讲，不听人问未讲之文。（按上五师均研成实，吉藏于此盖讽之。）而讲此经，起自摄山（当指僧诠），实盛一时。其后兴皇法朗继其遗踪，大弘兹典。而嘉祥大师固亦讲《华严经》数十遍也。

僧朗虽一身有关于三论，华严二学之兴隆，然仍仅驰名山原，未履京邑。其时在都城为时所重者，仍属他宗。如开善智藏，善《涅槃》，而亦成实之大家也。尝直上正殿踞法座指斥梁武帝，睥睨一世之概，固非隐遁摄山者所能望也。僧朗之后，弟子僧诠仍隐摄山，居止观寺（止观寺是否即栖霞寺改名，不可考），① 因称曰山中师，又曰止观诠。诠师初受业朗公（《二谛义》卷下曰："山中法师之师本辽东人"），玄旨所存，唯明中观，顿迹幽林，禅味相得。（《续僧传》卷九）其受学不知在何时。按《法华玄义释签》曾曰：

"高丽朗公至齐建武来至江南，难成实师，……自弘三论。至梁武帝敕十人止观诠等，令学三论。九人但为儿戏，唯止观诠学习成就。"

---

① 安澄《中论疏记》曰："凡摄山有多处。"又曰："述义云：扬州之南有摄岭山，山内有止观寺。昔梁武初学成实、毗昙云，闻高丽国道朗法师从北地来，住摄山止观寺，善解三论，妙达大乘道，智寂等十师就山学之，而传训授梁武，因此遂改小从大。后摄山麓造栖霞寺，坐禅行道，故云摄山大师也。"案均正《氏玄义》第十云："摄山去扬州七十里"云云。

第四章　隋唐之宗派

此言僧诠受学在天监十一年。然此段自据吉藏所传，而更有附益，非必事实。按据《高僧传》，法度卒于齐永元二年（或建武四年），僧朗继纲山寺，僧诠受业，当在此后，即齐末梁初也。诠公弟子数百，中有四人，称为"四友"，所谓四句朗、领语辩、文章勇、得意布是也。（《法华玄义释签》谓伏虎朗，领悟辩。四人外，诠弟子有慧峰，住栖霞寺，志研律部。）其所讲为《智度》、《中》、《百》、《十二门论》并《华严》、《大品》等经，当甚有声予时。道宣《续僧传》，谓"摄山诠尚，直辔一乘，横行出世"；又谓"大乘海岳，声誉远闻"。其弟子兴皇法朗，再传弟子嘉祥吉藏，均常举山门义。（其后茅山大明法师承兴皇遗嘱，因亦称山门之致。参看《续传》十七《法敏传》。）如《二谛义》卷中吉藏引法朗说，而申明曰：

"弹他释非，显山门正义。弹他者，凡弹两人：一者弹成论，二斥学三论不得意者（或指中假师之智辩）。"

法朗曾作《中论疏》，又名《山门玄义》。其所谓"山门正义"者，当即承止观诠所说也。（按《二谛义》卷下，有曰："今山门释者，即四节明并观义。"而解释四节，则引山中师说。可证山门义即诠义也。）山中师因号为摄山大师。（日人法澄《中论疏记》曰："言摄山大师者，指道朗师，是根本故也。"不知何本。言道朗者乃僧朗，以意度之，或不然也。）

止观僧诠，顿迹幽林，唯明《中观》。弟子法朗，先住山中，后住扬都兴皇寺。慧勇住大禅众寺。慧辩住长干寺。自此而三论之学，出山林而入京邑。止观诠弟子慧布则继居山寺，亦为名僧。然布颇重禅悦，曾游北土，见邈禅师及禅宗二祖慧可，于栖霞请禅师保恭立禅众，而摄山学风丕变矣。法朗大师住扬都时，对于当世学说，想直言指摘，故《中论疏》有曰："大师何故斥外道，批毗昙，排成实，呵大乘耶。"《陈书》载傅縡笃信佛教，从兴皇受三论。时有大心嵩法师因弘三论者，雷同诃诋，恣言罪状，历毁诸师，非斥众学，爰著《无诤论》箴之。縡乃作《明道论》用释其难。《无诤论》曰："摄山大师诱进化导，则不如此，即习行于无诤者也"云云，此当叙僧诠也。又曰："导悟之德既往，淳一之风已浇，竞胜之心，阿毁之曲，盛于兹矣"云云，此当叙兴皇及其党徒驳斥当时流行之学也。傅縡答曰：

"摄山大师，实无诤矣。……彼静守幽谷，寂尔无为。凡有训勉，莫匪同志，从容语嘿，物无间然。故其意虽深，其言甚约。（上叙僧诠）今之敷畅，地势不然。处王城之隅，居聚落之内。（此谓法朗在京内兴皇寺）呼吸顾望之客，唇吻纵横之士，奋锋颖，励羽翼，明目张胆，拔坚执锐，骋异家，衒别解，窥伺间隙，邀冀长短。与相酬对，辩其轻重，岂得默默无言，唯唯听命。必须掎摭同异，发摘玼瑕，忘身而弘道，忤俗而通教。"

兴皇大师盖英挺之士，如《百论疏》曰："大师每登高座，常云不畏烦恼，唯畏于我"，可见意气之雄杰。其所争辩，首斥者为成实。故傅縡论有曰："成实，三论，何事致乖。"（据此语则大心嵩法师，或成论家也。）而硕法师《三论游意义》曰："成实论师云：三论师不得破成论。三论师云：得破也。"而吉藏《大乘玄论》卷五，述其师读《中论》，遍数不同，形势非一，乃为略出十条。此中第八为区分诃梨所造（《成论》），旃延之作（《婆沙》）。盖成实小乘，而托谈空之名，极易乱大乘中观之正义，一

第四章 隋唐之宗派

也。二则齐梁以来，成实最为风行，实三论之巨敌。周颙嫉之于前，法朗直斥于后。而三论之学，传至法朗，势力弘大。兴皇讲说，听者云会。挥汗屈膝，法衣千领，积散恒结，每一上座，辄易一衣。帝王（陈文帝）、名士（傅縡以外，孙瑒亦常听讲，均见《陈书》），所共尊敬。慧勇登太极殿讲说，百辟具陈，七众成萃。凡此三论家之尊荣，之广布，因恐支蔓，姑不具述。至是三论、成实，势均力敌，争斗之烈，迥异寻常。《续高僧传》载唐初灵睿在蜀弘三论，寺有异学，成实朋流，嫌此空论，常破吾心，将相杀害，可见倾轧之急。夫成实师，先既睥睨一时，对于复兴之三论，自力加排斥，指为立异。故法朗因不得不于斥破之外申明罗什之系统。故吉藏略出师意十条之六曰：

"六者，前读关河旧序，如影、叡所作。所以然者，为即世人云：'数论前兴，三论后出。'欲示关河相传，师宗有在，今始构也。"

《涅槃经游意》曰：

"大师云，今解释，此国所无，汝何处得此义耶。云，禀关河，传于摄岭。摄岭得大乘之正意者。"

吉藏章疏破斥成论之处，指不胜屈。而一方又常引肇、影古说，以证其宗之出于关河。其《大乘玄论》卷三曰："学问之体，要须依师承习。"《百论疏》卷一曰："若肇公可谓玄宗之始。"（可见吉藏时，犹未以道生为三论宗初祖。）欲示三论之学，南国所无，故言周颙作论，梁武造疏，均得之僧朗，以明斯学为摄山系统所独得。欲示关河相传，师宗有在，故复言高丽大师传法关中，以征实其正统。学者须知宗派之兴，或出乎师承，或仅由自悟。而学说演进，忽创新说，虽凭藉古德，亦由于思想发达，时会所趋，自有程序。于成实分析空进而谈三论之妙有空，非无其故。研究宗义者，对于师资传授，不可执著，视为首要。而于杂以附会之宗史，亦自当抉出之也。

四

兴皇法朗（《续僧传》亦常作道朗；《陈书·傅绎传》作慧朗），俗姓周氏，徐州沛郡沛人。梁大通后，在建业就大明宝志禅师，受诸禅法，兼听此寺彖律师讲律本文。又受南涧寺寿仙师成论，竹涧寺靖公毗昙。后又于摄山止观寺僧诠法师受四论及《华严》、《大品》等经，于后专弘龙树宗风。陈武帝永定二年（558）十一月奉敕出山（《二谛义》上有"师曰我自出山以来"云云），入住京师兴皇寺，镇讲相续。《华严》、《大品》、四论文言，往哲所未谈，后进所损略，朗皆指摘义理，征发词致，故能言气挺畅，清穆易晓，常众千余。阐前经论各十余遍。以宣帝太建十三年九月二十五日中夜迁神，年七十五，是年亦即开皇元年也。①

法朗教人宗旨，散见吉藏著述中，其《胜鬘经宝窟》中有曰：

"家师朗和尚，每登高座，诲彼门人。言以不佳为端，心以无得为主。故深经高匠，启悟群生，令心无所著。三世诸佛，敷经演论，常云：皆令众生心无所著。所以然者，以著是累根，众苦之本。以执著故，起决定分别。定分别故，则生烦恼。烦恼因缘，即便起业。业因缘

---

① 安澄《中论疏记》曰："述义引《兴皇石志序》云：陈大兴十三年岁次在辛丑九月丁未朔二十六日，王宇法师迁神于寺僧房，春秋七十五、其月二十八日甲戌，贬于江垂县罗落里摄山之西岭。"

第四章 隋唐之宗派

故,则受生老病死之苦。有所得人,未学佛法,从无始来,任运于法,而起著心。今闻佛法,更复起著,是为著上而复生著。著心坚固,苦根转深,无由解脱。欲令弘经利人,及行道自行,勿起著心。"

《中观论疏》卷五,申明朗师对八不(不生亦不灭,不常亦不断,不一亦不异,不来亦不出)之解释,文曰:

"师云:标此八不,摄一切大小内外有所得人。心之所行,口之所说,皆堕在八事中。今破此八事,即破一切大小内外有所得人,故明八不。所以然者:一切有所得人,生心动念,即是生;欲灭烦恼,即是灭。谓已身无常为断,有常住可求为常。真谛无相为一,世谛万象不同为异。从无明流来为来,返本还原出去为出。裁起一心念,即具此八种颠倒。今一一历心,观此无从,令一切有所得心毕竟清净,故云,不生、不灭,乃至不来,不出也。师常多作此意。所以然者:为三论未出之前,若毗昙、成实,有所得大乘,及禅师律师,行道苦节,如此之人,皆是有所得,生灭断常,障中道正观。既障中道正观,亦障假名因缘,无方大用。故一向破洗,今毕竟无遗,即悟实相,既悟实相之体,即解假名因缘,无方大用也。"

朗在兴皇,听者常千。门人来自远方,复散往四处弘化。朗公曾语弟子真观曰:"吾大乘经论,略已宏通,而燕赵齐秦,引领翘足,专学虽多,兼善者寡"云云。可见朗已有行化北方之意。及隋统一宇内,其徒分布天下,今所知之名僧亦不少,可见隋代及唐初三论势力之大也。兹表列其门下现所知者之年代地域于下:

隋唐佛教史稿

人名	卒时	生地	游地	住寺	所学
罗云	大业十二年	松滋	金陵	荆州龙泉寺	四论
慧哲	开皇十二年	襄阳	金陵	襄州龙泉寺	三论、涅槃、成实
法安		枝江	金陵	荆州等界寺	中观、涅槃、成实
法澄	大业初	吴郡	金陵 江都	长安日严寺	三论
道庄	大业初	建业	洛阳	长安日严寺	四论、法华、成实
智矩	大业二年	吴郡	金陵 江都	长安日严寺	四论、大品
慧觉	大业二年	金陵	金陵	江都白塔寺	四论、大品、涅槃、华严
明法师			金陵	茅山	三论
小明法师				苏州永定寺	华严、大品
旷法师				婺州永安寺	四经、三论
智锴	大业六年	豫章	金陵	庐山大林寺	三论、禅法、法华等
真观	大业七年	钱塘	金陵	杭州灵隐天竺寺	三论、法华、涅槃
吉藏	武德六年	金陵	金陵 会稽	长安延兴寺	四论、法华、大品、华严等

此外有白衣学者傅缚、孙埸等（均见《陈书》）。

兴皇弟子之分布，首在长江上下游，后南盛于浙江，北盛于关中。罗云、法安史载其各有入室弟子十人。[①] 但影响较著者，当推

[①] 罗云有弟子嵩法师者，见《珠林》卷三十九，文曰："……慈恩寺嵩法师，……其人即河东罗云法师之学士也。"

第四章 隋唐之宗派

慧哲、智炬、明法师，吉藏四人。慧哲号为象王哲，学士三百余人，成器传灯，可有五十。其知名者中有惠璿、智嵩，后在长安弘法。智炬在建业建初寺讲三论，听者常百人。隋炀帝往镇江都，征居慧日。开皇十九年，移居长安，住日严寺，制《中论疏》止解偈文。时有同师沙门吉藏者，学本兴皇，威名相架，文藻横逸，矩实过之。所以每讲叙王皆制新序，词各不同。京华德望，餐附道味者殷矣。门人慧感、慧颐于江之左右通化，各领门侣，众出百人。

明法师者事实不详，惟实传朗公之道统。初朗公将化，通召门人，言在后事，令自举处，皆不中意。以所举者，并门学有声，言令自属。朗曰："吾所举乃明公乎！"徒侣将千，名明非一。皆曰："义旨所拟，未知何者明耶？"朗曰："吾坐之东，柱下明也。"明居此席，不移八载。口无谈述，身无妄涉，众目痴明。既有此告，莫不回惑。私议法师他力扶矣。朗曰："吾举明公，必骇众意。法教无私，不容瑕隐。"命就法座，对众叙之。明性谦退，泣涕固让。朗曰："明公来，吾意决矣。"为静众口，聊举其致，命少年捧就传坐。告曰："今问论中十科深意，初未曾言，而明已解。可一一叙之。"既叙之后，大众悚伏，皆渐谢于轻蔑矣。即日辞朗，领门人入茅山，终身不出，常弘三论。明即兴皇之遗属也。而朗公之学，本曰山门义，似以此而明法师亦称为"山门之致"也。在唐初，三论师之知名者，多出其门下。

中国三论宗之元匠为嘉祥大师吉藏。大师俗姓安，本安息人。祖世避仇，移居交广之间，后迁金陵而生藏。年在孩童，父引之见真谛，为之命名曰吉藏。父后出家，名道谅，常挈其子听朗法师讲。吉藏七岁，乃就朗出家。采涉玄猷，日新幽致。凡所谘禀，妙达指归。论难所标，独高伦次。词吐瞻逸，宏裕多奇。年十四即习《百论》。登乎弱冠，于寺覆述。（见《百论疏》卷一）受具后，声名益高。陈桂阳王钦奉之。隋定江南，藏东至会稽，止于嘉祥寺

(寺为晋琅琊王荟所造,见《高僧传》卷五《道壹传》),如常敷引,问道者千余。居嘉祥约十五载,世因称为嘉祥大师。至开皇末岁,晋王召入慧日,后又延居长安日严寺。道俗云集,声振中原。曾与僧粲、智脱辩论,可见其纵横一时也。唐高祖入长安,置十大德,藏其一也。齐王元吉奉之居延兴寺。于武德五年五月奄化,年七十五。将终日制《死不怖论》,落笔而卒。吉藏行不拘检,而颖悟天成。复于陈隋之际,因道俗逃亡,藏乃率徒往诸寺收聚文疏,故目学之长,勿过于藏。注引宏广,咸由此焉。讲三论一百余遍,《法华》三十余遍(在长安常讲之),《大品》、《智论》、《华严》、《维摩》等各数十遍,并著玄疏,盛流于世,兹就所知者列之于下:

《华严经游意》	一卷	现存
《法华经科文》	二卷	
《法华经游意》	一卷	现存
《法华经玄论》	十卷	现存
《法华义疏》	十二卷	现存
《法华新撰疏》	六卷	
《法华玄谈》	一卷	
《法华统略》	六卷	现存
《大品经游意》	一卷	现存
《大品经广疏》	十卷	现存
《大品经略疏》	四卷	
《金刚经义疏》	四卷	现存
《仁王经疏》	六卷	现存
《维摩经义疏》	六卷	现存
《维摩经略疏》	五卷	现存
《净名玄论》	八卷	现存
《涅槃经疏》	十四卷(或二十卷)	

《涅槃经游意》	一卷	现存
《胜鬘经宝窟》	六卷	现存
《无量寿经义疏》	一卷	现存
《观无量寿经义疏》	一卷	现存
《金光明经疏》	一卷	现存
《弥勒经游意》	一卷	现存
《盂兰盆经疏》	一卷	
《法华论疏》	三卷	现存
《中论疏》	二十卷	现存
《十二门论疏》	十二卷	现存
《百论疏》	九卷	现存
《中论略疏》	一卷	
《中论玄》	一卷	
《十二门论略疏》	一卷	
《三论序疏》	一卷	
《三论玄义》	一卷	现存
《大乘玄论》	五卷	现存
《三论略章》	一卷	现存
《二谛章》	三卷	现存
《二谛义》	三卷	现存
《八科章》	一卷	

共三十八部百余卷。其卷数诸目录不同，常一卷分为本末，实为二卷。此中二十七部现存，十一部已佚。

吉藏言学，处处引及师说，然亦多用关河旧说。其《大乘玄论》卷三曰："学问之体要须依师承习"，可见其重视先师。《百论疏》卷一曰："若肇公可谓玄宗之始"；《中论疏》中引昙影古义特多，可见其自以为源出关河。吉藏之学，申二谛中道，而以中道为佛性。前者出于其师法朗，后者用河西道朗义。（见《大乘玄论》卷三）《三论玄义》叙此宗义曰：

"问：若内外并呵，大小俱斥，此论宗旨，何所依据耶？答：心存内外，情寄大小，则堕在偏邪，失于正理。既失正理，则正观不生。若正观不生，则断常不灭。若断常不灭，则苦轮常运。以内外并冥，大小俱寂，始名正理。悟斯正理，则发生正观。正观若生，则戏论斯灭。戏论斯灭，则苦轮便坏。三论大宗，其意若此。"

《大乘玄论》卷四引昙影之说，而释"中"意曰：

"影公序二谛云：真谛故无有，以俗谛故无无。真故无有，虽无而有。俗故无无，虽有而无。虽无而有，不滞于无，虽有而无，不累于有，不滞于无，故断无见灭，不累于有，故常著冰销。寂此诸边，故名为中。详此意者，真故无有，虽无而有，即是不动真际，而建立诸法。俗故无无，虽有而无，即是不坏假名，而说实相。以不坏假名而说实相，虽曰假名，宛然实相。不动真际，建立诸法，虽曰真际，宛然诸法。以其际宛然诸法，故不滞于无。诸法宛然实相，即不累于有。不累于有，故不常；不滞于无，故非断，即中道也。"

《中观论疏》在《观涅槃品》之末曰：

"横绝百非，竖起四句，名为诸法实相，即是中道，亦名涅槃者。以超四句，绝百非，即是累无不寂，德而不圆。累无不寂，不可为有。德无不圆，不可为无。非有非无，则是中道。中道之法，名为涅槃。又德无不圆，名为不空。累无不寂，称之为空。即是智见空以及不空，亦名佛性。以众生横起百非，竖生四见，隐覆实相，故名为佛性。若知百非本空，四句常寂，即佛性显，称之法身（即真如、法性，实相，法界、法身）。"

以上为吉藏三论学之要点，详《三论玄义》。

吉藏没于唐初，其时三论之学已广被南北，犹称大宗。明法师有弟子法敏、慧嵩、慧璿三人知名。（三法师《续僧传》均有传）法敏，丹阳人，初事英禅师为弟子，后入茅山听明法师三论。又听高丽实法师大乘经论，实亦擅三论者也。（见《续僧传》卷十四《慧持传》）陈亡还俗，避世。后往住余姚梁安寺，领十沙弥，讲《法华》、三论。贞观元年，在丹阳讲《华严》、《涅槃》。二年，越州田都督追还一音寺，相续法轮。集义学沙门七十余州八百余人，当境僧千二百人，尼众三百，士俗之集不可复纪。十九年，在会稽讲《华严经》，八月十七日迁化，年六十七。慧璿少在襄州出家，入茅山听明法师三论，又入栖霞听慧布法师四论、《大品》、《涅槃》等。明法师兴皇大弟子，慧布则兴皇之同门也。而兴皇门下慧哲有弟子亦号慧璿（见《续僧传》卷九《慧哲传》），果为一人，则真可谓广研三论者。璿又曾听安州大林寺圆法师释论。住光福寺及龙泉寺，讲三论、大经、《华严》、《涅槃》，为荆襄人所景仰。贞观二十三年卒，年七十九。

慧嵩，安陆人，卒于贞观七年。初从明法师通三论，后以蜀部尚未弘此宗，特往成都等处。因结徒日盛，为人所诬。事虽大白，嵩乃东下，在安州、荆州讲说，从者亦多。弟子慧稜，西隆人，初从智润及明法师，后随嵩终身，并同遇难于成都。嵩师将终告稜公

139

曰："共公同涉苦辛，年载不少，唯以无相为本，然后言矣。"又嵩弟子灵睿，先亦从高丽印公学三论。印公之前，有高丽实公，亦弘三论于蜀。此外嵩之弟子，有慧振，法冲。冲为弘楞伽经者也。

唐初有慧因者，为兴皇同学智辩之弟子，海盐人，曾学成实、禅法，及诣辩学三论，乃大成。后辩以学徒相委，陈世大见重。隋仁寿中，征居禅定寺。唐初举十大德，因亦其一人。贞观元年卒于住寺（时已改名大庄严寺），年八十九。十大德中，吉藏亦为其一人。时藏之弟子慧远，智拔、智凯（号乌凯，见《续僧传》卷十四）、智凯（另是一人住长安定水寺，见《续僧传》卷三十）均至关中。智命（《续僧传》卷二十七）、硕法师、旻法师、邃法师（见安澄《中论疏记》）均在关中受业。外有智实在长安见藏，谓亦其门人。乌凯末住嘉祥寺，聚徒常讲，门人有八百余人。而在长安，则慧远倾动一时云。

隋唐三论盛行之地约有五：（一）金陵栖霞，兴皇为其重镇；（二）会稽，吉藏嘉祥寺在焉；（三）荆襄，罗云、法安、慧哲等在彼方弘法；（四）长安，吉藏晚年所在之地；（五）蜀部，安州慧嵩、高丽实公讲说其地。凡此五处皆多三论名僧，兹以繁杂，姑不详讨。

唐贞观以后，三论渐衰。虽有义襃讲论京邑（小明法师弟子），然其学似多少受玄奘之影响。（见《续僧传》卷十五）而有元康者，为硕法师弟子。师弟二人均有著述，弘三论。① 然元康常乘鹿，以三论之文荷之于背，又以小轴系之予尾，曳入上都。诋说有之徒（法相宗）不达性空，我与轻轴碾之，令悟真理。又永徽时，有那提三藏者至自印度，携来大小乘经律论五百

---

① 硕法师有《三论游意义》一卷，现存。元康有《肇论疏》现存，并有《百论疏》三卷，《三论玄枢》二卷，《中论三十六门势疏》一卷，均见日本僧人目录。

余夹,千五百余部。因所学为龙树般若,不为时人所赏,竟不得译。此二事者均可见三论之所以衰也。此后本宗更寂寥无闻矣。惟代宗时,有道液(名见于《续开元录》,知在代宗时)曾作《净名经关中疏》(有敦煌本)及《金刚般若疏》、《仁王般若经疏》(见日本僧人目录)。澄观亦研三论。然二人者,均非纯粹之三论学家也。

第二节 天台宗

天台宗自称为定慧双修。盖约在智𫖮以前,慧文、慧思以禅法著称,至智𫖮而义学亦胜。当南北朝佛教盛时,南重谈理,北重坐禅。元魏、北齐之际,北方之禅学大行。魏孝文时,佛陀扇多定学元匠,魏孝文帝为凿石窟于恒安,后又为在嵩岳少室山造少林寺。其弟子最知名者为慧光,而道房实得佛陀之禅法。有僧稠者,受道房之止观,北齐文宣帝至亲从受禅法。佛陀之外,天竺僧勒那摩提最明禅法,其弟子为僧达、僧实等。又有菩提达磨,其弟子为慧可、道育等,则禅宗之始也。而道正之六行,信行之三阶,则均有关于禅法也。摄山栖霞寺慧布常乐坐禅,于可禅师所,暂通名见,便以言悟其意;并写章疏遗朗公令其讲说;又尝从邈禅师游。朗师亦习禅,曾住止观寺。据此故知摄山三论当亦与北方禅法有关。(见安澄《中论疏记》卷一)《止观辅行》第一之一,谓智𫖮以前,禅法相承有九家,谓明、最、嵩、就、监、慧、文、思、𫖮是也。明者当即道明,僧稠从之受十六特胜法,监(亦作鉴)、最二师亦约在同时,慧思曾住见,述已所证。思又常从道于就师,就师又受法于最师。文者北齐慧文,思者南岳慧思,𫖮者天台智𫖮,后世天台宗所称为中国天台宗最初之三祖也。

慧思俗姓李氏,武津人也。少诵法华千遍。因读《妙胜定经》，叹禅功德，便尔发心修寻定支。时禅师慧文，聚徒数百，乃往嵩山归依，从受正法。冬夏二时，摄心至勤，讫无所证。又于来夏，束身长坐，系念在前，始三七日，发少静观，见一生来善恶业相。因此惊嗟，倍复勇猛。遂动八触，发本初禅。自此禅障忽起，四肢缓弱，不胜步行，身不随心。即自观察，我自病者，皆从业生。业由心起，本无外境。反见心源，业非可得。身如云影，相有体空。如是观已，颠倒想灭。心性清净，所苦消除。又发空定，心境廓然。夏竟受岁，慨无所获。自伤昏沈，生为空过。深怀惭愧，放身倚壁，背未至间，霍尔开悟。法华三昧，大乘法门，一念明达。十六特胜，背舍阴入，便自通彻，不由他悟。后往鉴、最等师，述已所证，皆蒙随喜。研练逾久，前观转增。名行远闻，四方钦德，学徒日盛。因起怨嫉，受毒不伤。乃慨然领徒于北齐武平之初（554）南迈，至光州，值梁孝元倾覆国乱，止大苏山，来学者益众。再六年（560）而有智顗来求法。后于陈光大二年（568）趣南岳，卒于陈太建九年（577），年六十四。自江东佛法，宏重义门；至于禅法，盖蔑如也。而思慨斯南服，定慧双开；昼谈义理，夜便思择，所谓因定发慧也。南北禅宗，罕不承绪。（上见《续僧传》十七）弟子有僧照，大善、慧勇、慧成、慧超，新罗玄光及灵辩等。[①] 而慧成者，原研成实，及在衡岳见思，思曰："卿一生学问，与吾炙手，犹不得暖，虚丧功夫，惜哉！"成素凭文疏，依他生解，忽令自检，茫若雾游，遂焚章钞，捐掷笔砚。由此可见慧思治学之风格也。（见《续僧传》卷十六）

据道宣《高僧传》，南岳大师曾撰《四十二字门》两卷、

[①] 此数僧人除灵辩见于《续僧传》外，均见《佛祖统纪》卷九，又大善、慧成（"成"作"诚"）传见《法华传记》卷三。大善并有弟子慧勇亦见《法华传记》。

第四章 隋唐之宗派

《无诤行门》两卷（现存），又有《释论玄》、《随自意》、《安乐行》（《法华经安乐行义》现存）、《次第禅要》、《三智观门》等五部各一卷。又宋、元、明本《内典录》均著录《四十二字门》、《无诤门》、《释论玄门》、《随自意三昧》、《安乐行法》、《次第禅要》、《三智观门》、《反誓愿文》八项，现存者除《无诤行门》、《安乐行义》二部外，尚有《南岳禅师立誓愿文》，然证之以道宣传所言，颇不合，恐系后人附会伪造。又现存有《大乘止观法门》四卷（《统纪》作二卷），据宋遵式法师作记，谓宋真宗咸平三年日本僧寂照来华，以此授遵式云。（见《统纪》卷二十五）书中引《起信论》处颇多。按《起信论》出世约在慧思晚年，《止观法门》一书恐非思所作，此日本僧人早已有言之者。

　　慧思之弟子大善、僧照均知名，尤以僧照为上首。智者大师《训知事人》文有曰："同学照禅师，于南岳众中，苦行禅定，最为第一。"（见《国清百录》）而毛喜书中亦言，"南岳亦时有信，照禅师在岳岭，徒众不异大师在时。善公（当即大善）于山讲释论。"（同上）炀帝《与释智𫖮书》中言，曾迎照禅师至，安置慧日道场（同上，此道场为在江都者），可见照师之声望也。有慧命者，游学北土，乃禅学大师。《统纪》谓为亦慧思弟子，但《续僧传》谓命"遇思、邈两师，方祛所滞，后俱还仙城"；又谓"与慧思定业是同"。《净土往生传》谓其与思最相友善，以西方为期。《往生西方净土瑞应传》亦谓命与思为道友。则慧命者或非南岳之弟子也。南岳门下最知名者，为智𫖮。

　　天台宗实因智者大师住天台山得名。盖智者大师，破斥南北，禅义均弘。（荆溪语，见《统纪》卷七）其教行乃南北佛法之结晶，因而树立一特殊之教派。智者事迹今依柳顾言《天台国清寺智者禅师碑文》、灌顶《智者大师别传》及唐道宣《续高僧传》之《智𫖮传》，参以《国清百录》诸书，作为年表于下：

143

梁武帝大同四年戊午　智顗姓陈氏，字安德，生于荆州之华容。

　　梁元帝承圣元年　年十五岁，求出家，二亲不许。

　　梁敬帝绍泰元年　年十八岁，投湘州果愿寺沙门法绪出家。

　　陈高祖永定元年　年二十岁，受具足戒。约在此时前后，北行，依慧旷律师，并受方等，因潜大贤山，诵《法华经》、《无量义经》、《普贤观经》等。

　　陈文帝天嘉元年　年二十三岁，往光州大苏山，依思禅师。思为说法华四安乐行。顗果证法华三昧。思常令代讲，唯于三三昧三观智用以谘审，自余并任裁解。并亲听讲，语学徒曰："此吾之义儿，恨其定力少耳。"又南岳禅师亲所记莂，谓其说法第一。（见《国清百录》卷二晋王书）

　　陈废帝光大元年　年三十岁，学成辞师出金陵，居瓦官寺，创弘禅法。（《碑文》谓顗因北周灭法南下，并未言到金陵事）。在瓦官八年，讲大论，说次第禅门，并法华玄义，极为道俗所尊仰。明年慧思南止衡山。

　　陈宣帝太建七年　年三十八岁，入天台，宣宗敕留不住。初止石桥，后迁佛陇。

　　陈宣帝太建九年　年四十岁，宣帝敕给寺名修禅寺。是年南岳大师入灭。（《统纪》谓赐寺名在十年）

　　陈后主至德三年　年四十八岁，奉诏出金陵，在太极殿开《大论》，讲《仁王经》。（《百录》载敕书在此年）太子深从受戒。（《百录》卷二有《少主皇太子请戒疏》）帝为立禅众于灵曜寺。后陈主幸寺，行大施，又讲《仁王》。帝于众中起拜殷勤，储、后以下并崇戒范。后迁居光宅寺。

　　陈后主贞明元年　年五十岁，于金陵光宅寺讲《法华经》。章安灌顶时二十七岁，始听经文。（《续僧传》谓章安于至德元年

始见智者)

隋文帝开皇九年　年五十二岁,陈亡,遂赴荆湘,感梦止匡山。

隋文帝开皇十年　年五十三岁,隋帝敕问。(敕书见《百录》卷二)

隋文帝开皇十一年　年五十四岁,晋王(炀帝)敦请至扬州。十一月为晋王受菩萨戒。自此号智者大师。

隋文帝开皇十二年　年五十五岁,坚请往荆襄。再经匡山,度夏毕,先至潭(长沙),赴南岳报师恩。

隋文帝开皇十三年　年五十六岁,至荆,答地恩。造玉泉寺,又修十住寺。

隋文帝开皇十四年　年五十七岁,在玉泉寺讲《摩诃止观》。

隋文帝开皇十五年　年五十八岁,自荆下金陵。受晋王请,制《净名疏》。

隋文帝开皇十六年　年五十九岁,春再还天台。

隋文帝开皇十七年　冬因晋王虔召,出至新昌石像前,端坐入灭。病笃时有遗书致晋王。卒时为十一月二十四日未时,年六十,僧腊四十。(《续僧传》谓卒时六十七岁,当误)其明年晋王为智者大师创寺,名曰天台,至大业元年改名国清。智者大师博得两朝数帝、四方道俗之隆礼,必因其人格伟大,学行精宏,且即其著述亦甚富,但多为其门人所记。《别传》有曰:

"智者弘法三十余年,不畜章疏,安无碍辩,契理符文。挺生天智,世间所伏。有大机感,乃为著文。奉敕撰《净名经疏》,至《佛道品》,为二十八卷;《觉意三昧》一卷;《六妙门》一卷;《法界次第章门》三百科,始著六十科为三卷;《小止观》一卷;《法华三昧行法》一卷。又常在高座云：若说《次第禅门》一年一遍，若著章疏，可五十卷；若说《法华玄义》，并《圆顿止观》，半年各一遍，若著章疏，可三十卷。此三法门皆无文疏，讲授而已。大庄严寺法慎私记《禅门》初分，得三十卷，尚未删定，而法慎终。国清寺灌顶私记《法华玄》初分，得十卷；《止观》初分，得十卷，方希再听，毕其首尾，会智者涅槃。"

据此则智者自著之书如下：

《净名经疏》　二十八卷，现存。据智者致晋王遗书实为三十一卷。又据言因智者仅撰至《佛道品》，门人灌顶后续成为三十四卷，此书后荆溪湛然略为十卷，现存。

《觉意三昧》　一卷，现存，名《释摩诃衍般若波罗蜜经觉意三昧》。

《六妙门》　一卷，现存。因陈尚书令毛喜之请而作。

《法界次第章》　三卷，现存。

《小止观》　一卷，现存，或名《修习止观坐禅法要》，或《童蒙止观》。智者为俗兄陈鍼作。

《法华三昧行法》　一卷，现存。

其为门人所记之三部如下：

《释禅波罗蜜次第法门》　三十卷，为法慎所记。后灌顶再治，略为十二卷，现存。

《法华玄义》　十卷，各分为上下二卷，共二十卷，灌顶记，现存。

《摩诃止观》　十卷，各分为上下二卷，共二十卷。开皇十四年在玉泉寺讲，灌顶记，现存。（上两书与《法华玄义文句》称为三大部）

第四章　隋唐之宗派

此外现存智者著述，尚有下列十六部，何者为其所自著已难考：

《法华文句》　十卷，各分为上下二卷，共二十卷。

《维摩经玄疏》　六卷

《菩萨戒经义疏》　二卷，灌顶记。

《仁王经疏》　五卷，灌顶记。

《阿弥陀经义记》　一卷

《金刚经疏》　一卷

《金光明玄义》　一卷（实二卷），灌顶记。

《金光明文句》　三卷（实六卷），灌顶记。

《观音玄疏》　二卷，灌顶记。

《观音义疏》　五卷，灌顶记。

《请观音经疏》　一卷，灌顶记。

《四教义》　六卷，原为《维摩玄疏》之一部，后离出。（见《统纪》卷二十五）

《四念处》　四卷

《方等三昧行法》　一卷

《观心论》　一卷

《观行食法》　一卷

《观心诵经法》　一卷

此外现存有《观无量寿经疏》，惟据日人望月信亨所考，为唐代人伪作。又有《智者大师禅门口诀》，宋天圣时始入藏，不悉真智者之书否。又有《维摩三观玄义》、《净土十疑论》、《五方便念佛门》三部，均有可疑之点。《十疑论》引玄奘译《杂集论》，断非智𫖮所作。《佛祖统纪》卷二十五载阙本十七部四十一卷，中有《五方便门》，则是书我国宋时已佚。阙本中又有《仁王经疏》（第二卷），谓《天竺别集》云，元丰初得之海贾。又智者并有文表若干篇，收入《国清百录》，如《华严感应传》谓𫖮作

《普礼法》、《百录》即有《普礼法文》。

天台宗抱定由禅生慧之旨，而谓其所得为大乘圆顿境界。北齐慧文之说不详，灌顶于《摩诃止观》中述曰："文师用心，一依释论。"《辅行》略叙九师之说，而于文师则曰："多用觉心，重观三昧，灭尽三昧，无间三昧，于一切心法无分别。"二文均不能详知其义。然其依大乘释论，注重无分别之三昧，或可断言。而后人（如《佛祖统纪》），谓文师因读《大智度论》"一心中得"，及《中论》之《三谛偈》，而证一心三观之说，则不知果为事实否。

南岳慧思现存之书，一为《无诤门》，二为《安乐行义》。《诸法无诤三昧法门》卷上，亟言禅定之重要，文曰：

"问曰：佛何经中说般若诸智慧皆从禅定生？答曰：如《禅定论》中说，三乘一切智慧皆从禅生。《般若论》中，亦有此语。般若从禅生，汝无所知，不解佛语，而生疑惑。……如来一切智慧，及大光明，大神通力，皆在禅定中得。……复次如《胜定经》中所说，若复有人，不须禅定，身不证法，散心读诵十二部经，卷卷俱满，十方世界皆闻诵通利，复大精进，恒河沙劫，讲说是经，不如一念思惟入定。何以故？但使发心欲坐禅者，虽未得禅定，已胜十方一切论师，何况得禅定。"

当时江南弘重义门，以思禅师视之，为依他生解，毫无是处。故其教行江南，而风气为之变也。《无诤门》中，仍演次第禅门；而《法华经安乐行义》，则述法华三昧。法华三昧者，慧思所证得，而以之授智者大师者也。道宣《续僧传》曰：

"后命学士江陵智𫖮代讲金经（思造金字《大品》

第四章 隋唐之宗派

及《法华》二经，此乃指《大品》），至一心具万行处，颇有疑焉。思为释曰："汝向所疑，此乃《大品》次第意耳，未是《法华》圆顿旨也。吾昔夏中苦节思此，后夜一念顿发诸法，吾既身证，不劳致疑。颛即谘受法华行法。"

据此可知法华三昧，思之所证，颛之所学，乃非次第，而为圆顿。且"一心具万行"，似已孕"一念三千"之旨。《安乐行义》首赞《法华经》曰：

"《法华经》者，大乘顿觉，无师自悟，疾成佛道，一切世间，难信法门。凡是一切新学菩萨，欲求大乘，超过一切诸菩萨，疾成佛道，须持戒，忍辱精进，勤修禅定，专心勤学法华三昧。"

其法华三昧，非为次第禅门，而为圆顿一乘法门。二者之差别或于释"无相行"言之最明晰。盖法华安乐行有二种，一无相行，一有相行，《安乐行义》文曰：

"无相行者，即是安乐行。一切诸法中，心相寂灭，毕境不生，故名为无相行也。常在一切深妙禅定，行住坐卧，饮食语言，一切威仪，心常定故。诸余禅定，三界次第，从欲界地，未到地，初禅地，二禅地，三禅地，四禅地，空处地，识处，无所有处地，非有想非无想处地，如是次第，有十一种地差别不同。有法无法二道为别，是阿毗昙杂心圣行，安乐行中深妙禅定即不如此。何以故？不依止欲界，不住色无色行，如是禅定，

> 是菩萨遍行。毕竟无心想，故名无相行。"

其释法华三昧之境界曰：

> "初发心新学诸菩萨，应善观眼原，毕竟无生灭。耳鼻舌身意，其性从本来，不断亦非常，寂然无生灭。色性无空假，不没亦不出，性净等真如，毕竟无生灭。声香味触法，从本已来空，非明亦非暗，寂然无生灭。根尘既空寂，六识即无生。三六如如性，十八界无名。众生与如来，同共一法身。清净妙无比，称妙《法华经》。"

《法华经》以三乘归于一乘，故得此三昧，则"一心一学，众果普备；一时具足，非次第入"。天台宗之教旨，要在三谛圆融，一念三千。相传北齐慧文，证一心三观。盖文师因读《大智度论》"一心中得"之文，而悟道种智、一切智、一切种智之三智，实一心中一时得。道种智即差别之有智，一切智即平等之空智，一切种智即中道之智。三者即假、空、中，如其引《中论》之《三谛偈》所说：

> "因缘所生法，我说即是空，亦为是假名，亦是中道义。"

空、假、中之三谛原本一体圆融，故智者大师盛倡三谛圆融之说。此中、假，空三谛本无碍自在，实即一体，三而一，一而三。此在了知一切诸法皆由心生，因缘虚假不实，故空；缘生诸法差别，故假。实则假、空是从两方面看，假不离空，而假亦即

第四章　隋唐之宗派

空。不著于空，不执于假，即曰中道。而此中道，亦不离空、假，亦即空假，故曰三谛圆融。

万象之实际既如上述，而宇宙万物，种种差别，不过因一念之偶动现出之三千诸法耳。故《摩诃止观》曰：

"夫一心具十法界，一法界又具十法界、百法界。一界具三十种世间，百法界即具三千种世间。此三千在一念心，若无心而已，介尔有心，即具三千。"

十法界之名，出《华严经》，即地狱、饿鬼、畜生、修罗、人间、天上、声闻、缘觉、菩萨、佛是也。前六同在迷境，谓之六凡；后四同在悟境，谓之四圣。向使十界互相隔离，则永无转凡成圣之理。而吾人介尔一念，必每次全自惑妄所发，永生恶果，永堕恶趣。推此杂然俱起之心，亦可知一界即具十法界，是曰十界互具之义。而此每一界者，各有其诸方面可说。说时称为如此或如彼，故曰如是。《法华经·方便品》称诸法如是相，如是性，如是体，如是力，如是作，如是因，如是缘，如是果，如是报，如是本末究竟等。每一法界，各具十如是（简称十如），故每一法界即具十法界。十界各具十如，故具百法界。世间有三，谓众生世间、国土世间、五阴世间，此出《大智度论》。夫一法界即十界，则是三十种世间，由是而至三千世界。此三千法界，纷然杂陈，仍在一念中。了知一念三千，则悟一切诸法皆由心生之理，而空、假、中三谛圆融之说显。三谛圆融之理，因三惑所覆而不显。三惑者，无明惑，尘沙惑，见思惑也。无明根本之迷妄，掩覆中道。尘沙者谓众生他人之惑，掩覆假谛。见思分别执有，掩覆空谛。故荆溪湛然《始终心要》曰：

>"无明翳乎法性,尘沙障乎化导,见思阻乎空寂。然兹三惑,乃体上之虚妄也。于是大觉慈尊喟然叹曰:真如界内,绝生佛之假名;平等慧中,无自他之形相。但以众生妄想,不自证得,莫之能返也。由是立乎三观。"

三观者,即假观、空观、中道观。由一己之一心,修此三观,灭三惑,显三谛,均具一心之中,故曰一心三观。而显此三谛圆融之理,必赖三观。此亦由定生慧之根本宗义,天台宗故未始离于禅定也。

《续高僧传》,谓智者门下道俗受菩萨戒者不可称记,传业学士三十二人,习禅学士散流江汉莫限其数。查《国清百录》及《僧传》等书,载其弟子之名亦有多人,《佛祖统记》所列则尤夥。然智者在世不但无自立宗派传统之意见,而且其遗文中亟叹无可传法之人。一则曰:"欲以先师禅慧授与学人,故留滞陈都八年弘法。诸来学者,或易悟而早亡,或随分而自益,无兼他之才。"再则曰:"日子江都行道,亦复开怀待来问者。……而不见一人求禅求慧。与物无缘,顿至于此。"三则曰:"又作是念,此处无缘。余方或有先因。……于荆潭功德,粗展微心。虽结缘者众,孰堪委业。初谓缘者不来,今则往求不得。"四则曰:"于荆州法集,听众一千余僧,学禅三百。州司惶虑,谓乖国式,岂可聚众,用恼官人。故朝同云合,暮如雨散。设有善萌,不获增长。"末复谓晚年在山,"吴会之僧,咸欣听学。山间虚乏,不可聚众。衷心待出,访求法门。暮年衰弱,许当开化。今出期既断,法缘亦绝"。此或智者临死扮谦之辞,而其不视其师承间有付法继统之事,则固可断言也。

继智者纲领天台山寺者为智越,而弘宣大师之教者,则为灌顶,世所谓章安大师也。灌顶原籍常州义兴,祖世移居临海之章

第四章　隋唐之宗派

安。初从慧拯法师为弟子，后随智者大师。当时视为天台法门所委寄（仁寿敕语），以贞观六年终于天台国清寺，年七十二。其事迹详《续僧传》及所撰《涅槃玄义》之自叙，今不详陈。《僧传》有曰：

>"自顶受业天台，台又禀道衡岳。恩颉三世，宗归莫二。若观若讲，常依《法华》。又讲《涅槃》、《金光明》、《净名》等经。及说圆顿止观，四念等法门，其遍不少。且智者辩才，云行雨施，……能持能领，唯顶一人。"

灌顶广记智者词旨，其所自著则有《涅槃玄义》二卷，《涅槃经疏》三十三卷，《观心论疏》五卷（《统纪》谓有疑此为伪者），《天台八教大意》一卷，又撰《智者别传》一卷、《国清百录》五卷，尚有《南岳传》、《真观法师传》则已佚。此中《涅槃经》之著述为其一生之杰作，且于本宗教义有关。盖天台以《法华经》为根本，而《智论》亦重要。《涅槃经》南岳书中引及，而智者判教《法华》、《涅槃》位居最高。灌顶之后，天台宗人不乏研《涅槃》之人。

章安大师作南岳、智者传记，当已渐有法统思想。天台宗推龙树为高祖，亦为其所宣传。（见《摩诃止观》）且曾叙北齐（慧文）、南岳（慧思）、天台（智𫖮）之相承，宗派之念尤著。章安弟子有多人，天台宗后来之作传授史者，谓传法眼者为法华智威（缙云），其后天宫慧威（东阳）、左溪玄朗继世相承。并以北齐慧文为二祖（初祖为龙树），以至左溪玄朗为八祖。其实在智威、慧威、玄朗三世天台之教消沉，后人指三人为祖师，或仅师资之关系，均非天台弘教之有力者也。

惟玄朗之弟子，有荆溪大师湛然（亦称妙乐大师）盛阐本宗，力辟他派，并于其时大定传统之说，而后世天台宗遂尊之为第九祖。湛然著述丰富，其学能使一家圆顿之教，复归于正。"每以智者破斥南北之后，百年之间学佛之士，莫不自谓定慧双修，圆照一乘。……而自唐以来，传衣钵者起于庾岭（指禅宗），谈法界（指华严宗）、阐名相（指法相宗）者盛于长安。是三者皆……侈大其学，自名一家。然而宗经弘论，判释无归。讲华严者唯尊我佛，读唯识者不许他经。至于教外别传，但任胸臆而已。师追援其说，辨而论之，曰《金錍》，曰《义例》，皆孟子尊孔道、辟杨墨之辞"。（见《佛祖统纪》卷七，作者志磐属天台宗，故抑他宗）荆溪于唐德宗建中三年（782）卒于天台，年七十二。门人梁肃为撰碑铭有曰：

"自智者以法付章安，安再世至于左溪，明道若昧。待公（指荆溪）而发，乘此宝乘，焕然中兴。盖受业身通者三十九人，缙绅先生位高名崇屈体承教者又数十人。"（梁肃为翰林学士，其一也）

湛然世居晋陵之荆溪，唐开元中受学于左溪，天宝初登僧籍，弘道于东南，止观之学再盛。平生以传智者之法为己任，作《止观辅行弘决》，释智者之《摩诃止观》，再治智者之《净名经疏》，略为十卷。相传再治章安《涅槃经疏》，略为十五卷。其重要著书如下列：

《法华玄义释签》　二十卷
《止观辅行传弘决》　四十卷
《法华文句记》　三十卷
《维摩经疏记》　六卷

第四章　隋唐之宗派

《维摩经略疏》　十卷

《止观义例》　二卷

《止观大意》　一卷

《金刚錍》　一卷

《始终心要》　一卷

当荆溪之世，禅宗正宗之争，弥满天下。约在其时，天台亦有定祖之说。唐李华，荆溪之友也，荆溪曾为之撰《止观大意》。李华《故左溪大师碑》曰：

"至梁陈间，有慧文禅师，学龙树法，授慧恩大师，南岳祖师是也。思传智者大师，天台法门是也。智者传灌顶大师，灌顶传缙云威大师，缙云传东阳威大师，左溪是也。（下文有"左溪奉东阳得最上乘"之语，此处疑有夺字）又宏景禅师得天台法，居荆州当阳。传真禅师，俗谓兰若和尚是也。"（慧其传法事见李华《兰若和尚碑》）

后释皎然《苏州支硎山报恩寺大和尚碑》文曰：

"慧文传南岳，南岳传天台，……天台……传章安，章安传缙云，缙云传东阳，东阳传左溪。左溪传自龙树以还，至天台四祖，事具谏议大夫杜正伦教记。今大师（道尊）则亲承左溪。"

而荆溪大师门人梁肃，作《天台禅林寺碑》，于言文、思、颐、顶四世之后，续曰：

"顶传缙云威，威传东阳。东阳，晋云同号，时谓小威。威传左溪禅师。自缙云至左溪，以玄珠相付，向晦宴息而已。左溪门人之上首，今湛然禅师，行高识远，超悟辩达。凡祖师之教在章句者，必引而信之。"

李华碑文并历数左溪弟子十余人，言及道遵、湛然，然未言其独得正统。皎然之碑显谓道尊得左溪之法眼，而梁肃则谓左溪付法荆溪。后天台宗人，以龙树至湛然为天台九祖，盖在梁肃而其说始确定也。

荆溪大师之大弟子元浩（《宋僧传》卷六），曾注解《涅槃经》。然据天台传统之说，则荆溪传法道邃，道邃是为十祖（唐释乾淑作邃《行业记》，今附刊《九祖传》末），但亦有谓行满为十祖。（见晁说之撰《明智法师塔铭》载于《佛祖统纪》卷五十；又梁肃《修禅道场碑》为行满所建，当是一人）又《宋僧传》七谓玄烛为十祖。自道邃后传广修，广修传物外，物外传之元琇，元琇在唐末。然天台教于荆溪以后，经安史之乱，至会昌法难，亦甚式微。至五代时，钱塘有螺溪羲寂等，又大弘此宗焉。（见《佛祖统纪》八）

第三节　法相宗

法相宗在唐初大盛，此不能不归功于玄奘大师。然玄奘大师之学，精博无涯，固不限于法相宗义也。其未西游以前，几已尽习中国之佛学。初于洛阳学涅槃于净土寺景法师，并听严法师《摄大乘论》。后游关中，因世乱高僧多避居蜀部，乃转而之蜀。于道中遇空、景二法师，学毗昙、摄论。空法师不知为何人，景则为慧景，实明摄论，誉腾京国。大师至成都，又从道基学毗

第四章 隋唐之宗派

昙，宝暹学摄论，道振（亦作志振，或志震）学迦延。在陈世，中国毗昙之元匠为慧嵩，世称毗昙老子，嵩住彭城。道基者盖学于彭城，其时嵩师当已死，道基必得其学于其门下者也。宝暹与慧景并明摄论，亦有声誉。道振之毗婆沙学，当为名家。盖其曾自言其学问在迦延，僧玄会从学此论。（见《续僧传》卷十七）按玄奘大师在蜀时，年未二十五，其造诣之深，所学之广，已大可观。离蜀东下，在荆州自讲《摄论》、《毗昙》各三遍。后北游，学《杂心》、《摄论》于相州慧休，学成实于赵州道深。慧休之学，取精用弘，初学于灵裕，涅槃之名家也；学明彦之成实，彦史称为成实元绪；学志念之小论，念多所游听，亦为毗昙慧嵩、成实明彦之弟子；学昙迁之摄论，迁先在北学地论，复又于建业，彭城得摄论，史谓摄论北土创开自迁为始；而慧休又曾受业于道尼，尼则真谛之弟子也；且又曾习洪、砺二师之律学。慧休之学，盖若是广博，尝造《杂心》、《摄论》章疏。二论当其心得所在，故玄奘从之学也。道深者，为志念之弟子（志念见前），深擅成实，故玄奘从之受五聚。玄奘大师，约年二十五，再至长安。时有大觉寺道岳，曾受学僧粲、志念、智通，皆一时名僧也；且学于真谛弟子道尼，又得真谛弟子智恺手记《俱舍疏》本、《十八部论》（即《部异执论》）本，因穷研《俱舍》，弘兹论宗，玄奘从之学此论。玄奘又在长安听法常、僧辩之摄论。法常之师为昙延，僧辩之师为智凝，延、凝均摄论名师也。道宣《续僧传》，又谓玄奘亦受玄会之涅槃。玄会学涅槃于总法师，法总乃隋京涅槃众主，而道宣谓玄会涅槃之精，延（昙延）、远（慧远）后一人而已。计玄奘大师在国内受学十三师，俱当世名宿。而师资相承，如俱舍、摄论上接真谛，成实、毗昙出于明彦、慧嵩，涅槃或亦净影余绪。大师学之弘深，盖可想知。大师未出国之前，盖有二事，深可见其学之风格：第一偏重法相之学也，计在十三师中，从学摄论者六人。初从严法师学摄论，即爱好逾剧。而其志往西方，亦在取《十七地论》。第二未重般若之宗也，盖十三师中无一般若名家。其在净土寺出家时，明旷法师或犹住同寺。（见《续僧传》卷十四）旷善《大论》，奘师未闻从之学也。及游蜀土、荆州，均多三论学者，未闻奘师与之有何关涉。而奘师第一次入京，嘉祥大师确在长安，未闻奘师请谒，则更可注意。

但即在奘师早年，虽偏于法相，而究不限于法相师之学，盖与其兄长长捷法师略同而加广。长捷善涅槃、摄论、毗昙，而奘并兼俱舍、成实也。又其学虽不重般若，而未始不知般若。其出国至凉州，曾讲摄论、涅槃之外，并讲般若，可以为证。据此而言，奘师早期已规模弘大，非一经一论之专家也。

大师去国，旨在取《瑜伽》大论，而其所学更不限于瑜珈师宗。师广游西土，极受各国之优礼。然不但未以此为骄，弛于学问。苟遇名师，必从听讲，自言承戒贤法师之累嘱。（见其致智光书）戒贤法相之大师，传护法唯识之学。奘师在那烂陀寺听《瑜伽师地论》三遍，《显扬》、《对法》各一遍，均法相典籍也。然又听《顺正理论》一遍，听《中论》、《百论》各三遍，听因明、声明、集量各二遍。于《俱舍》、《六足》等则决疑，以至于兼习婆罗门书。可见戒贤之教、玄奘之学均极广博，已非一孔之家所可望。复又在那烂陀寺西就般若跋多罗决《婆沙》、声、因明之疑。并就胜军法师学《唯识决择论》、《意义理论》、《成无畏论》、《不住涅槃论》、《十二因缘论》、《庄严经论》等，又向之问瑜伽、因明等疑。计奘师在那烂陀寺最久，前后在各处受学计知名者共一十五人，不知名者又有若干人。兹列所学经论以及受学处所、师资人名，学时久暂于下：

（一）毗婆沙　缚喝罗国纳缚伽蓝　般若羯罗（慧性）

第四章 隋唐之宗派

月余

（二）俱舍、顺正理、因明、声明、毗婆沙　迦湿弥罗国阇耶因陀罗寺　僧称（一作胜）　二年

（三）经（部）百论、广百论　磔迦国　长年婆罗门　一月

（四）对法、显宗、理门　那仆底国突舍萨那寺　毗腻多钵腊婆（调伏光）　十四月

（五）众事分毗婆沙　阇烂达那国那伽罗驮那寺　旃达罗伐摩（月胄）　四月

（六）经部毗婆沙　禄勒那国　阇那毱多　一冬半春

（七）有部辩真论　秣底补罗国　密多斯那　半春一夏

（八）佛使毗婆沙、日胄毗婆沙　羯若鞠阇国（曲夕城）　跋达罗毗诃罗寺　毗离耶犀那　三月

（九）瑜伽论等（上详）　摩谒陀国那烂陀寺　戒贤法师　五年

（十）毗婆沙、顺正理　依烂那国　怛他揭多毱多（如来密）及羼底僧诃（师子忍）　一年

（十一）集量论　南侨萨罗国　某婆罗门　一月余

（十二）大众部根本阿毗达摩等论　驮那羯磔迦国　苏补底及苏利耶　数月

（十三）徵问瑜伽论　达罗毗荼国　僧迦罗国僧

（十四）正量部根本论、摄正法论、成实论（此据《续僧传》，彦悰《三藏法师传》作"教实论"）　钵伐多罗国　某二三大德　二年

（十五）婆沙等决疑　那烂陀寺西　般若跋多罗　二月

（十六）唯识决择论等（上详）　那烂陀附近杖林山　胜军法师　二年

又窥基《成唯识论掌中枢要》载奘师曾密受于玄鉴，疑是附会，

159

故未列入。

奘师既无书不窥，且其师资常上接印土诸大师。瑜伽之学，受之戒贤，戒贤护法之徒也。又学《唯识决择论》等于胜军论师，胜军乃贤爱（因明）、安慧（声明、大小乘论）、戒贤（瑜伽）之徒也。而护法、安慧均属唯识十大论师中。玄奘又学有部《辩真论》于密多斯那，《辩真论》德光论师之所撰，而密多斯那乃德光之高足也。小乘论盛行于纳缚伽蓝，故奘师于此学《毗婆沙》，义净所谓之新寺是也。西北印度为一切有部《俱舍》等流行之所，故玄奘于彼多习小论。南印度驮那羯磔伽大众部论最盛，西印度钵伐多罗或流行正量部论，故玄奘于彼学该二部论。

大师包举众说，故于外道则屈伏顺世派婆罗门（玄奘后亦令此人为之讲小乘论）。小乘则有般若毱多者，明正量义，造破大乘论七百颂，奘师因撰《破恶见论》一千六百颂，以申其谬。于法相之说，则曾立"真唯识量"。在那烂陀寺讲《摄大乘论》、《唯识决择论》。在毗罗那拏国讲《瑜伽决择》及《对法论》。在于阗讲《瑜伽》、《对法》、《俱舍》、《摄论》。依其所讲仍专重法相唯识之说。然奘师虽研瑜伽，仍尊般若，常和会性、相二宗，言不相违背，乃著《会宗论》三千颂，为戒贤大师及大众所称赏。

由此可见玄奘在印所学，虽以《瑜伽》为本，然绝不拘于一宗义，而有所偏执也。

玄奘归国后，就其所译经，亦可见其风度之博大。性宗之根本经，为《大般若经》，奘译之成六百卷。相宗六经，奘译其《解深密》（五卷）、《菩萨藏》（二十卷）。相宗论有一本十支。本为《瑜伽师地论》，奘译为一百卷。十支奘译其八，即《显扬》、《中边》、《五蕴》、《百法》、《杂集》、《二十唯识》、《摄大乘》、《成唯识》。华严则有《佛土功德经》（《寿量品》）。一切有

第四章 隋唐之宗派

部有一身、六足,玄奘译出其《发智论》本身,又译其释论《大毗婆沙》二百卷。六足奘译其五,即《识身足论》、《法蕴足论》、《品类足论》、《集异门足论》、《界身足论》,惟《施设足论》未译。一切有部演化而为《俱舍》,因反驳《俱舍》,僧贤乃作《显宗论》、《顺正理论》,均玄奘所译也。于因明则译《理门》、《入正理》。于外道则译《胜宗十句义论》。于咒则译《诸佛心陀罗尼》等。

玄奘大师之学既不仅在法相,然则曷为称为法相祖师乎?此盖因玄奘蕴蓄不拘一方,而其所阐弘,主体则为法相。在我国下启窥基、圆测,上溯则至真谛。玄奘与真谛之师资相传,略如下表。

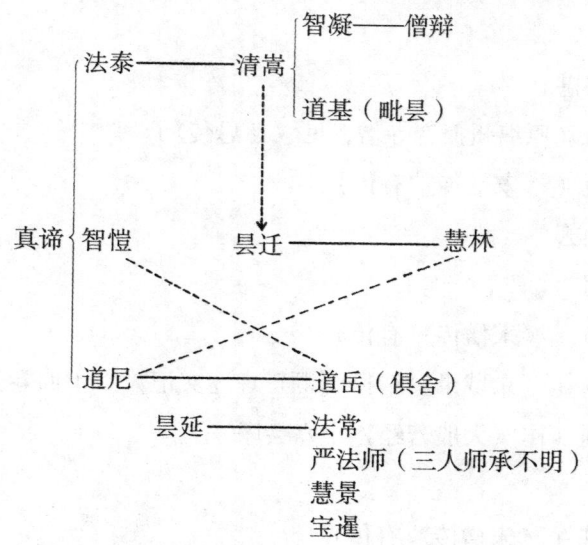

奘师门下有弟子受其剃落者(如窥基),有参与译场为笔受者(此不必即其弟子),知名者极多,而事实则殊少可考见,兹先列其名如下:

智澄(以下为参与译场笔受者,均据《开元录》)

辩机(玄奘口授撰辑《西域记》)

玄颐(《续僧传》作玄赜)

161

大乘巍

大乘林

知仁（《东域录》作智仁，撰有《佛地》、《杂集》、《显扬》等疏）

灵隽（《东域录》谓作《杂集疏》十六卷）

玄忠（原汴州演觉寺僧，见《慈恩传》）

大乘钦

大乘晖

大乘询（见《宋僧传》卷四《神楷传》）

慧立（《宋僧传》有传，并见《彦悰传》；撰《玄奘法师传》十卷）

大乘谌

敬明（原绵州振音寺僧，见《慈恩传》）

靖迈（《宋僧传》有传）

大乘云

惠明

嘉尚（《宋僧传》有传）

元瑜（《东域录》谓撰《顺正理述文记》二十四卷）

玄则（作《大般若经》十六会序）

诠

窥基（《宋僧传》有传）

弘彦

神皎（皎乃昉字之误）

道世（字玄晖，即《法苑珠林》作者，《宋僧传》有传。自此以下非必即为笔受者）

法宝（《宋僧传》有传）

圆测（《宋僧传》有传）

第四章　隋唐之宗派

顺璟（《宋僧传》有传）

彦悰（《宋僧传》有传）

元晓（《宋僧传》有传）

宗哲（《宋僧传》有传）

怀素（《宋僧传》有传）

利涉（《宋僧传》有传）

玄应（译场证义者，撰《音义》；《东域录》谓作有《摄论》、《中边》、《入正理》等疏）

神昉

明觉（见《因明注解立破义图序》中）

文备（《东域录》谓有《瑜珈》、《掌珍》二疏，《理门疏》及《钞》、《注释》，及《十因四缘五果章》、《成业论记》等）

玄范（《东域录》载有《摄论》、《杂集》、《中边》、《理门》、《入正理》、《法华泾》、《无垢称经》、《解深密经》等八部疏）

神廓（《东域录》谓奘师门人，撰有《摄论》、《所缘缘论》等疏）

净眼（《东域录》谓亦奘师门人，有《入正理论疏》等）

法相宗因奘师开基，继承者首推窥基、圆测。二人中尤以基公为最有名，其影响亦最大。窥基生于唐太宗贞观五年，俗姓尉迟氏，父讳宗，而鄂国公尉迟敬德其伯父也。据其碑文，塔铭及其他较早记载，均言师讳基，而未言窥基，《开元录》始有窥基名。师字洪道，然洪亦作弘。（详见佐伯良谦《慈恩大师传》）九岁丁艰，至年十七遂预缁林，时为贞观二十二年。（见《枢要》）盖玄奘法师见而敬之，乃请于鄂国公。鄂公奏报，遂得特降恩旨，舍家从释，亲从奘师剃落，作《出家箴》。初居弘福寺（《宋僧传》作广福），后随师移居慈恩寺。参与译场，记奘师之言至勤尽。造疏可百本，后世有百疏论主之称。奘师卒后，行化河东，并谒五台（见《古清凉传》），深为道俗所钦服。天子（高宗或曰玄宗）为作《画赞》。基师于永淳元年（682）壬午十一月十三日卒于慈恩寺，年五十一。其著作之知名者四十八部，现存在二十八部，其目列下：

《无垢称经疏》　六卷，现存四卷

《法华经略记》　一卷

《妙法莲华经玄赞》　十卷，现存

《法华音训》　一卷

《法华为为章》　一卷，现存

《法华经文科》　一卷

《般若心经幽赞》　二卷，现存

《般若心经略赞》　一卷

《大般若理趣分述赞》　三卷，现存

《金刚般若述赞》　二卷，现存

《金刚般若玄记》　一卷（据《东域录》记，此无著《金刚般若论》疏也）

《金刚般若经论会释》　三卷，现存

《药师经疏》　一卷

《十手经疏》　三卷（或曰二卷）

《六门陀罗尼经疏》　一卷

《观无量寿经疏》　一卷

《阿弥陀经疏》　一卷，现存

《阿弥陀经通赞》　二卷，现存者三卷

《胜鬘经述记》　一卷，现存二卷本

《弥勒上生经疏》（又名《瑞应疏》）　二卷，现存

《弥勒下生成佛经疏》　一卷

《天请问经疏》　一卷，现存敦煌本

《摄大乘论抄》　十卷

《辩中边论述记》　三卷，现存

《百法论玄赞》　一卷，现存

《百法明门论决颂》　一卷

《观所缘缘论疏》　一卷

《杂集论述记》（又曰《对法钞》）　十卷，现存

《瑜伽略纂》　十六卷，现存

《瑜伽论劫章颂》　一卷，现存

《二十唯识论述记》　二卷，现存

《成唯识论述记》　二十卷，现存

《成唯识论掌中枢要》　四卷，现存

《成唯识论料简》（又曰《唯识开发》）　二卷，现存

《成唯识论别抄》　十卷，现存一、五、九、十共四卷

《因明入正理论疏》　六卷，现存

《因明正理门论过类记》　一卷（《义天录》著录）

《婆沙论钞》　卷数不明

《俱舍论疏》（亦名钞）　十卷

《异部宗轮论述记》　一卷，现存

《大乘法苑义林章》　七卷，现存

《二十七贤圣章》　一卷

《见道章》　一卷

《西方要决释疑通规》　一卷，现存

《弥陀通赞示西方要义》　一卷，现存

《西方正法藏受菩萨戒法》　一卷

《出家箴》　现存

《胜论十句义章》　一卷

此中《阿弥陀经通赞》，经日人望日信亨之研究，断为伪作；而

《阿弥陀经疏》、《西方要决释疑通规》及《金刚经述赞》，亦经日人境野黄洋考证，并非基师所撰，皆为确论。

窥基章疏以属于唯识者最多，此可见其宗旨所在，而《成唯识论掌中枢要》详记其事。盖《成唯识论》者系世亲《唯识三十颂》之释，总十家之言糅合而成。十家者，护法、德慧、安慧、亲胜、难陀、净月、火辨、胜友、胜子、智月也。"初功之际，十释别翻（谓分别译十家释，不主糅合）。昉、尚、光、基，四人同受，润饰、执笔、检文、纂义。既为令范，务各有司。"（《枢要》）此似分译十释时，神昉润文，嘉尚笔受，普光检文（检勘），窥基纂义（证义）。但数日后，基师求退。奘师固问之，基乃请参糅十释，并谓："况群圣制作，各驰誉于五天。虽文具传于贝叶，而义不备于一本。情见各异，禀者无依。况时渐人浇，命促惠舛。讨支离而颇究，揽殊旨而难悟。请综错群言，以为一本。楷定真谬，权衡盛则。"玄奘久乃许之，并"理遣三贤，独授庸拙"。（均见《枢要》）《开元录》著录《成唯识论》，亦载笔受者为窥基也，译时在显庆四年。在此年以前，普光曾为笔受二十五次，嘉尚亦三次，而窥基未尝执笔受之役。而此以后，玄奘译书十一部，而基任笔受四次，可见窥基得玄奘之重视即在此年，且亦或因译《成唯识论》之著功绩也。

《宋高僧传》卷四《窥基传》载译此论时，窥基不愿四人分职，请一人独任其事。此自系误解《枢要》之本。《宋僧传》又谓译时圆测以金赂门侍，潜听得其义，后乃造疏先讲。窥基憾之，玄奘乃授因明以慰之云云。此自是附会。盖第一、因明二论，早均译讫。[①] 在永徽六年（即显庆四年之前五年），吕才作《因明注解立破义图》，张之通衢，论其长短。夫因明早已流行，

[①] 《因明入正理论》，贞观二十一年译；《因明正理门论》，贞观二十三年译。

第四章 隋唐之宗派

即非佛之徒亦晓其义，何即得谓圆测不知因明？因明既非新行，又非窥基独得之秘，授此慰之，亦觉毫无意义。如有顺璟者，玄奘弟子，亦最善因明，即可知。第二、赂金潜听事，稚气可笑。况《枢要》所言，玄奘采用基言之后，"理遣三贤，独授庸拙"，显只谓仅以基为笔受，基亦未尝以此为其独得之秘也。《宋僧传》又谓玄奘为基讲《瑜伽论》，圆测亦窃听。夫瑜伽、唯识，奘师之所弘通，贞观二十一年玄奘曾为太宗讲瑜伽大意，① 固无由阴授何人也。第三、沈玄明《成唯识论后序》先叙述玄奘糅兹十释，四千五百颂，汇聚群分，各遵其本，合成一部，勒成十卷。次述及基，谓"缩其纲领，甄其品第，兼撰义疏，传之后学"，亦无涉及圆测之事。且似造疏以窥基为最早也。

此种传说必因窥基、圆测二师立说不同，其徒乃互相攻击，基师之徒乃引《枢要》之言，而有此附会。圆测讳文雅，圆测其字也，新罗国王之孙。（此据塔铭）约生于隋炀帝大业八年，即长于窥基二十岁。初请业于常、辩二法师。贞观中出家，广览《毗昙》、《成实》、《俱舍》、《婆沙》等论，暨古今章疏，后从玄奘为弟子，造疏亦多，天后时参与各译场，住西明寺。曾讲《成唯识论》，并讲《华严经》未终而卒，时为万岁通天元年，春秋八十四。（上均宋复《塔铭》）其著作现知名者一十四部，现有三部，列其目于下：

《唯识论疏》　十卷，《塔铭》著录。下同。

《解深密经疏》　十卷，现有敦煌写本

《仁王经疏》　三卷，现存

《金刚般若疏》　卷数不明

《观所缘缘论疏》　《东域录》谓为二卷

---

① 此据慧立《慈恩寺三藏法师传》卷六；《续传》作"二十二年"，又宋、元、明三本作"二十五年"，当误。

《无量义经疏》　《东域录》作三卷

《般若心经赞》　一卷，现存。《塔铭》及《东域录》均著录《般若心经疏》，不知系即此否。

《成唯识论别章》　三卷，《义天录》著录，但《塔铭》不载。下同。

《二十唯识论疏》　二卷，《东域录》著录。下同。

《百法论疏》　一卷

《广百论疏》　十卷

《因明正理门论疏》　二卷

《六十二见章》　三卷（或作一卷）

《阿弥陀经疏》　一卷

唯识一宗既分基、测二家，而俱舍之学则大者有光、宝两说。盖无著、世亲之教，来中国者可分三系：一、法相宗，以《瑜伽师地论》为本。真谛传之甚略，至玄奘而光大。现存窥基之《瑜伽师地论略纂》及遁伦之《瑜伽论记》。二、唯识学，先有地论行于北，复有摄论行于南。（详《汉魏两晋南北朝佛教史》中）至玄奘而精弘，窥基、圆测充为上道。《瑜伽》乃无著所记，《唯识》乃世亲之书，二者相依，实一宗义。三、俱舍学，此则非属法相宗义。然因根源世亲之《俱舍颂》，且为法相学之先河。真谛、玄奘均译有《俱舍论》。普光者，奘师之弟子。奘所译一千余卷，其十之七八系光笔受，著有《俱舍论记》，即世所谓《光记》。光又有《俱舍论法宗源》一卷，《百法论疏》一卷，《华严疏》十二卷。《宋僧传》谓玄奘秘密授光多是记忆西印萨婆多师口义。据《光记》之博洽必得甚多口传之古义。但《光记》开卷即有"显无朋党，以德召人"之言，则密授之言，想亦妄也。法宝者，亦奘师之神足，著有《俱舍论疏》，世称为《宝疏》。又有《会空有论》一卷，《一乘法胜究竟论》（现存三卷）。

后长安年中参与义净译场。光、宝之外又有神泰者，玄奘初译经，太宗征求证义十二大德，其中即有蒲州普济寺沙门神泰，著有《佛地经论疏》四卷，《摄大乘论疏》十卷，《显扬论疏》（缺卷数），《百法论疏》一卷，《掌珍论疏》二卷，《观所缘缘论疏》一卷，《因明入正理论疏》二卷，《理门论述记》一卷（现存），《药师本愿经疏》一卷等。又撰《俱舍论疏》、《光记》及宝、泰二疏各三十卷，现存，此之谓《俱舍》三家焉。

因明源出外道，后佛家亦精研之。无著、世亲之因明，中国少传，玄奘译因明二论，均陈那学。陈那，因明之最大师，且为法相名家。其改造因明，实得力于法相学。玄奘大师传瑜伽、唯识、俱舍，复盛言因明。窥基作《因明入正理论疏》，世号"大疏"。神泰、靖迈、明觉、元晓、圆测、玄应、玄范、利涉、净眼等均著有因明章疏。新罗顺璟深通此学，曾立"决定相违不定现"义。吕才《立破义图序》，谓玄奘以因明乃众妙之门，特先译出。神泰、靖迈，明觉等，各录所闻，为之义疏。而栖玄法师复写一通，以遗吕才。吕才反复批阅，复阅三家义疏，遂作一书曰《因明注解立破义图》，且附以图，多评斥三家说。此书引起慧立、明濬、博士柳宣之反复致书，吕才遂奏其事。高宗召玄奘与吕定对，吕词屈谢而退，实此学一佳话。

玄奘弟子元晓，新罗人，航海来华，就教三藏。其学当与圆测同其风趣，著述极富，可知者约四十余部（见《东域录》、《义天录》），所涉甚广，现存者有十七部。其于唯识、瑜伽、因明均有章疏，且有三论著述及《净土经》类之章疏，又有《华严》、《起信》等章疏多种。晓原与同国人义湘偕来，义湘受学于华严宗大师智俨，元晓者当亦与华严宗有关系之人也。

《枢要》有"昉、尚、光、基，四人同受"之语，此自指译《成唯识论》时事。后世误传玄奘弟子中，以昉、尚、光、基并称。实则圆测、神泰等地位，或出神昉、嘉尚之上。神昉之事迹不详，原住法海寺，为奉诏充证义大德之一，著有《十轮经抄》，确与三阶教有关。现存昉之《十轮经序》，亦有三阶教口吻。法相宗人，因何而生此交涉，殊不可解。但昉颇有著述，似非浅学者流，兹列其书见于《东域录》等目者于下：

《成唯识论要集》　十卷或十三卷（藏俊《法相宗章疏录》作"文义记"）

《成唯识论记》　一卷

《种姓差别集》　三卷

《十轮经钞》　三卷或二卷（另有疏想即此）

嘉尚据《宋高僧传》言研《瑜伽师地》、《佛地》、《成唯识》等论，深得义趣。随奘师译《大般若经》，充证义缀文，及三藏有疾，命造译经目录。天后时亦参与译场。《僧传》并谓其著述疏钞出杂集、义门夥多，然各家亦似未著录。

玄奘门下有靖迈者，简州福聚寺僧也。先奉诏在弘福寺充证义，后在玉华宫等处助译，盖亦一时名僧也。其现存著作有《译经图记》四卷。日本诸录中尝著录其所撰述有十二部：

《金刚般若经疏》七卷（平祚《法相宗章疏录》作"《能断金刚般若疏》二卷"）

《般若心经疏》　一卷

《十轮经疏》　八卷

《称赞净土经疏》　一卷

《菩萨藏经疏》　七卷（《法相宗章疏录》作"十卷"）

《胜鬘经疏》　一卷

《弥勒成佛经疏》　一卷

《药师本愿经疏》　一卷

《天请问经疏》　一卷

第四章 隋唐之宗派

《佛地经论疏》 六卷

《掌珍论疏》 二卷

《因明入正理论疏》 一卷

法相学在窥基、圆测后，一时颇盛。窥基弟子有淄州慧沼，住大云寺，菩提流志译《大宝积经》推为证义，亦参与义净译场。圆测有弟子道证，作《成唯识论要集》十四卷（已佚）。淄州慧沼著《成唯识论了义灯》（现存），常驳西明（圆测）及道证之说。而新罗太贤作《成唯识论学记》（八卷），亦有圆测之说。道证著《中边论疏》、《理门论疏》及《钞》、《入正理论疏》。慧沼著述各家目录著录共十九部，其目如下：

《金光明最胜王经疏》十卷，以下现存

《十一面经义疏》 一卷

《法华经玄赞义决》 一卷

《成唯识论了义灯》 七卷

《因明入正理论义纂要》 一卷

《因明义断》 一卷

《入正理论续疏》 二卷

《能显中边慧日论》 四卷

《劝发菩提心集》 三卷

《法苑义林章补阙章》 八卷

《金刚般若经疏》 二卷，以下已佚

《仁王经疏》 一卷

《温室经疏》 一卷

《法华经赞要》 一卷

《法华经略赞》 五卷

《涅槃经义记》 十卷

《涅槃经科文》 一卷

《发菩提心论疏》　三卷

《因明论略纂》　四卷（《东域录》云可疑）

有慈恩寺沙门义忠者，原为慧沼弟子，闻长安窥基新造章疏，门生填委，声振天下，乃偕往学。未五年，通二经五论，由兹开讲，弟子繁多。著《成唯识论纂要》、《成唯识论钞》三十卷，《法华经钞》二十卷，《无垢经钞》二十卷，《百法论疏》等。（详《宋高僧传》）慧沼弟子又有道邑、道献，邑作《成唯识义蕴》五卷，现存。又有朴扬智周者，亦传为沼之门人，著述颇多，目列于下：

《法华经摄释》　四卷，已佚

《梵网经疏》　五卷，现存，下同。

《瑜伽论疏》　四十卷

《成唯识论演秘》　十四卷

《成唯识论了义灯记》　二卷

《成唯识论枢要记》　二卷

《因明入正理论前记》　三卷

《因明入正理论后记》　三卷

《因明入正理论略记》　一卷，已佚

《法苑义林章抉择记》　四卷，现存

沙门如理谓系慧沼或智周弟子，作《成唯识论义演》及《演秘释》各五卷。智周、如理约在唐玄宗时，同时有道氤者，于洛京福先寺大论场登首座，讲《瑜珈》、《唯识》、《因明》、《百法》等论，竖立大义六科，敌论诸师茫然屈伏，著述中有《唯识疏》六卷。其后法相几寂然无闻。唐之末运，宗密著有《唯识疏钞》，端甫传唯识于安国寺素法师，二人均名僧，惟非纯为法相学者也。至五代时，彦晖讲《因明》、《百法》，著有《因明滑台钞》；归屿通《唯识》、《因明》等论；虚受有《唯识》、《百法》义章；

继伦亦通唯识、因明，但此皆零星事实，不过知其时法相之学未全失坠耳。

俱舍之研究，光、宝、泰三家以后，有圆晖，《宋高僧传》谓其关辅之间，声名藉甚，精研性相，善达诸宗，幼于俱舍一门，最为锐意。因礼部侍郎贾曾及圣善寺怀远律师之请，作《俱舍论颂疏》三十卷（现存，贾曾作序）。据《僧传》言光、宝之后，晖公间出，两河间，二京道，江表燕齐楚蜀盛行晖疏。同时即有崇廙作《金华钞》，解释晖作。后慧晖作《俱舍论颂疏义钞》六卷，遁麟作《俱舍论颂疏记》二十九卷，均释圆晖之疏，称为《颂疏》之两大释家，现均存。唐宪宗时神清著《俱舍义钞》数卷。又有玄约者或唐末时人，讲律及《俱舍》四十余遍，著疏亦名《金华钞》（二十卷）。后唐虚受亦曾讲《俱舍论颂疏》，其贾曾序及圆晖自序皆著钞解之。晚唐五代，亦间见研俱舍之人，然其学之不振，当与法相同也。

第四节　华严宗

《华严经》相传梵本有十万偈。中国译本大部有二：一、晋译《华严》，有六十卷，谓仅二万六千偈；二、唐译八十卷《华严》，亦只出四万五千偈。六十《华严》分八会，八十《华严》分九会，其比较约如下列：

六十《华严》	八十《华严》
寂灭道场会（四卷、二品）	普提场中说（十一卷、六品）

普光法堂会（四卷、六品）	普光明殿说（四卷、六品）
切利天会（三卷、六品）	切利天宫说（三卷、六品）
夜摩天宫会（三卷、四品）	夜摩天宫说（三卷、六品）
兜率天宫会（三卷、四品）	兜率天宫说（十二卷、三品）
他化自在天宫会（十四卷、十一品）	他化自在天宫说（六卷、一品）
	普光明殿说（十三卷、十一品）
普光法堂重会（八卷、一品）	普光明殿说（七卷、一品）
给孤独园会（十六卷、一品）	给孤独园说（二十一卷、一品）

六十《华严》未出世以前即已有大本中别生经之译出，惟尚未见《华严经》之名。六十卷本既翻译，始有《华严经》之研究。

六十《华严》出世之前，后汉支娄迦谶译有《兜沙经》，即第二会中之《如来名号品》也。晋时竺法护曾译《渐备一切智德经》，罗什译《十住经》，即第六会中之《十地品》也。晋僧卫作《十住注》。（《祐录》卷九有序）而竺法护、聂道真、祇多密均译有《十地经》，即罗什之《庄严菩提心经》，亦属于华严之部，或谓即《华严·十住品》。晋道融作《十地义疏》。而晋宋间之善《十地》者有昙斌、法安、僧钟、弘光等。

六十《华严》系佛陀跋多罗在建业译出，于晋义熙十四年三月十一日起首，元熙二年六月十日讫（418至420），译时法业充笔受，著《华严旨归》二卷，沙门昙斌等数百人承教。（见《华严经

第四章 隋唐之宗派

传记》）华严研究，滥觞由此。其时慧严、慧观均参译事，二人均罗什弟子。慧观判教以华严为顿教。后求那跋多罗来广州，北止建业，又随谯王义宣至荆州，在辛寺讲《华严经》。或在稍后，而北方禅家玄高弟子玄畅至江南。（在其师被害之次年逃亡，即在元嘉二十二年。又一年而有太武法难。）"初华严大部，文旨浩博，终古以来，未有宣释。畅乃竭思研寻，提章比句，传讲迄今，畅其始也。"乃至刘虬判教为顿、渐二教，亦以华严为顿教。而齐文宣王抄《华严》大部为十五卷，设华严斋，并作书记其法会之盛，曰《华严斋记》一卷，可见均重视此经。但自晋至齐，达于梁朝，《华严经》之研究，仍不普广，故周颙有"十住渊弘，世学将殄"之语。（《祐录》卷十一《抄成实论序》）

自晋至梁，南方固已少有研华严者，同时北方此经习者则尤罕闻。惟《华严传》载沙门灵辩顶戴此经入五台山，于熙平元年（516）始造《华严论》，后经魏胡太后请入洛，至神龟三年（520）功毕，成一百卷。（此事完全确否，不可考。惟《古清凉传》所记与此稍异）又灵辩谓住洛中融觉寺，此寺昙无最亦曾讲此经。（见《洛阳伽蓝记》卷四）其弟子智炬通《华严经》，讲五十余遍，有疏十卷。（见《华严传》卷二）按北魏熙平元年，即南朝梁武帝天监十五年，自六十《华严》译成至此时约将百年，其中北方华严之研究几无记载，南方稍多（南方盖其发源地也），然比之成实、涅槃，实极衰微也。

然在此后，南北之华严研究大盛，迨及唐初，遂有本宗之确立。此其故，北方不能不归功于地论学家，而南方之三论学者亦与有力焉。兹请先叙北方情势，次及南方。

《地论》者谓世亲之《十地经论》。《十地经论》者，盖《华严经》第六会中《十地品》之释论也。（晋宋间称"十地"曰"十住"，罗什译之《十住论》盖有谓为即龙树之《十地品释论》。）北魏永平年间（508至512），菩提流支与勒那摩提及佛陀扇多译《十地论》。（详见《汉魏两晋南北朝佛教史》第二十章）三人之中尤以勒那摩提与《华严经》最有关系。盖魏宣武帝曾敕其讲《华严经》，披释开悟，精义每发。（《续僧传》卷一及《内典录》卷四）而其门下慧光为律学大师，地论元匠，亦为华严研究最有关系之人也。（光亦曾受学于佛陀扇多。《义天录》载佛陀三藏《华严指归》二卷。）《华严传》谓光听讲《华严》，深悟精致，研微积虑，探赜索隐，妙尽隅奥，乃当元匠，恒亲讲授。光以为正教之本莫过斯典，作疏四卷。（上述灵辩、昙无最，均约与慧光同时，是否亦受地论家影响，不可考见，故未列入此处。）慧光弟子之知与华严有关者表列于下：

僧范　讲《华严》，并作疏记。

慧顺　讲《华严》，并撰疏。

道凭　讲此经。

昙衍　有疏七卷。

法上　弟子慧远善《华严》，从之学最久。

昙遵　有疏七卷（见《华严传》），其弟子昙迁、智润善《华严》。智正或其枝叶。（说见下）

道云　隋洪遵依嵩山云公习《华严》，遵有疏七卷。此上诸僧均在北方。

安廪　在建业讲《华严》。

凡此均光师最大弟子，其余弟子之有名者，记载虽阙，或无不善此经者。由此时后，北方研究华严者极盛。相州灵裕，名僧也，曾作疏及《旨归》合九卷，系道凭弟子。名僧慧休曾负《华严》往就裕学。昙遵弟子昙迁，亦精研《华严》，作《明难品玄解》（此品在第二会中）。洪遵或为道云弟子，亦学斯典。灵干当即昙衍弟子，志奉《华严》。同时洛阳净土寺有海玉法师，搆华严众，

第四章 隋唐之宗派

志兴此典,请干宣讲。隋时北方宿老首推慧远,从光师十大弟子(法上、慧顺等)受戒,后为僧众泰斗(晚住长安),曾作《华严疏》七卷。至隋末,南方嘉祥大师入关,平生亦曾讲《华严》数十遍,撰《华严经游意》一卷。而长安南终南山至相寺有善华严者数人,由此发源而有华严宗焉。(此待后详)此外北方之善此华严者,尚有并州慧觉、颖法师(见《续僧传》卷九《智脱传》中)、净愿、道璨、道贵等,然其师承不明。

同时南方学三论者,常习《华严》。辽东僧朗,《传》谓其《华严》、三论,最所命家。(前此玄畅善《华严》,亦研三论)摄山僧诠,《续僧传》谓亦曾研《华严》。诠之弟子兴皇法朗亦讲此经。而禅众慧勇讲至二十遍,兴皇弟子江都慧觉亦讲此数。而吉藏、法敏、慧眺均三论宗人而研《华严》者。(又其时常州智琚亦兼研二者)观于三论宗之判教,以华严为顿,为根本,此中消息,盖可知矣。又约同时亦起诵读《华严》之风。隋侯白字君素作《旌异记》,谓北魏太和初年,代京阉官自惭刑余,不逮人族。奏乞入山修道,有敕许之。乃赍一部《华严》,昼夜读诵,礼悔不息。夏首归山,至六月末,髭须尽生,复丈夫相。遥状奏闻,高祖敬信由来。忽见惊讶,更增常日。于是大代之国,《华严》一经因斯转盛。(此见《续僧传》卷二十八。至唐时,《华严传》、《古清凉传》于此并多附益,谓阉官名刘谦之,入山乃五台,并作《华严论》六百卷。查《内典录》亦引《旌异记》此段,然未言及六百卷《华严论》,且未著录,可见其伪妄。)而魏沙门法建在蜀,志诵《华严》一藏。(《续僧传》卷二十八)北周普圆及弟子普济、普安、北齐慧宝均诵读《华严》,并著神功。《续僧传》且谓宝乐闻《华严》,尝遇一异僧为之诵此经。隋辩才(灵裕弟子)、慧悟、昙义(五台)均讽诵此典。有慧求者,顶戴此经三载。隋法念(智炬弟子),法安、明曜、解脱(上三人均到五台）并转读此经。（以上均见《华严传》卷四）诸人诵读，并显异果。而立华严斋会者始于齐竟陵文宣王，至隋有海玉（见前），而普安亦建大斋大会。唐益州宏法师，志在华严，劝士俗、清信等或五十人或六十人为一福社，人各诵《华严》一卷。每十五日，一家设斋。严道场高座，供主升座，余徒复位。各诵其经，毕而方散。（见《华严传》卷五）想其所礼者为卢舍那佛或十方佛。亦且称佛名号，修普贤行，生贤首国，是亦往生说之一种。（唐初道英临终时令诵《华严·贤首偈》，事见《续僧传》卷二十五）观《高僧传》诵读多为《法华经》，至魏隋之际，乃有读《华严》者，亦始行华严忏法。可见《华严经》对一般民众之势力也。夫南北朝宋到梁朝乃少有读《华严》者，然梁末至唐初南北无论学僧或俗士均愿崇信，宜将有华严宗之成立也。

华严宗固与五台山有关，然其初起在关中之终南山。溯自周武灭法时，长安僧人多避难山中。智诜在蜀游学，会周陵法，因事入关，遂隐终南。普济自佛法沦废，便投太白诸山。有静蔼者于法难将临，携门人四十有余入终南山，东西造二十七寺。可见僧人聚居者不少。又有普安法师姓郭氏，京兆泾阳人，少依普圆禅师（见前），晚投蔼法师（当即静蔼），通明三藏，常业《华严》，读诵禅思，依之标拟，周氏灭法，栖隐于终南山楩梓谷西坡。于时京邑名僧三十余人，避地终南，安均安置密处。自出乞食，不避严诛。蔼原藏义谷杜映世家窑内，安请其到山。又引彭渊（《普安传》作静渊，当误）同止山野。彭渊者姓赵氏，武功人。常问学于灵裕，即慧光之再传也。曾讲《华严》、《地持》、《涅槃》、《十地》、《华严传》列其名于"讲解"中。屏迹终南，置寺结徒，是曰至相寺。普安常结华严社，甚著神异，而彭渊当以义学著。普安卒于大业五年，年八十，起塔至相寺之侧。彭渊于大业七年在至相寺逝世。而前此有沙门慧藏，为隋朝六大德之

第四章 隋唐之宗派

一，征入长安，住空观寺。平生习《十地》、《涅槃》等，然独重《华严》。于大业元年卒，葬于至相寺之前。至若法顺、智正、智俨，华严宗之祖师，亦均在终南。（参看下）至唐初有弘智者于大业初住至相寺，卒子永徽六年，亦讲《华严》、《摄论》等。《华严传》谓永淳二年至相寺沙门通贤（亦作道贤，卷四《普济传》之末有"通师云云"即此耶）、居士玄爽、房玄德等（原作寺，误），并业此经，至五台礼文殊，在并州童子寺得灵辩《华严论》本，持至京师，遂缮写流通焉。可见自周末至唐初，终南山为僧人聚居之所，而华严学者亦多，且似以至相寺为中心。

法顺者姓杜，世称为杜顺，雍州万年人。十八出家，事因圣寺僧珍禅师，受持定业。（《佛道论衡》三载有胜光寺僧珍，不知系一人否。）珍造窟于京东阜地号马头，有一犬来为衔土，龛成而死，神声四布，闻于隋祖，窟即因圣寺也。至若杜顺，异迹更多，详见《续僧传》及唐杜殷撰《杜顺和尚行记》（《金石萃编》卷一一四），兹不详述。《僧传》谓太宗仰德，引入禁内，降礼崇敬。（后世传赐号帝心尊者，当无此事）以贞观十四年卒，年八十四。法顺游化在京南，住义善寺，想常至终南。但法顺号曰神僧，所学为禅业。《华严传》载樊玄智十六舍家于京南，投神僧杜顺禅师习诸胜行，顺即令读诵《华严》为业，劝依此经修普贤行，可见杜顺教人宗旨所在也。

智正者姓白氏，定州安喜人。出家后极精进，慧声遂远。开皇七年与昙迁入关，住胜光寺。① 后闻终南山至相寺渊法师（当

---

① 《续僧传》误作"开皇十年"。按，此即徽召六大德入关事。昙迁为六大德之一。当时并诏大德各选高足十人相从。据此，智正或即昙迁之弟子。《续僧传》卷二十六《智隐传》曰："智隐……即华严藏公之弟子也。……开皇七年，敕召大德，与藏入京住大兴善"，即可证也。迁虽以《摄论》称，然亦地论慧光之枝叶也。

179

即彭渊）之高名，往从之，留住二十八年。贞观十三年卒，年八十一。弟子智现等于寺西北凿岩龛之。智现谙承法教，为笔受其所著诸疏者。智正凡讲《华严》、《摄论》、《楞伽》、《胜鬘》、《唯识》等，不纪其遍。① 制《华严疏》十卷，余并为抄记。（见《续僧传》卷十四）有弟子灵辩，乃灵干（见前）之犹子，均研《华严》。干与昙迁友善，辩常从迁学。后从智正，专业《华严》。唐时住慈恩寺，卒于龙朔三年。平生讲《华严》四十八遍，作疏十二卷，抄十卷，章三卷。（见《华严传》卷三）道宣为其同时人，赞曰："扬导《华严》，擅名帝里。"② 由此可见杜顺依《华严》以行业，实为禅师；而智正讲授，并作疏，实《华严》之义学僧也。

智俨者姓赵氏，天水人。约生于仁寿二年（602），其时杜顺约四十五岁，智正约四十三岁。俨年十二，有神僧杜顺向其父母求之，欣然许诺。顺即以之付上足达法师，住至相寺，令其教诲。后有二梵僧求授以梵文，不日便熟。（智俨之《华严孔目章》曾载《华严梵本同异》）年十四受戒。后学于常，辩二法师。（当即玄奘之师）进具后，听《四分》、《迦延》、《毗昙》、《成实》、《十地》、《地持》、《涅槃》等经论。后于琳法师所广学徵心。③ 后以法门繁旷，未知何厝，乃至经藏前礼而自立誓，信手取之，得《华严》第一。即于当寺智法师下受听此经。虽阅旧闻，常怀

---

① 智正之学当授之于昙迁。迁先讲唯识，继弘《摄论》，又讲《楞伽》、《起信》、《如实》等论。撰氏《摄论疏》十卷，又撰《楞伽》、《起信》、《唯识》、《如实》等疏，《九识》、《四明》等章，《华严明难品玄解》，总二十余卷。

② 见《续僧传》卷十四。据言辩住胜光寺，或在住慈恩寺以前。又《华严传》谓樊玄智后服膺终南山整法师，当即智正。

③ 按彭渊有弟子法琳；又有弘法寺静琳，亦习《华严》；而唐护法沙门法琳，隋末居终南山龙田寺，此法琳不知是何人。

第四章　隋唐之宗派

新致。炎凉亟改，未革所疑。乃遍览藏经，讨寻众释。得光统律师（即慧光）文疏，稍开殊轸，谓"别教一乘，无尽缘起。欣然赏会，粗知毛耳。"后遇异僧来曰："汝欲解一乘教义者，其十地中六相之义，慎勿轻也。可一两月间镇摄思之，当自知耳。"言讫忽不见。俨因是穷研，于焉大启。遂立教分宗，制此经疏，时年二十七岁也。后栖遑草泽，不竞当代，及乎暮齿，方屈弘宣。皇储往封沛王，亲为讲主。频命府司优事供给。至唐高宗总章元年卒，年六十七岁。（均见法藏撰之《华严传》卷三）智俨从达、常、辩、琳诸师学，而得《华严》于智正。因慧光之疏，异僧之言，而有大悟。法藏为智俨弟子，其所记应大体可信。此中最可注意者，即俨十二岁从杜顺出家，然未言得《华严》之学于杜顺。且杜顺虽劝人读《华严》，然系禅师，所重不在义学。（已如前说）智正乃义学沙门，智俨之学师承当推智正。《续僧传》亦谓杜顺弟子至相寺智俨，"幼年奉敬，雅遵余度"，亦未言受《华严》事，与法藏所记实符合。又《续僧传》谓智俨常讲《华严》、《摄论》，此犹似智正为学之风格，而慧光后辈昙迁之学也。（智俨《孔目章》载昙迁之《亡是非论》）世人传华严宗第一祖为帝心尊者杜顺，第二云华尊者智俨，实非必历史事实也。夫谈宗派史，于一人之学，自亦不能过于注重师承，然师承固亦有几分关系。华严宗开始之师承，应如下表：

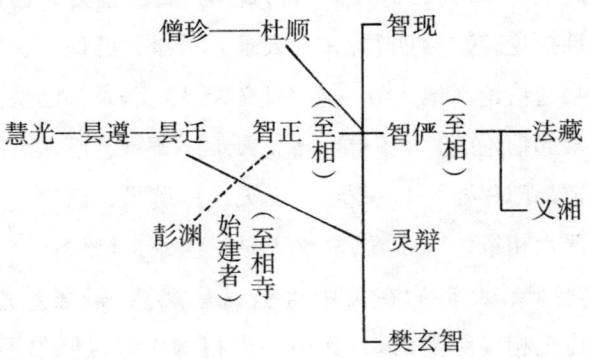

181

慧光、昙遵为地论学者，昙迁则兼摄论，智正则华严学者也。至若智俨之师如达、常、辩、琳等，则不知与华严有关否，概未列入。然智俨或听法常、僧辩之《摄论》。

世传《华严法界观门》一卷，《五教止观》一卷（亦名《华严经五教分记》现存）均为杜顺所撰。又有《一乘十玄门》一卷（现存）为顺说俨所记。日本僧人目录尚著录有《十门实相观》一卷、《会诸宗别见颂》一卷。然《华严传》详记华严著述，于此均未言及。上说数书是否为杜顺所撰说，实为可疑。《华严传》谓俨有弟子慧晓，又有怀齐（亦作济）、贤首。首实高足，当即法藏。而怀齐则早死。又谓"俨所撰义疏，解诸经论，凡二十余部"。兹据今日所知著录于下：

《大方广佛华严经搜玄分齐通智方轨》十卷，简称《华严搜玄记》，又名《华严略疏》，当即上言之疏，现存。

《华严孔目章》　四卷，现存

《华严五十问答》　二卷，现存

《华严一乘十玄门》　一卷，现存，即标为顺说俨记者。

《金刚般若经略疏》　二卷，现存

《楞伽经注》　七卷，现存卷二及卷五等残卷。

《华严玄明要决》　一卷，《东域录》等著录，已佚。

《华严供养十门仪式》　一卷，《华严传》著录，已佚。

《无性摄论疏》　四卷，《义天录》著录，已佚。

《大乘起信论义记》　一卷，《义天录》著录，已佚。

《大乘起信论疏》　一卷，《义天录》著录，已佚。

《入道禅门秘要》　一卷，《义天录》著录，已佚。

《华严六相章》　一卷，《义天录》著录，已佚。

唐初智俨、灵辩均在关中宣弘《华严》，辩居慈恩（或胜光），俨住至相（终南山），其声誉当相将。但智俨弟子有义湘、

第四章 隋唐之宗派

法藏，前者谓为海东华严初祖，法藏世推为震旦本宗第三祖。智俨之威力可知也。义湘者，俗姓朴，新罗国罗林府人也。慕唐土教宗鼎盛，与元晓法师同志西游，航海在登州登岸。径趋长安终南山智俨三藏所，综习《华严经》，与康藏国师（即法藏）为同学。后复由登州越海归国，大弘斯经，并著章疏。（见《宋僧传》卷四本传，并参见本书第五章）

法藏，字贤首，原为康居人，故谓姓康。祖自康居来朝，父谧，唐赠左侍中。年甫十六，炼一指于阿育王舍利塔前，以伸供养。后游太白（终南山），闻云华寺俨法师讲《华严经》，往从之。于荣国夫人捐馆时，奉旨剃落，住太原寺，谓其时为咸亨二年（即智俨死后二岁），法师年二十八。（上俱见碑文，详情待考）而《宋僧传》则谓藏游长安时参与玄奘译场，后因笔受证义润文见识不同而出译场。（此事如确，则在剃落之前）至天后朝，实义难陀赍《华严》梵夹至，藏同义净、复礼译出新经。又于义净译场与胜庄、大仪等证义。又常受敕讲，一日为则天讲，后茫然未决，藏乃指镇殿金狮子为喻，因撰义门，径捷易解，号《金狮子章》。藏所著书标名西崇福寺或魏国西寺，均太原寺之改名。然常在荐福寺、云华寺。卒于玄宗先天元年，年七十。相传曾赐号贤首法师，或国一法师云。（法藏事实各处所载错乱，须详考）

当法藏之时，华严极盛。一有法藏之大弘此教；二有《华严》之传译；三有武则天之提倡。

在垂拱初年（此据《大周录》），中天竺僧日照译《华严·入法界品》一卷（属旧译第八会），译场在魏国西寺（即法藏住寺，又名太原或崇福），《华严传》谓从贤首法师之请也。① 盖贤首法师先业《华严》，每慨斯经阙而未备，往就日照问之。云赍第八会文，今来至此。贤首遂与三藏对校，请译经文，以补旧阙也。在永昌元年，于阗三藏提云般若译《华严经·不思议佛境界分》，天授二年又译《华严经·修慈分》各一卷。② 而在天后证圣元年（695）于阗沙门实义难陀在东都大内大遍空寺，重译其所携来全部《华严经》。天后亲临法座，焕发序文，自运仙毫，首题品名。南印度沙门菩提流志、沙门义净同宣梵本，后付沙门复礼、法藏（即贤首）等于佛授记寺译，至圣历二年功毕，成八十卷。难陀又译《境界经》（即《境界分》）、《普贤所说经》各一卷，均《华严》支流。

《华严传》载天后以永昌元年正月七日夜，敕僧等于玄武北门建立华严高座八会道场，阐扬方广妙典。八日，僧尼等数千人共设斋会，并现神异。天后亲制《听华严诗》并序，文不具录。惟中有"七处八会"之言，系指六十旧本，盖八十新译犹未出世。天后极力奖励此经，其时译《华严》者四人，共六部八十余卷，亦甚盛矣。

法藏之著述极多，其主要之作为《华严探玄记》、《五教章》、《十二门论宗致义记》、《起信论疏》等。其所撰现存者二十三部，知名而已佚者约亦有二十余部。首录其现存者于下列：

《华严经探玄记》　二十卷

《华严经旨归》　一卷，《华严传》著录。

---

① 此贤首法师当即法藏。按《华严传》本称为法藏所撰，似不应自称法师。而《智俨传》中，则更赞贤首弘转法轮，更不可解。查崔致远《法藏和尚传》谓《华严传》藏撰之未成而卒，其弟子继之。则记贤首法师云云，或出其弟子之手也。

② 《华严经·修慈分》翻译时间，《华严传》作"载初年"，此据《大周录》。

第四章　隋唐之宗派

《华严经文义纲目》　一卷，同上。

《华严策林》　一卷

《华严一乘教义分齐章》　四卷，又称《五教章》或《教分记》。《华严传》著录，作三卷。

《华严问答》　二卷

《华严经义海百门》　一卷

《华严游心法界记》　一卷

《华严发菩提心章》　一卷

《华严关脉义记》　一卷

《华严金狮子章》　一卷

《修华严奥旨妄尽还源观》　一卷，世或有谓此杜顺撰，实误。

《华严经明法品内立三宝章》　二卷

《华严经普贤观行法门》　一卷

《密严经疏》　四卷

《般若心经略疏》　一卷，《宋僧传》谓此书为时所贵。

《入楞伽心玄义》　一卷

《梵网经疏》　六卷

《大乘起信论义记》　五卷

《大乘起信论别记》　一卷

《法界无差别论疏》　一卷

《十二门论宗致义记》　一卷

《华严经传记》　五卷。按崔传曰：藏作"此记未毕而逝。门人慧苑、慧英续之，别加论赞。文极省约，所益无几"云云。但现存书中无"论赞"。崔传又曰："此书别名《纂灵记》"，并引《纂灵记》曰："西京华严寺僧千里撰藏公别录"云云，而《广清凉传》引之曰："古称有寺一百一十"云云，但今传亦均未见此语。《义天录》著录有《华严传记》五卷法藏述，又有《纂灵记》五卷慧苑述，或义天时两书并存，而慧苑于法藏书当有所增删。

《寄海东华严大德书》 一卷，《义天录》著录。义天集《圆宗文类》卷二十二收有《贤首国师寄海东书》一通，当即此书。《三国遗事》卷四亦载有此书（不全）。《贤首国师寄海东书》末有法藏寄义湘之著述目录，可参考。又《圆宗文类》所收崔致远《修故终南山至相寺俨和尚报恩社会愿文》中亦言及法藏致书事。

次藏公已佚著作，略述如下：

《华严经略疏》 十二卷，《义天录》著录，并见崔传，系综合新旧经，惟作至《妙严品》而逝，门人宗一、慧苑两续遗稿。

《华严经翻梵语》 一卷，《华严传》著录，注曰：旧经；并见崔传，系钞解晋经中梵语。《贤首国师寄海东书》末之目录中有《翻华严经中梵语》一卷，当即此书。

《华严梵语及音义》 一卷，《华严传》著录，注曰：新经；并见崔传，当系参与译场之所得。

《华严三昧观》 一卷，见崔传及《华严传》、《东域录》等均著录。

《华藏世界观》 一卷，见崔传，《义天录》有《华严世界海观》一卷，当即此书。

《华严玄义章》 一卷，见崔传，《东域录》并著录。又《贤首国师寄海东书》末有"《玄义章》等杂义一卷"之语。

《华严唯识章》 一卷，《东域录》等著录，指《孔目章》中《唯识章》。

《华严佛名》 二卷，《华严传》著录。

《华严菩萨名》 一卷

第四章　隋唐之宗派

以上二书见《华严宗章疏录》。《东域录》著录有《华严菩萨名》三卷，注曰："分为二部，佛名二卷，菩萨名一卷"，并引《华严传》曰："不知谁所集也。但鸠集阙略，未能备尽，今沙门贤首更广其旧，颇为详悉。"崔传亦云："藏乃阅载其名，略无遗漏，添成五轴，为世所珍。"

《华严三宝礼》　一卷十首，见《华严传》、《东域录》等著录。

《华严赞礼》　一卷十首，见《华严传》、《东域录》等著录。

《华严三教对辨悬谈》　一卷，《东域录》等著录。

《华严色空观》　一卷，《义天录》著录。

《华严七处九会颂》　一卷

《华严一乘法界图》　一卷

上二书《东域录》著录，而注引南都本云："私云唐义湘所撰力，待考。

《菩萨戒经疏》　见碑文

《因明入正理论疏》　三卷，《东域录》著录，注云："法藏，未详，可勘。"

《无常经疏》　一卷，《义天录》著录，但不知是否此法藏，待考。

《法华经疏》　崔传云："《法华》或云有疏。"

法藏弟子有慧苑、慧英、宗一等。慧英撰《华严感应传》，现存胡幽贞之删本。宗一续师作成《新华严经疏》二十卷。慧苑为藏上首，著有《华严旋复章》一部，《大乘权实义》二卷，《新经音义》二卷，及《新经刊定记》十六卷（或曰二十卷，系续师未成之疏）。然其后澄观颇指所立义为背其师说，故后人竟不以之列入本宗祖师焉。唐开元时有长者李通玄者，精研此经，立说亦与贤首法师不同。长者事迹所传互异，亦须详考。相传在五台山造论，卒于开元十八年，撰述最多。现存者有《新华严经论》四十卷，《大意叙略》一卷，《决疑论》四卷，《十明论》一卷。

贤首法师后数十年而清凉澄观出世，又大弘华严一宗，后世推尊为第四祖。澄观俗姓夏侯氏，越州山阴人。年十一依宝林寺霈禅师出家，诵《法华经》。十四受戒，后遍游名山，旁求秘藏。乾元中，依润州栖霞寺醴律师，学相部律，于本州从昙一学南山律，诣金陵玄璧法师传关河三论，三论之盛于江表，观之力也。大历中，就瓦棺寺传《起信》、《涅槃》，又于淮南法藏受海东《起信疏义》，却复天竺寺诜法师门温习《华严》大经。天竺法诜者，受斯经于恩贞大师。恩贞不知为何人，据《义天录》，载有《华严刊定记纂释》二十一卷（或十三卷），乃法诜创造，正觉再修，是法诜曾治慧苑之《刊定记》，或亦慧苑之徒欤。大历七年，往剡溪从成都慧量法师复寻三论。十年，就苏州湛然法师习天台止观、《法华》、《维摩》等经疏。又谒牛头山忠师、径山钦师、洛阳无名师咨决南宗禅法，复见慧云禅师了北宗玄理。且翻习经传子史、小学苍雅，天竺悉昙、诸部异执、四围五明、秘咒仪轨，至于篇颂、笔语、书踪一皆博综。多能之性，自天纵之。大历十一年，誓游五台，一一巡礼。又往峨嵋求见普贤。还至五台，住大华严寺，作疏并讲。后唐德宗敦请入京，参与般若译事。般若三藏北天竺人，予贞元十一年译乌茶国王所进《华严经》，成四十卷，是名《四十华严》。但此并非全部，乃八十卷本之第九会（即《入法界品》）。据《贞元录》所载，笔受者圆照，又详定中有"太原府崇福寺沙门澄观"。澄观又奉敕为四十卷造疏，在终南山草堂寺成十卷。在朝深为卿相所敬礼，卒于元和年中，年七十。（此据《宋僧传》）平生广建功德，感应甚多。其著

第四章 隋唐之宗派

述现存者如下：

《华严经疏》 六十卷

《华严经随疏演义钞》 九十卷

《贞元新译华严经疏》 十卷，又名《华严经行愿品疏》。

《华严法界玄镜》 一卷

《华严经略策》 一卷

《新经七处九会颂释章》 一卷

《三圣圆融观门》 一卷

《华严经入法界品十八问答》 一卷

《五蕴观》 一卷

澄观之学深接禅法，至共弟子宗密而华严与禅二宗乃尤近。宗密禅师世称圭峰大师，推为华严第五祖。禅师姓何氏，果州西充县人。元和二年从遂州圆禅师出家。圆之师为荆南张，张之师为磁州如，而如之师为荷泽大师神会，即慧能之龙象也。故密所传为荷泽禅。又进具于拯律师。寻谒荆南张，洛阳照。末见上都华严澄观。自后学成，著书九十余卷。（此据碑铭，《宋僧传》则谓有二百许卷）住圭峰附近草堂寺。（据《原人论序》，寺在圭山之北，即澄观造疏之所耶）生于建中元年（780），卒于会昌元年（841），年六十二。裴休为作碑铭，谓其于达磨为十一世，盖视其为禅宗大师也。宗密著述重要者列于下：

《金刚经疏论纂要》 二卷

《华严经行愿品别行疏钞》 六卷

《注华严法界观门》 一卷

《圆觉经大疏》 十二卷

《圆觉经大疏释义钞》 十三卷

《圆觉经略疏》 四卷

《盂兰盆经疏》 二卷

《华严原人论》　一卷

《禅源诸诠集都序》　四卷，即下述《禅藏》之序。

《禅门师资承袭图》　一卷，裴休问宗密答。以上均存。

据《宋僧传》，谓宗密尚有《涅槃》、《起信》、《唯识》等疏钞及《四分律疏》等等。盖宗密不但合华严于禅，且复有会宗之意。尝集禅源诸诠为《禅藏》，而都序之，其旨见于裴休之序。裴序曰：

"圭峰禅师集禅源诸诠为《禅藏》，而都序之，河西裴休曰：自如来现世，随机立教。菩萨间生，据病指药。故一代时教，开深浅之三门；一真净心，演性相之别法。马、龙二士，皆弘调御之说，而空性异宗。能、秀二师，俱传达磨之心，而顿渐殊禀。荷泽直指知见，江西一切皆真。天台专依三观，牛头无有一法。其他空有相破，其妄相收，反夺顺取，密指显说，故天竺中夏其宗实繁。良以病有千源，业生多品；投机随器，不得一同。虽具为证悟之门，尽是正真之道，而诸宗门下通少局多，故数十年来师法益坏。以承禀为户牖，各自开张。以经论为干戈，互相攻击。情随函矢而迁变，法逐人我以高低。是非纷挐，莫能辨析。则向者世尊菩萨诸方教宗，适足以起诤后人，增烦恼病，何利益之有哉！圭峰大师久而叹曰：吾丁此时，不可以默矣。于是以如来三种教义，印禅宗三种法门。融瓶盘钗钏为一金，搅酥酪醍醐为一味。振纲领而举者皆顺，据会要而来者同趋。尚恐当者之难明也，又复直示宗源之本末，真妄之和合，空性之隐显，法义之差殊，顿渐之异同，遮表之回互，权实之深浅，通局之是非，莫不提耳而告之。

……若吾师者,捧佛日而委曲回照,疑瞳尽除;顺佛心而横亘大悲,穷劫蒙益,则世尊为阐教之主,吾师为会教之人。本未相扶,远近相照,可谓毕一代时教之能事矣。……呜呼后之学者,当取信于佛,无取信于人;当取证于本法,无取证于未习。能如是,则不孤圭峰劬劳之德矣。"

宗密所集《禅藏》,当甚浩繁,其于会教功用,实如裴休所称谓具"劬劳之德"也。

宗密死后四年,而有会昌法难,华严宗亦中断。至宋初,有长水子璿及晋水净源,谓为此宗之再兴焉。

第五节 戒 律

佛教自汉时入中华以后,约至东晋戒律乃渐完备。佛图澄、释道安、竺法汰及慧远均注重律藏,僧纯、昙摩侍等译律均得安、汰之助。罗什在长安时,弗若多罗等译《十诵律》,佛陀耶舍译《四分律》。而约同时佛陀跋多罗在建业译《僧祇律》。其后北方所译之《十诵》盛行于南,而南方所译之《僧祇》颇行于北。(见《续僧传》卷二十二《智首传》,并参看《南海寄归传序》)约至梁时,北方有道覆律师,始创开《四分》。慧光承之,此律遂光大。延至隋唐,《四分》遂为律之正宗。然实分为三,即南山、相部、东塔,非仅一宗也。加以菩萨戒之流行,暨义净唱有部律,此五项实为本期戒律之大事,兹分述之。

慧光事迹,已详本书前卷。少时从佛陀禅师受戒,即命之先听律。前此《四分》未广宣通,有道覆律师,创开此部,制疏六卷,但是科文。至于提举宏宗,无闻于世,故光之所学惟据口传。受具后，博听律部，随文奉行。讲《僧祇律》，听徒云合。《四分》一部，由彼草创。北齐时卒于邺，春秋七十矣。撰《四分律疏》，并删定《羯磨》戒本，又著《大乘义律章》、《仁王七戒》及《僧制十八条》。光统门下，弘《地论》、《华严》，已如前述，兹表列其弟子与四分律之关系如下：

昙隐　先师道覆，后从光统，著钞四卷，灵裕曾从学《四分》。裕著有《四分律疏》五卷。

道云　专弘律部，造疏九卷，有弟子道洪、洪遵。后智首曾学于道洪，而洪渊受学于洪遵。

道晖　略云所制疏为七卷，洪遵曾从听。

洪理　作钞两卷，后为智首开为四卷。

法上　虽未知弘律否。《续僧传》谓"自上未任已前，仪服通混；一知纲统，制样别行，使夫道俗两异，上之功也"，是知法上亦颇重律仪。上有弟子法愿，当云、晖诸律流行时，能立破众家，百有余计，号称律虎。东夏所传四部律本，并制疏。《续僧传》谓所制律疏，惟《四分》一本十卷、《是非钞》两卷尚存，余并零失。

当时不属于慧光系统之律师，约如下列：

昙瑗　江南律师，弘十诵，著疏十卷，《戒本》、《羯磨》疏各两卷。

智文　江南律师，讲《十诵》八十五遍，大小乘《戒心》、《羯磨》等二十余遍，著《律义疏》十二卷、《羯磨疏》四卷、《菩萨戒疏》两卷，从受戒者三千余人。

道成　智文弟子，讲《十诵》、《菩萨戒》、《大品》、《法华》诸经律等一百四十余遍，注《律大本》、《羯磨》诸经疏三十六卷。

第四章 隋唐之宗派

　　道乐　邺都律师，与昙隐并称。
　　灵藏　从颖律师出家，善《僧祇律》。
　　通幽　北方律师。
由此可见南方当时仍重《十诵》，北方犹有研《僧祇》者。《四分》之弘，始自慧光，盖为确论。自光统而分为律之三宗，兹表列其师承，并记其年代，凡与三宗师无关者概不列入，俾醒目也。

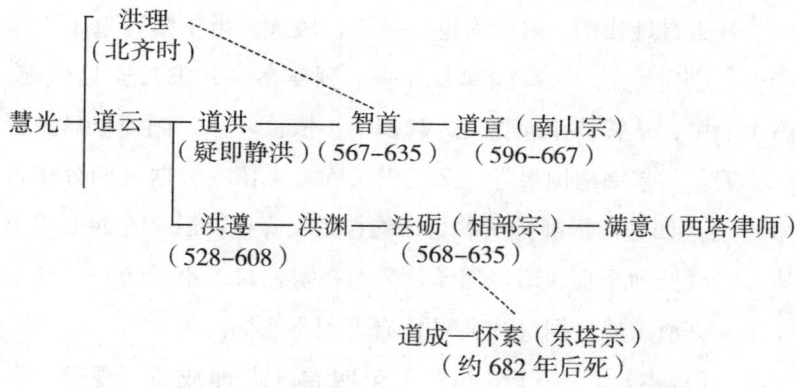

南山为戒律之大宗，延续甚长。南山者，因道宣居终南山得名。宣之师为智首。智首姓皇甫氏，家于漳滨，生于北周天和二年。初投相州云门寺智旻出家，旻稠禅师弟子也。年二十二受具足戒，后听道洪席。此道洪者有徒七百，疑即静洪。盖智首《续萨婆多毗尼毗婆沙序》谓"相州静洪律师毗尼匠主，复是智首生年躬蒙训导"云云，此静洪即道洪之证。首年未三十，频开律府，即灵裕法师亦亲预下筵。隋高祖时，随师智旻入关，住禅定寺。于是博览三藏众经，四年考定，其有词旨与律相关者，并对疏条，会其前失，遂著《五部区分钞》二十一卷（现存）。前此戒律译出四百余卷，至是始括其同异，定其废立。本疏云师所撰，今缵两倍过之。按道云者北齐律师，奉慧光师遗令，专弘律

193

部，造疏九卷，为众所先。先是关中素奉僧祇，① 洪遵（亦道云弟子）始在关中，创开四分。首乃播此幽求，便即对开两设，沈文伏义，亘通古而未宏，硕难巨疑，抑众师之不解，皆标宗控会，释然大观。是由理思淹融，故能统详决矣。使夫持律之宾，日填堂宇；遵亦亲于法座，命众师之。长安独步，三十余年。贞观初，参与译场。八年，敕为新建之弘福寺上座。九年四月二十二日卒，年六十九。其弟子有道宣、惠琎（初事洪遵）、惠满、道兴、道世（详下）等。

释道宣姓钱氏，丹徒人也，一云长城人。生于隋开皇十六年（596）。年十五，从智頵律师受业。翌年落发，隶长安日严寺。隋大业中，从智首律师受具。武德中，依首习律，頵师令只少听二十遍。后居终南白泉寺，又迁崇义寺，丰德寺。据《四分律行事钞》、《四分律羯磨》所署名，均在崇义寺撰。后又充西明寺上座。三藏奘师至止，诏与翻译。卒于高宗乾封二年（667），年七十二。其所著述，据《内典录》有下列十八部：

《注戒本》　一部二卷并疏记四卷（此即戒疏，现存，名《四分律比丘含注戒本》三卷）

《注羯磨》　一部二卷，疏记四卷（此即业疏，现存，名《四分律删补随机羯磨》三卷）

《行事删补律仪》　一部三卷或六卷（即《行事钞》，现存，作十二卷）

《释门正行忏悔仪》　一部二卷

《释门亡物轻重仪》　（无卷数，现存《量处轻重仪》二卷，并有注曰："谓亡五众物也"，当即此之一部，有跋应参看）

《释门章服仪》　一卷（现存）

---

① 可参看《续僧传》卷二十九末道宣之论。

第四章 隋唐之宗派

《释门归敬仪》 一卷，现存二卷。

《释氏略谱》 一卷（现存，名《释迦氏谱》）

《圣迹见在图赞》 （无卷数）

《佛化东渐图赞》 一部二卷

《释迦方志》 一部二卷（现存）

《古今佛道论衡》 一部三卷（现存，四卷）

《大唐内典录》 一部十卷（现存）

《续高僧传》 一部三十卷（现存）

《后续高僧传》 一部十卷（现存《续高僧传》中，详前）

《广弘明集》 一部三十卷（现存）

《东夏三宝感通记》 一部三卷（现存，名《集神州三宝感通录》）

除《内典录》所载，尚有下列七部，或道宣于作成《内典录》后所撰欤？

《四分比丘尼钞》 六卷

《四分律拾毗尼义钞》 六卷（上二合戒疏、业疏、行事钞称为南山五大部，现均存）

《净心戒观法》 二卷（现存）

《教诫律仪》 一卷（现存）

《律相感通传》 一卷（现存）

《祇洹图经》 一卷（现存）

《关中创立戒坛图经》 一卷（现存）

道宣声教广被中国，受业传教弟子可千百人。（见《宋高僧传》）当道宣在关中立戒坛，四方诸州，大河南北，及长江上下游之澧州、荆州、台州，均依坛受戒，而国内大德心向赴者三十九人。（其中虽有系在宣门下者，惟不得全视为其弟子。日本存有《传律图源集解》，于此误记）并遍布北方，兼及南之荆州、

195

衡州、润州、襄州，可见道宣之势力。（上均见《图经》）据《宋僧传》，其弟子知名可考者有如下列：

　　大慈　为道宣亲度，住西明寺，有解《行事钞》之记。

　　名恪　从道宣学，躬问钞序义。后又附丽于文纲之门。

　　融济律师　南山上足，事见《玄俨传》中。

　　意律师　意住崇福寺，岂满意耶？

　　秀律师　住安州十力寺，先依道兴，入长安造宣律师门，为依止之客。

　　灵崿　乾封中于西明寺躬预南山宣师法席，然其不拘常所，或近文纲，或亲大慈。采听作记，以解《删补钞》也。又别撰《轻重诀》，后苑陵玄胄援引之以解《量处轻重仪》。

　　文纲　详下。

　　此外其弟子散见中、日书中者亦多，但确否难考。

　　释文纲者会稽人，孔姓。出家先依道宣，后从道成。（此据《宋僧传》卷十四《道成传》，确否待考）名盛京邑。居崇圣寺，为四朝（天后、中、睿、玄耶）法主，中宗、睿宗深礼敬之。开元十五年卒，年九十二。其弟子极多。恒济寺怀素从之受学，为东塔之祖。光州道岸亦为纲弟子。先是江表多行十诵律，东南僧坚执，罔知四分。岸请中宗墨勅执行南山律宗，四分盛于江淮者，岸之力也。据此则江南十诵至此始革。日人有谓道岸为道宣弟子者，然查道宣死时，岸只十四岁，或不然也。

　　此上叙南山宗之开始，今进而言法砺之相部宗。道宣、法砺均于慧光为五世，道云为四世，其后道云弟子道洪，再传而有南山。道云又一弟子洪遵传洪渊，再传而为法砺。但法砺实长于道宣二十八岁，道宣曾往见之。（见《量处轻重仪序》）砺先道宣二十五年死。先从静洪律师谘考《四分》。按智首之师亦有名静洪者，并在相州，或即同为一人。砺又从恒州洪渊，听集大义者二年。末又往江南游览《十诵》。却返故里（邺也。砺原赵人，家住于相州），居日光寺，行化开导。撰《四分疏》十卷（现存，分二十卷），《羯磨疏》三卷，《舍忏仪轻重序》等。前后讲律四十余遍。卒于贞观九年，年六十七。当时有卫州道烁，律学所宗，业驾于砺，为世所重。法砺在相州，故其宗号相部。砺有弟子满意，居长安崇福寺（即太原寺），后世号之为西塔律师。相部宗亦遂号西塔宗，以对怀素之东塔云。

怀素者姓范氏，父官京兆，乃家焉。据《宋僧传》谓，"贞观十九年玄奘三藏方西域回，誓求为师。……受具已来专攻律部，有邺郡法砺律师，……见接素公，知成律匠"云云。审法砺死于贞观九年，其后十年玄奘归国，知素应先就学于法砺，后师事玄奘。《宋僧传》所记，实颠倒错乱也。盖素研法砺之疏，三年遂见诸瑕，乃起咸亨元年至永淳元年造疏十卷。中曾傍听道成律师讲，或与其造疏亦有影响。疏成，世人对法砺之旧疏而称为新疏。怀素之著述如下：

《四分律开宗记》　二十卷，现存，即新疏。

《僧羯磨》　三卷，现存

《尼羯磨》　三卷，现存

《四分律僧戒本》　一卷

《四分律尼戒本》　一卷

《新疏拾遗钞》　二十卷

《遗教经疏》　二卷，钞三卷

《俱舍论疏》　十五卷，此当从奘师学后而著。

素讲大律已疏计五十余遍。尝斥二宗云："相部无知，则大开量中得自取大小行也。南山犯重，则与天神言论，是自言得上人法也。"怀素住恒济寺，亦曾在太原寺（即崇福寺）。太原寺或有东塔,故其宗称为东塔。① 素寿七十四,然不知死在何年(至早在永淳元年之后)。

计法砺死于唐太宗贞观九年,道宣死于高宗乾封二年,怀素之死在宣后至少十六年,约在中宗、则天时。(道宣《戒坛图经》有素怀名)三人先后同时,而当其时,国内之研律者,约有下列诸人:

觉朗　明《四分》及《大涅槃》,住长安大兴善寺。

海藏　明《四分》,唐初十大德之一,想在长安。

惠主　明《四分》及《菩萨戒》,在始州。

智保　持律,先在长安胜光寺,后在禅定寺。

智诜　持律在益州,武德元年卒。

慧璀　智首弟子,又从洪遵,常宏《摄论》,化开律部,在长安。

玄琬　初事昙延,进具后随洪遵律师服膺《四分》,又于昙迁禅师禀学《摄论》,撰《发戒缘起》、《忏悔罪法》等,在长安。

惠满　曾习律于智首,有《四分律疏》二十卷,讲三十余遍,在长安。

慧进　善《四分》,讲百二十遍,在箕山。

道亮　善《四分》,在并州。

慧萧　善《四分》,在蒲州。

道兴　从智首,在益州。

道世　字玄恽,据《律苑僧宝传》,谓与道宣同受戒于智首。又《律宗琼鉴章》,谓恽之《毗尼讨要》,宣之《行事钞》,名为"钞家要家",称首律师"门下二英"。《宋僧传》言:"显庆年中……道宣律师当涂行律,世

---

① 《宋高僧传》卷十四《法慎传》谓:"依太原寺东塔"云云,知太原寺当有东塔。寺或另有西塔,为满意律师授德所,见《昙一传》。

第四章 隋唐之宗派

且旁敷，同驱五部之车，共导三乘之轨"云云，然未言及恽为首之弟子。惟载其所著，多属律部也。住长安西明寺。

惠旻　善十诵，著《十诵私记》十三卷，《僧尼行事》二卷，《尼众羯磨》两卷，《道俗菩萨戒义疏》四本，居苏州。

明导　从道烁、法砺二律师，在洛阳。

昙光　从烁、砺二律师，为法砺称赏之。唐初在东都，为四方所宗。

道成　弘四分。文纲、素怀从之，在长安恒济寺。（见《宋僧传》）

此上多据道宣《续僧传》。当时四分之宗，盛于北方，而智首之学门徒远被。（见卷二十九末）南方情形不详，然必仍行《十诵》，至道岸而始革改也。（见前）

南山宗道宣之弟子既如前述，其后枝叶，繁不能详。有玄俨者，先从光州道岸，后游上京，从融济及意律师。（二人均为南山上足，但崇福满意，则不知其曾从道宣否）后还江左，偏行《四分》，著《辅篇记》十卷、《羯磨述章》三篇。卒于天宝元年，年六十有八。有恒景者，在荆州，师承不详。惟据《宋高僧传·文纲传》所记推测，恒景或宗南山，或即纲之弟子，有扬州鉴真从之学。真后至日本传教，号东征和上。代宗广德元年（763）卒于日本。由此南山之宗，流入东国。日本记载又谓道宣有弟子周律师（当即义宣所请业者，事迹不详），推为南山第二祖，道恒为第三祖（事迹亦不详）。惟道恒有弟子志鸿、省躬、昙清。鸿住吴郡双林寺，括大慈、灵崿以下四十余师记钞之言，勒成二十卷，号《搜玄录》，华严澄观为之序。省躬著《顺正记》十卷，复著《分轻重物仪别行》。昙清著有《显宗记》（卷数不明）。有讲怀素新疏之义嵩者，昙清曾与之论辩，此记或即为斥义嵩而引南山宗而作。

怀素即撰新疏以抗旧疏。有嵩山定宾属相部宗，作《饰宗记》（现存，十卷），以释砺疏。又作《破迷执记》，破素新疏。并撰有《四分比丘戒本疏》二卷，现存。法砺之上首为满意，一传为大亮，再传有昙一。昙一亦谓为东塔宗法慎之徒。（见《法慎传》）又《澄观传》谓昙一隶南山宗。住会稽开元寺。著《发正记》十卷，阐南山、相部两家之说。前后备《四分律》三十五遍，《删补钞》二十余遍。故昙一实会合三宗者也。昙一弟子朗然，著《古今决》十卷，解释《四分律钞》数十万言，繁杂义例，条贯甚明，大行于世。观其先列古人之义，有所不安则判断之，故号决也。昙一卒于代宗大历六年，朗然卒于其后六年。昙一弟子又有天台宗之湛然，而华严宗之澄观亦从之习南山律云。

怀素之弟子最著名者为法慎，初从瑶台成律师受具戒，后依太原寺东塔，后归扬州，声誉甚盛，卒于大历七年。弟子甚多，有义宣、灵一均从之学相部律。（东塔传相部疏颇不可解）义宣后又从周律师习南山律，著《折中记》六卷，以调和南山、相部二家，盖慊融济、萼、胜诸师有所纰谬故也。使是非各尽其分，人免据宗以阿比，从此立称耳。大历中相国元载奏，成都宝圆置戒坛传新疏，以俸钱写疏四十本、《法华经疏》三十本，委宝圆光塑传行之。元载又命如净为怀素作传，韦南康皋作灵坛，传毗尼新疏，记有承袭者刊名于石。此时天下新旧二疏，互争益亟。至大历十三年，敕三派大德十四人，集安国寺，定其是非，盖亦因元载之请也。由如净、慧彻主其事，圆照笔受正字，宝意纂文，超济、崇叡等九人证义，撰书十卷，名敕《金定四分律钞》，建中元年书成献之。然仍许新旧二疏并行，可见其定是非之无结果也。（事详《开元续录》）

新旧二疏之争，基于戒体之解释。相宗根据《成实论》，谓

第四章　隋唐之宗派

戒体非色非心。怀素从玄奘学《俱舍论》，谓戒体为色法。至于南山，则立说似相部，然道宣实主心法戒体之说。相部、东塔至唐末亦甚式微，而南山则仍为大宗。懿宗咸通十年，左右街僧令霄，玄畅等上表乞追赠道宣。十月敕谥曰澄（澂）照，塔曰净光云。至宋初仍称三宗并盛。（见《宋僧传》卷十六末）然此后则律莫不举南山，余二宗寂然无所闻矣。

当隋唐之际，四分未全盛之前，颇有主大乘菩萨戒者。天台智𫖮有《菩萨戒经疏》，陈太子、隋晋王并从之受菩萨戒。隋智文有《菩萨戒疏》二卷。隋慧远、彭渊均研《地持疏》。华严宗人如法藏、澄观均研菩萨戒。而法相宗典籍，有《大唐三藏法师传西域正法藏受菩萨戒法》，想系谓为玄奘受戒之文。且此宗人，似常研《梵网经》。而天台、华严、法相均以心为戒体。按道宣虽宗小乘四分律，然实视之为大乘，观其以心为戒体可知其意矣。而观于后世罕议四分为小戒者，亦可知其中消息矣。

观前所言，时至唐中宗，四分之势力及于全国。但其时有义净三藏对于戒律，时立主张。义净事略已见前，幼时师善遇慧智，在慧智所，读法砺文疏，道宣钞述，及其出国，特考西方当时所尚戒律，作传四十条寄归，是曰《南海寄归传》，并自白曰：

> "凡此所论，皆依根本说一切有部，不可将余部事见糅于斯。此与十诵，大归相似。有部所分，三部之别，一法护；二化地；三迦摄卑。此并不传五天，唯乌长那国及龟兹、于阗，杂有行者。然《十诵律》亦不是根本有部也。"

义净归国后，广译根本一切有部律，共十八部，二百有六卷，现

均存，其目如下：①

 《根本说一切有部毗奈耶》　　五十卷

 《根本说一切有部苾刍尼毗奈耶》　　二十卷

 《根本说一切有部毗奈耶杂事》　　四十卷

 《根本说一切有部尼陀那目得迦》　　十卷

 《根本说一切有部戒经》　　一卷

 《根本说一切有部苾刍尼戒经》　　一卷

 《根本说一切有部百一羯磨》　　十卷

 《根本说一切有部毗奈耶颂》　　五卷

 《根本说一切有部毗奈耶杂事摄颂》　　一卷

 《根本说一切有部尼陀那目得迦摄颂》　　一卷

 《根本萨婆多部律摄》　　二十卷

 《根本说一切有部毗奈耶药事》　　二十卷

 《根本说一切有部毗奈耶破僧事》　　二十卷（内欠二卷）

 《根本说一切有部毗奈耶出家事》　　五卷（内欠一卷）

 《根本说一切有部毗奈耶安居事》　　一卷

 《根本说一切有部毗奈耶随意事》　　一卷

 《根本说一切有部毗奈耶皮革事》　　二卷

 《根本说一切有部毗奈耶羯耻那事》　　一卷

此根本一切有部律大旨近乎《十诵》，惟义净志复中华僧迦于天竺之旧规，亦非同情中国江南之十诵也。义净译律，于中土似无多大影响，或因四分之律已根深欤。后不空亦行一切有部法，兹不详叙。

---

① 此据《贞元录》，而《开元录》卷九义净录中仅著录前十一部。

第四章　隋唐之宗派

第六节　禅　宗[①]

禅宗自谓教外别传，盖谓灵山会中，如来拈花，迦叶微笑，即是付法。迦叶遂为印度禅宗初祖。秘密相传，以至二十七祖般若多罗授法于菩提达磨。菩提达磨于梁武帝时来华，是为中国禅宗初祖。达磨传慧可，可传僧璨，璨传道信，信传弘忍，忍传慧能。慧能世称为禅宗六祖，与其同学神秀分为南北二宗。此禅宗定祖之说之大略也。

禅宗传灯史自谓据《续法记》、《宝林传》诸书。《续法记》谓为梁僧宝唱受简文帝敕撰，根据那连耶舍与万天懿译"七佛至二十八祖传法事"。（见《景德传灯录》卷一）据诸种经录，耶舍译文宝唱之记均未载入，而宝唱亦非简文帝时人。[②] 所谓《续法记》者，实因宝唱之《续法轮论》而伪造者也。至于《宝林传》，则唐金陵沙门智炬所造。禅宗传法之伪说，具在其中。今其书虽佚，然据唐宋人所引，则其伪撰之拙，实甚明显也。唐神清《北山录》注引《宝林传》多处，而斥之以"乖误极多"，并希"后之学者宜更审之"也。

今日所存最可据之菩提达磨史料有二：一为杨衒之《洛阳伽蓝记》所载；二为道宣《续高僧传》之《菩提达磨传》。杨衒之约与达磨同时，道宣去之亦不远，而达磨之学说则有昙琳所记之"入道四行"，此文为道宣引用，知其在唐初以前即有之，应非伪造。兹据此诸书考定菩提达磨之生平及学说大体如下：

　　菩提达磨者，南天竺人，或云波斯人。历游诸国，

[①] 原稿于此注：以下半系旧作，无暇增改，读者鉴之。
[②] 据《续高僧传·宝唱传》，唱卒于梁武帝在位期间。

至于中华。自言已百五十岁。初在江南，后游嵩洛。在洛阳见永宁寺之壮丽，谓为各国所无，口唱南无，合掌连日。一生随处诲人禅法。北地道育、慧可从之学，达磨为之说入道四行。达磨谓入道多途，要唯二种，一是理入，二是行入。借教悟宗，深信含生同一真性，客尘障故，令舍伪归真，凝住壁观，无自无他，凡圣等一，坚住不移，不随他教，与道冥符，寂然无为，名理入也。行入四行，万行同摄。初报怨行者，或遇爱憎甘心受之，是我宿作都无怨对；二随缘行者，谓于一切境，无喜无怒也；三无所求行者，谓无所贪求；四称法行，即性净圆明之理也。此入道四行，其后有人录之，流行于世。达磨又尝以《楞伽》授学者。以天平年（534至537）前灭化洛滨。或云遇毒卒。①

而禅宗史传之妄，略举四事以证：一谓秘密相传，不立文字。然则不但因有昙琳四行文已见其妄，而又有以四卷《楞伽》授学者（禅宗亦承认之），尤可反证。二《宝林传》谓达磨在东晋时使弟子至华传法，与庐山慧远共出《禅要经》。然计其年代，中经百二十岁，非情理所许。即使达磨寿至百五十岁，而《禅要经》为达磨多罗所造，非菩提达磨也。三谓杨衒之素喜佛事，听达磨说法。而不知衒之为反对佛教之人，唐初傅奕引之入《高识传》，（见《广弘明集》卷六）必不致向达磨卑辞求法。四谓达磨死后，宋云自西域归，于葱岭遇见。则此实不见于宋云《行记》。盖彼辈因其遇毒死去，附会此事，以示神异，证其非毒可死者也。

凡此伪史，以情推之，盖皆六祖以后禅宗各派相争之出产品

---

① 见《旧唐书·神秀传》。又《北山录》注似引《宝林传》，作者为禅宗人，想必不妄证其祖死于非命也。

第四章 隋唐之宗派

也。且禅宗传法定宗众说纷纭，亦表现为其间各派之争也。盖道宣作《续高僧传》时并无传法定宗之说，且达磨至僧璨之禅法所据之教理为《楞伽》，而此派之大师多讲《楞伽经》，撰《楞伽》疏。又据《唐大证禅师碑》（《金石萃编》卷九十五）曰：

> "始自达磨传慧可，可传僧璨，璨传道信，信传弘忍，忍传大通（即神秀），大通传大照（即普寂），大照传广德，广德传大师（指大证），一一授香，一一摩顶，相承如嫡，密付法印。"

《唐法如禅师碑》（《金石续编》卷六）曰：

> "菩提达磨……传可，可传粲，粲传信，信传忍，忍传如（即法如），当传之不可言者，非曰其人，孰能传哉。"

又《唐少林寺同光禅师塔铭》（《金石续编》卷八）曰：

> "禅师法讳同光，……及持钵东山，归心禅师，大照屡蒙授记，许为人师"云云。

而其时《宝林传》则有弘忍传慧能，并以衣钵为信之记载。盖各派竞以传统自任，而《宝林传》属于慧能一派（是为南宗慧能居宝林寺）。慧能本不识字，故又加秘密相传不立文字之语。因多属宝林余绪，故其所言，恒为南宗张目也。详考太繁，兹不再赘。①

---

① 参见神清《北山录·讥异》及注，并宗密《禅门师资承袭图》等。又宗密《禅源诸诠集都序》分禅宗为三家，《圆觉经大疏》分为七家，均可参考。

达磨禅法教理（楞伽），惠可、道育以后渐流天下。（见《续僧传》卷二十五后）传至道信，其徒法融居牛头山，开牛头宗。而弘忍居黄梅之东山，遂为东山法门。忍发挥《金刚般若》之义旨，卒于上元二年（675）。弘忍之徒党益众，传有七百余僧。上座神秀者，于师死后，为武则天迎入长安，亲加跪礼，闻风来拜者日至数万。中宗即位，尤加礼敬。及神秀死，中宗令其弟子普寂统其法众，亦为时人所重，终于开元二十七年。（上据《旧唐书·神秀传》）先是神秀有同学慧能，虽曾受学于弘忍，然后实在南海印宗法师处出家。相传门徒法海据其言行录为《坛经》。此经影响巨大，实于达磨禅学有重大发展，为中华佛学之创造也。慧能之学说要在顿悟见性，一念悟时，众生是佛，从自心中顿见真如本性。而慧能之后裔发展成于学理、禅行均非所重，而竟以顿悟相夸，语多临机。凡此诸说，虽不必为慧能所自创，然要非达磨本意也。北宗神秀，称为渐教，吾人虽不知其详，想或仍守达磨之法者欤。

六祖虽创顿门，然其宗实至荷泽始盛。荷泽大师名神会，年十四至曹溪（慧能所居之地，故能又名曹溪大师）谒慧能，得其法。天宝初（约742）入洛大行禅法。先是两京之间，皆宗神秀。及神会至，渐修之教荡然，普寂之门衰歇。而南北宗之名由是始起。是时普寂、神会各立神秀、慧能为六祖，争端由是多矣。（参考《禅门师资承袭图》）

曹溪弟子有怀让者，世称南岳大师。让有弟子道一（亦号马祖）在肃、代二宗时，居于洪州，大扬让之教旨，于是有洪州宗（亦名江西宗），谓是六祖旁出之法。而神会之徒，遂成荷泽宗焉。（见《禅门师资承袭图》）洪州一派至唐末又分为临济、沩仰二宗。道一传百丈怀海，怀海传黄蘖希运，希运传临济寺义玄，义玄建临济宗。灵祐参百丈怀海，后居沩山，弟子慧寂居仰山，

第四章 隋唐之宗派

是为沩仰宗。

慧能弟子有青原行思，亦为上座，其弟子有石头希迁。此派至唐宋之际，渐衍为曹洞、云门、法眼三宗。曹洞宗创于洞山良价，其弟子为曹山本寂，故名。云门宗为青原下六世文偃建立，偃居云门光泰院。青原下八世文益生于唐僖宗朝，卒于五代周初，谥法眼禅师，故其宗称法眼宗。此青原行思下之三宗，合临济、沩仰为禅宗之五宗焉。其余自四祖以来，旁出派徒不可胜数，故宗密谓曹溪此类数可千余。至唐末他宗衰歇，而禅风益竞矣。兹撮其大派表列于下：

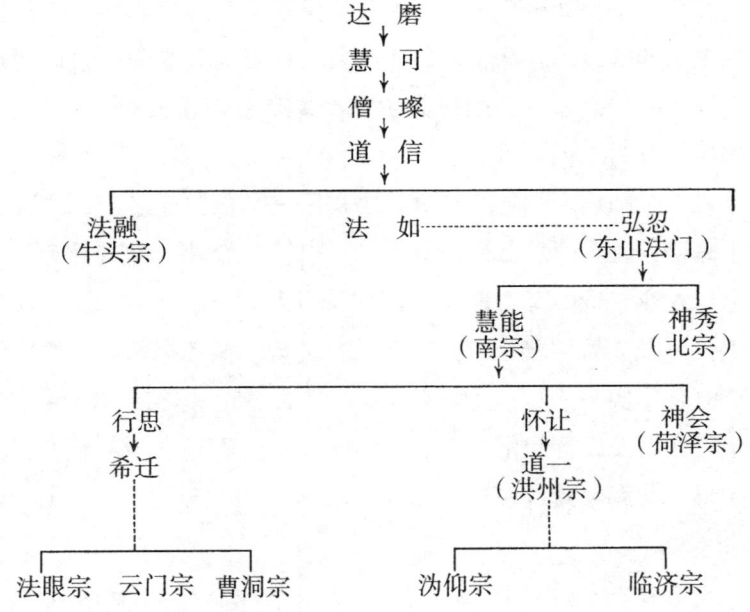

第七节 净土宗

净土宗者，因修持而借他力以往生之教也。南北朝净土观念，详之前卷。北魏昙鸾（亦作峦）家近五台山，内外经籍具陶文理，而于四论佛性弥所穷究。后南游梁，为武帝所重。后还洛下，遇菩提流支，授以《观无量寿经》，遂有所悟。晚住汾州北山石壁玄中寺，专唱净土，撰《礼净土十二偈》、《安乐集》二卷，广流于世。故后人推为净土宗初祖云。

其后有道绰者，十四出家，宗师经诰，解义学，讲《涅槃》，后事瓒禅师。① 而承昔昙鸾之净土诸业，亦居玄中寺行化，道俗争赴。讲《观经》将二百遍，著《净土论》二卷，统谈龙树天亲，迄及僧鸾慧远，并遵崇净土，明示昌言。以"当今"为末法时，是五浊恶世，唯有净土一门可通入路，若一念称阿弥陀佛，即能除却八十亿劫生死之罪。平日坐常西面，穿诸木栾子以为数法，遗诸四众，教其称念，口诵佛名，日以七万为限。自此而禅定之念佛始转而盛行口唱之念佛矣。绰卒时盖在贞观以后。② 净土宗后指其为二祖。

以上二师均阿弥陀净土也。唐初因玄奘信弥勒净土，故弥勒净土颇盛一时。（见《续高僧传·玄奘传》）然当时有善导者，实继道绰之业。世传有二善导（或作善导与善道），宋王古《新修往生传》及志磐《佛祖统纪》等均持此说。按此据宋人之说，然按唐时著作实一人也。导盖临淄人，③ 曾遇道绰，惟行念佛弥陀净土，在长安广行此化。写《阿弥陀经》数万卷。士女奉者，其数无量。著有《观经疏》（四卷，又称"四帖疏"）及《往生礼

---

① 瓒禅师《续僧传》有传，传中有云："沙弥信行，重斯正业，从受十戒，瓒不许之，乃归瓒之弟子明胤禅师，遵崇行法"云云。按此信行当即三阶教祖。三阶教与唐初净土宗均唱末法之说，而净土宗人又为驳斥三阶教之最烈者也。

② 道绰卒年说各异，《净土往生传》作"贞观三年卒"；《往生集》作"贞观二年"。《续高僧传》则云："绰今年八十有四，神气明爽"，而《续传》初稿止于贞观十九年。迦才《净土论》及《新修往生集》均作"贞观十九年卒"，此当较可信。

③ 此据《新修往生传》，而《往生西方净土瑞应传》谓为泗州人。

赞》、《般舟赞》、《观念法门》、《法事赞》（各一卷，又称"具疏"）等五部九卷称为五部九帖。世人目为净土三祖。导约与道宣同时，其教盖亦主张现代已入末法，劝凡夫众生行愿。最要之方法，则在称名念佛，禅定之念佛反不重要。其弟子有怀感，著《净土群疑论》七卷。又有迦才者，高宗时长安弘法寺僧，著《净土论》三卷，其序有曰："近代有绰禅师，撰《安乐集》一卷，虽广引众经，略申道理，其文义参杂，章品混淆，后之读者亦踌躇未决。今乃搜捡群籍，备引道理，勒为九章"云云。按此书载唐初净土宗说教及净土诸大师之史料颇详，甚可重视。

唐玄宗时有慈愍三藏。三藏讳慧日，山东莱州府东莱人。出家后于天后时，见义净三藏自印度返，誓游印度。航海达印度，其路程约与义净同，惟中曾至狮子国。在印土居甚久，后遵陆由西域返国。前后共行七十余国，总十八年，于开元七年方达长安。① 进帝佛真容梵夹等开悟帝心，赐号曰慈愍三藏。其在印度时，遍问天竺三藏，学者所说皆赞净土，劝奉阿弥陀佛。据载，在北印度见观音在空中摩其顶曰："汝欲传法，自利利他。西方净土，极乐世界，弥陀佛国，劝令念佛诵经，回愿往生，到彼国已，见佛及我，得大利益。汝自当知净土法门胜过诸行。"说已还灭。此当为传其教而虚构之故事也。慧日平生勤修净土之业，著《往生净土集》行于世，住洛阳罔极寺，以天宝七年卒于住寺，报龄六十九。

与慧日同时者有怀玉，居台州涌泉寺，常自业忏悔万万余反，诵《弥陀经》三十万遍，日课佛名五万口。天宝六年六月九日临终说偈曰："清净皎洁无尘垢，莲花化生为父母；我修行来经十劫，出示阎浮受众苦；一生苦行超十劫，永离娑婆归净

---

① 此据《宋高僧传》、《净土往生传》作二十一年。

土。"① 而同时有承远者，初居庐山，后往至南岳，世称弥陀和尚。其弟子谓有法照，大历中止衡州云峰寺，开五会念佛之说，谓五日为一会。代宗尊为国师，世称为五会法师。日本圆仁《入唐新求圣教目录》著录法照《净土五会念佛略法事仪赞》一卷，现存。又敦煌本有《净土五会念佛诵经观行仪》三卷。（详见塚本善隆之《唐中期之净土教》）

旧称法照为"梁汉沙门"，又曰南梁州人。按"梁汉"一名首见于《北周书·崔猷传》，指梁州与汉中。传曰："魏恭帝元年（554），太祖（宇文泰）欲开梁汉旧路，乃命猷督仪同刘道通、陆腾等五人，率众开通车路，凿山堙谷五百余里，至于梁州"云云。据此法照确为剑北地方萧梁所置南梁州人也。法照与其师承远俱生于蜀，游于南方，远在南岳。而照则谓曾自东吴至庐山，后乃至衡峰师事承远。② 此事亦颇有关净土教史也。盖世所推崇之净土大师昙鸾，善导、道绰均生于淮水之北，行化亦限于北方，故于南方最早崇事净土之匡山慧远罕有述及。法照之后，庐山莲社故事乃大传于世。（与法照同时之飞锡著《念佛三昧宝王论》，始言及远公在山立誓事，然所记不涉及莲社高贤故事。）相传法照慕远公遗迹，乃至匡山。则此故事之流行，即不起于法照，然要必与彼之巡礼有关。又唐代关于远公神话甚多，但可分二类：一为远公上生兜率（见禅月大师诗），一为立社期生净土。中唐以前，弥勒似犹见奉行，故弥陀派著论尝辟之。但法照之后，兜率往生之思想已渐渐灭，故匡山结社共生西方之各种传说，乃独见知于后世。

法照之后，于德宗朝有少康，宋时戒珠谓人呼为"后善尊"，

---

① 怀玉卒年据《往生瑞应删传》，而《宋高僧传》作"天宝元年"。
② 见吕温《南岳大师远公塔铭记》（《全唐文》卷六三〇）及柳宗元《南岳弥陀和尚碑》（《柳河东集》卷六）。

第四章 隋唐之宗派

弘净土之业。在睦州常劝小儿念阿弥陀佛,一声与一钱,后又约十声与一钱。于是至一年,男女无少长贵贱,凡见康者,则曰阿弥陀佛。又建净土道场,礼者数千人。康与文谂共撰有《净土往生瑞应传》,又有《二十四赞》,亦谓为康所造云。

有唐一代,净土之教深入民间,且染及士大夫阶层。溯自两晋佛教隆盛以后,士大夫与佛教之关系约有三事:一为玄理之契合,一为文字之因缘,一为死生之恐惧。即如慧远与刘遗民等书,一则曰"沈冥之趣以佛理为先",此指道俗同赏之玄致也;再则称"笃律寄之情,作来生之计",此远公与刘等之所以共立誓期生净土也;末则曰"染翰缀文可以托兴",此亦许文字上之唱酬也。及至唐时帝王公卿以及士人,虽与释子文字之因缘犹盛(如韩文公亦作送浮屠序),而谈玄之风尚早已衰灭。自初唐之唐临至晚唐之白居易,几专言冥报净土,求其如姚兴、萧衍、谢灵运、沈约等之能谈玄理,已不可见。文宗朝,白居易官太子少傅时,劝一百四十八人结上生会,行弥勒净土业。晚岁风痹,遂专志西方,画西方变相一轴,为之愿曰:"极乐世界清净土,无诸恶道及众苦,愿如我身病苦者,同生无量寿佛所。"盖当时士大夫根本之所以信佛者,即在作来生之计,净土之发达以至于几独占中华之释氏信仰者盖在于此。

第八节 真言宗

真言宗或密宗者,重祈祷以得利益之教也,故特主礼拜供养。所供养者为神甚多,以大日如来为中心,而聚千百佛菩萨,纷然杂陈。用种种之方法以得利益,小之可以安宅消毒治病祈雨,而最后目的在成佛。最要之方法为三密:一身密,谓结印,即以手指结式表种种之意义。盖结者皆印契佛教之行动,故曰结印。二曰语密，即念咒。盖口诵真言，亦可象征包含各种神相。即一字母亦即表某神，故真言恒不必有意义，非常人所能了解。三曰意密，即入大日之三昧，以心观实相。由行三密而得加持，谓佛力与行者之信念互相无碍涉入，互相加入，互相摄持，而生一种不可思议之感应作用。因密宗特重仪式，故其经典除咒语外，恒有仪轨。中详陈仪式之规则，毫不可乱。密教虽重形式，而自有其教理，但为大日如来密意，不易说明。

中国传来密教，谓有两种曼荼罗（译为坛或道场）。此曼荼罗原即祈祷文咒语，一行之《大日经疏》曰："真言，梵曰漫怛罗即是真语、如语、不妄不异之言。释论谓之秘密语，旧译云咒，非正翻也。"然其后对于曼荼罗，加以种种解释，不必即为咒诵，且可以绘图表示之，兹不详叙。两种曼荼罗者，一胎藏界曼多罗，善无畏传之；一金刚界曼荼罗，金刚智传之。密教之传实起自唐玄宗时。虽密咒翻译自汉以来即有之，然至此始有完全之密教传入。因咒为佛经所常有，而密教则外重仪轨，内附教理，自成一系统宗派也。玄奘、义净详记印土流行之宗派，玄奘虽称有咒藏，义净虽称有道琳在印求明咒，且净译咒亦多，然均未列密教为一派，实可知密教之完成，盖在唐时也。①

善无畏来华译经，前已言之。所译《大毗卢遮那成佛神变加持经》（世称《大日经》）七卷，《苏婆呼童子经》（密宗律）三卷，《苏悉他揭罗经》（亦为毗奈耶）三卷，称为密宗三经。《大日经》之译，系应沙门一行之请，开元十二年奉敕于洛阳福先寺

---

① 按《大唐西域记》卷九"第一集结"中，谓大众部之五藏，"禁咒藏"为其一；卷三"乌仗那国"中，谓彼处僧徒"特闲禁咒"；卷九"毗布罗山"中，谓一苾刍"设道场，诵禁咒"。《求法高僧传》卷下，谓道琳"学习一切有律，非唯学兼定慧，盖亦情耽咒藏。……向西印度于罗荼国住经年稔，更立灵坛，重禀明咒"。

第四章　隋唐之宗派

译出。一行复就善无畏所传作疏，世号曰大疏。金刚智译有《金刚顶瑜伽中略出念诵法》，简称《金刚顶经》。略出者，谓原本在南印度铁塔中者有十万颂，今译四卷，仅其小部也。此经之译，盖亦为一行所请，于开元十一年奉敕出。此一行和尚精天文历算，而又与密教有大因缘。于金刚三藏学陀罗尼秘印，登前佛坛受法王宝；复同无畏三藏译《毗卢遮那佛经》，开后佛国，其传密教必抵渊府也。

密宗之大弘，要在不空。（事略见前）不空受代宗之隆礼，为古今所罕见，其教之风行可知。不空为金刚智弟子，学金刚界，与善无畏立说不同。善无畏派，日本最澄传之，谓之台密；不空派，日本空海传之，谓之东密，二派在日本常辩传统之事。（详后）

金刚界传自金刚智，不空受金刚智之教而能传者弟子五人，含光、惠朗、昙贞、觉超、惠果是也。[①] 五人中含光、昙贞未称传授弟子，余则以惠果传人独多，据海云《血脉记》载有十四人，中有青龙寺义操，新罗国僧惠日，日本国僧空海等。此中义操传有十四人，而海云为其一人。而海云记曰："其有得传金刚法界者，顿见菩提，入曼荼罗，得授阿阇梨灌顶，如授法轮王位，此大教王名金刚界者。金刚者，坚固义也，以表一切如来法身坚固不坏、无生无灭、无始无终、坚固常存不坏也。界者，性也，明一切如来金刚性遍一切有情身中未来具足圆满普贤毗卢遮那大自在身海性功德"云云。

善无畏之传法者为一行及新罗僧玄超。而玄超付法青龙寺惠果。故惠果实传两部。其弟子传此者亦多，义操、空海亦其中

---

① 此据海云《阿阇黎血脉》，下同，而《不空和尚表制集》所言不同，《三藏和尚遗书》谓含光、慧超、慧果、慧朗、元皎、觉超六人得共教旨，而于昙贞则曰："大发真言吾先授与，至于契印渠未得之"云云。

人。义操复传之五人，海云亦为其中之一。而传惠果之法者，另有法润（与惠果同住青龙寺东塔院），其弟子传法者数有十二人。于此海云记曰："此大毗卢遮那大教王又名大悲胎藏毗卢遮那者从如来大悲根本，发生大菩提心，从菩提心成菩提行，次证大菩提及涅槃，皆从方便具足成就五智之身"云云。

密宗自玄宗至唐末极盛，日本沙门来学者甚多。唐末圆仁（意觉大师）、圆珍（智证大师）尚来学，并携回大量密宗经典。然经唐武法难及以后之社会动荡，典籍散失，学者稀少，在中国可谓其教早已失传，而在日本反较盛行也。

第九节　三阶教

三阶佛法者，创自隋信行禅师。其出发点认为现世已入末法时期，因而有浊世之教行。三阶者或依时分，佛灭后第一五百年正法时期，第二五百年像法时期，总一千年为第一、二阶。佛灭一千年后入末法，为第三阶。然所说并非一致，或言一千五百年后入末法，为第三阶。或依处分，第一阶处即净土，第二、三阶处即三乘世界。《三阶佛法密记》云："明三阶时处，处别有二：第一阶处即一乘世界，亦名净土莲花藏世界，常纯有诸佛菩萨无声闻缘觉处是。第二、第三阶处同即三乘世界，亦名五浊诸恶世界、娑婆世界、盲暗世间、三界火宅，一切众生起于断常，即是空见有见众生，亦名三乘众生十恶世界是。"或依人分，最上利根一乘之根机在第一阶。利根正见成就三乘之根机为第二阶。第一阶戒见俱不破，第二阶破戒不破见，而第三阶为戒见俱破之颠倒众生。

信行自信其时在第三阶，应行普法，不堕爱憎，于一乘三乘俱能信。譬如生时即盲，不辨众色，故曰生盲佛法。一方既普认

第四章 隋唐之宗派

各个之众生常住颠倒，故一方对于一佛菩萨等加以普敬，而应行三阶教之普行舍财（立无尽藏）、礼忏、作陀头行等。三阶教者，盖对于所谓末法时人而普设之苦行也。

信行禅师生于梁武帝大同六年（540），卒子隋开皇十四年（594），年五十五岁，① 魏州人，于相州法藏寺受具足戒，唱三阶法，为世所趋。开皇七年相州知事奏闻，九年奉召入长安，仆射高颎立真寂寺居之。后长安有三阶寺五所，即化度（真寂）、光明、慈门、慧日、弘善是也。信行撰《三阶集录》等书四十余卷。② 弟子颇众，沙门有僧邕、本济等，白衣有裴玄证等。信行卒后葬于终南山楩梓谷鸱鸣埠。其后教徒多葬于其侧，因有百塔之称，亦可见其教人对其教祖之信仰矣。然其教颇为时人所不许，故即在隋开皇二十年，敕断不听传行。③ 而其徒既众，蔓延益广，敕断竟不能杜其本。唐初化度寺无尽藏院，施舍钱帛金玉，积聚不可胜计，每日所出亦不胜数。（《太平广记》卷四九三）则天如意元年（692）令检校东都福先寺无尽藏院，长安中（701—703）复敕检校化度寺无尽藏院。（见《两京新记》）天后对于三阶教，认为邪说，故证圣元年（695）敕列三阶教书于伪经中，谓为"违背佛意，别构异端"。又圣历二年（699），敕"其有学三阶者，唯得乞食长斋绝谷持戒坐禅，此外辄行，皆是违法"。（均见《开元录》卷十八）但其后此教仍甚流行。至玄宗开元元年（713），敕毁除化度寺无尽藏院。（《两京新记》）开元十三年（725），诏除诸寺三阶院隔障，禁断《三阶集录》。然

---

① 《续高僧传·信行传》曰：卒年五十四，当误。按此据 S. 2137《信行遗文》，见矢吹氏之《三阶教之研究》。

② 此据《续高僧传》。《房录》为三十五卷；《内典录》为四十卷；《开元录》、《贞元录》均为三十五部四十四卷，《开元录》著录三十五都之目录。

③ 《房录》卷十二注。

其后三阶教仍有信奉者。德宗时，圆照仍编三阶教籍入藏。① 圆照并撰《隋传法高僧信行禅师碑表集》五卷（或作三卷），并奏上之。（见《宋高僧传·圆照传》）敬宗尝赐化度寺无尽藏院金文额文。② 但在会昌法难以后，三阶教罕闻予世，后竟其名亦湮没不彰。迨信行卒后一千三百三十二年，日本学者矢吹庆辉搜集敦煌古卷之散在各地者及日本旧藏之三阶教残卷，复广罗中华书中事实，勒成一巨帙，名曰《三阶教之研究》，此宗史实，乃得显于世云。盖此书于三阶教史、教籍、教义论之均详，故本书不须详述，然亦有数事当辨证缀补。

书中详述武则天时《大云经讖》事，极饶兴味。但与三阶教毫无干系。盖谓《开元录》"天授立邪三宝"之语系指《大云经讖》，著者实误解原文。缘《开元录》卷十八"伪经"中著录三阶教撰述，而谓此宗："即以信行为教主，别行异法，似同天授，立邪三宝。"夫天授明即提婆达多也。《翻译名义记》："提婆达多，……无性《摄论》云：唐云天授，亦云天与。"提婆达多欲害佛者三次，初放醉象，次使狂人，后投大石，而皆目的不果，遂自称大师，又谤瞿昙，谓五法是道，瞿昙所说八支圣道则非真道云云。盖此"天授"为破释迦僧伽之人，非指则天年号。况唐朝人民无直斥武后之理，即如下文"我唐天后证圣之元"云云已可证。提婆达多别行异法，据法显、玄奘所传，自晋及唐，印土尚有信者，则所谓"邪三宝"也。书中并录大英博物院藏敦煌写本一卷，乃疏《大云经》弥勒授记事，卷首残缺，不省书名及作

---

① 日本僧人道忠《释净土群疑论探要记》曰："《贞元录》云：上从《三阶佛法》下三十五部四十四卷分为五帙，隋沙门信行撰集。奉贞元十六年四月十三日敕，右街功德使牒入《贞元新定释教目录》。"

② 《长安志》卷十："化度寺本真寂寺，……寺中有无尽藏院，敬宗赐化度经院金文额文。"

第四章 隋唐之宗派

者姓名。按《东域传灯录》，载《大云经神皇授记义疏》一卷，则此书或原标是名。又其疏末有"来年正月癸酉朔"之语，矢吹氏谓是咸亨元年，岁在癸酉。然此自系天授二年，其正月朔日，恰为癸酉。按载初元年七月沙门薛怀义等表上《大云经》，至九月九日武则天称帝，改元天授。此残卷之作正在斯年，或亦怀义等所表上也。

书中详叙信行弟子，而未载灵琛。琛俗姓周，弱冠出家，即味大品经论。后遇禅师信行，更学当机佛法，居相州慈润寺。（《八琼室金石补正·慈润寺故大灵琛禅师灰身塔铭》）相州为信行早年所在地，慈润寺为唐慧休住寺。武德中，玄奘曾游相从休学。灵琛则于贞观三年卒于慈润寺，是玄奘或得见之。又三阶教居士除裴氏有数人外，又有管氏。唐万安令管均卒于乾封元年，其子僧嗣泰在调露元年收骨起塔于终南山鸱鸣埠禅师林左。管真卒于显庆四年，亦同时在同处起塔。二人均城阳人，显属一族。（墓志皆载《八琼室金石补正》）三阶教徒死后恒葬于终南山鸱鸣埠信行塔侧。（事不知起于何时。宋张茂中《游城南记》之续注谓始于裴行俭妻，非是。）则管均、管真、嗣泰皆服膺信行之教者也。又《续高僧传》卷十八载禅师慧欢卒于大业六年，遗命舍形寒林，并葬梗梓谷，此均三阶僧送死常例。慧欢亦姓管氏，但传又言为京兆云阳人，系清禅寺昙崇弟子（崇，《续僧传》十七有传），则恐非与管均等同族同信仰也。

建无尽藏实始于梁武帝，《祐录》十二谓皇帝造《十无尽藏记》是也。至嘉祥大师尝用财施充十无尽藏，委付昙献，资于悲敬。（《续高僧传》卷十一）而唐玄琬亦撰有《无尽藏仪》。（见《内典录》卷五）据《南海寄归传》，善遇法师曾在齐州营无尽藏食供养无碍，所受檀施咸随喜舍。吉藏、玄琬俱一时名德，善遇乃义净之师，均非三阶教徒，可知无尽藏固一时风尚也。至于

217

玄奘弟子神昉，确与三阶教有关。（见前）大英博物馆藏有上元三年（系高宗时）《法华经》写本，校者有慈门寺无及、化度寺法界，均三阶教寺僧。阅者有太原寺嘉尚、慧立，皆玄奘弟子。慧立，《宋僧传》谓为魏国寺沙门，按此即崇福寺，原名太原及魏国。《开元录》亦言慧立高宗时为太原寺主。嘉尚之在斯寺无考。法相名宿固亦曾共三阶教人校阅写经也。此或因玄奘大师广译经论，而译有《十轮经》故也。

第十节　综论各宗①

中国佛教史料中，有所谓"十宗力""十三宗"之说，本出于传闻，而非真相。盖与中国佛教宗派有关，于汉文资料中所称为"宗"者，有二含义：一指宗旨之宗，即指学说或学派。如中国僧人对印度般若佛学之各种不同解释，遂有所谓"六家七宗"，此所谓"宗"者，即家也，如"儒家""道家"之"家"。"本无宗"者，即"本无家"；"心无宗"者，即"心无家"。又如讲说各种经论之经师、论师之学说，遂有"成宗论宗"之名，此论宗者，盖以所崇所尊所主名为宗。上此均是学说派别之义也。一指教派，即指有创始人、有传授者、有信徒、有教义，有教规之宗教团体，如隋唐时之天台宗、禅宗、三阶教等，此皆宗教之派

---

① 本节油印稿原有一简单提纲，现抄录于下："研究教史者，不但须了然于各宗之源流，而尤必详知各时学说之风格，故综论为至要。但兹事体大，无暇陈述。爰述三项，略示学者研究应循之程序：（一）综论各宗之判教，并推及其同异；（二）叙述各宗之消长，并其原因；（三）并列各宗事实，作编年总表。"铅印本阙此提纲。关于中国佛教之宗派问题，汤用彤先生于《汉魏两晋南北朝佛教史》及本书本章之首均有论述。现据《论中国佛教无"十宗"》及《中国佛教宗派补论》两文删改成此节。此两文与上两书之观点是一致的。

第四章　隋唐之宗派

别，盖所谓"宗"者指此。隋唐以前中国佛教主要表现为学派之分歧，隋唐以后，各派争道统之风渐盛，乃有各种教派之竞起。兹就此问题论述于下。

一

南北朝时，译出佛教经典益多，有大乘有小乘。大乘空宗有般若三论，维摩法华，大乘有宗有华严涅槃；小乘即有沙婆多之诸论，又有成实论之空理。出经既多，译人复有传授，故讲习经论之风大盛。东晋佛学尚清通简要，主张得意忘筌，是以道生注《法华》仅有二卷。逮至齐梁，僧人务期兼通众经，讲说盛行，法云《法华义疏》现存八卷，刘虬《法华注》著录十卷。前此僧人以能清谈玄理见长，而今则以能讲说经论知名，于是有众多之经师、论师。兹据慧皎《高僧传》，举二、三僧人以说明当时经论讲习之情况。《高僧传》卷八《慧基传》曰：

"释慧基初随慧义法师，宋文帝为设会出家，舆驾亲幸，公卿必集。基学兼昏晓，解洞群经。游历讲肆，备访众师。善小品、法华、思益，维摩、金刚般若、胜鬘等经，皆思探玄赜，提章比句。及慧义亡后，资生杂物，近盈百万，基法应获半，唯取粗故衣钵。遍访三吴，讲宣经教，学徒至者千有余人。后周颙莅剡，请基讲说。刘瓛、张融并申以师礼，崇其义训。司徒文宣王致书殷勤，访以法华宗旨，基乃著《法华义疏》凡有三卷。及制门训义序三十三科，并略申方便旨趣，会通空有二言，及注《遗教》等。乃敕为僧主掌任十城，盖东土僧正之始也。基弟子德行、慧旭、道恢，并学业优深，次第敷讲，各领门徒继轨前辙。"

据此,当时佛教势力扩展,经论之讲习甚盛,僧人广访众师听讲,而本人亦渐以讲经知名,且各有专精。慧基之于社会享盛名,因其于《法华经》独步一时,然亦仅"提章比句",非自有创造也。其弟子亦不过各处听讲,并自己讲说,然非必继承其师之学说也。慧基之弟子慧集即是如此。《高僧传》卷八《慧集传》略曰:

"释慧集年十八出家,随师慧基法师受业。学勤昏晓,未尝懈息,遍历众师融冶异说,三藏方等并皆综达,广访大毗婆沙及杂心、犍度等,以相辩校,故于毗昙一部擅步当时。每一开讲,负帙千人,沙门僧旻、法云并名高一代,亦执卷请益。今上(指梁武帝)深相赏接。著《毗昙大义疏》十余万言,盛行于世。"

据此,慧集与其师慧基无别,仅师专精《法华》,而弟子则以毗昙知名而已。且可知,当时所谓义学僧人,只擅长讲经,并未开创新说,可以继承也。

经论讲习之风既盛,故僧人讲经次数之多,实可惊人;而讲经既多,于是章句甚繁,而有集注产生。有宝亮者,"讲众经盛于京邑,讲大涅槃凡八十四遍,成实论十四遍,胜鬘四十二遍,维摩二十遍,其大小品十遍,法华,十地、优婆塞戒、无量寿、首楞严、遗教、弥勒下生等亦皆近十遍。黑白弟子三千余人。开章命句,锋辩纵横"。(《高僧传》卷八《宝亮传》)宝亮讲经论次数之多,或有夸大,但足见刘宋后僧人之风气也。时梁武帝且自讲经,又敕撰《涅槃集注》,有七十一卷,所集注疏十九种。此皆佛教经学形成之标志也。故而其时有涅槃师、成实师或成论

第四章　隋唐之宗派

人、毗昙师或数人等名称。虽讲涅槃者所宗为《涅槃经》，讲成实者所宗为《成实论》，讲毗昙者所宗之经论为《杂心论》等，而于隋唐以前中国佛教之撰述中，涅槃宗、成实宗、毗昙宗实极罕见。兹据所知，引书三条如下：

1. 《续僧传》卷十《靖嵩传》曰：嵩在北齐时，因"唯有小乘，未遑详阅，遂从道猷、法诞二大论主，面受成、杂两宗"云云。此处谓成实宗、杂心宗显系指此两部论所说之理论而已。

2. 日本僧人安澄于801至806年撰《中论疏记》卷一述旧地论师所说之四宗略曰："一、因缘宗，后人諂毗昙宗；二、假名宗，后人諂成实宗（下略）。"又按窥基（632—682）《法苑义林》叙四宗有曰："夫论宗者，所崇所尊所主名为宗。古大德总立四宗：一立性宗，杂心等是；二破性宗，成实等是（下略）。"合上两段观之，安澄所谓之毗昙宗，即窥基之"杂心等"论也；安澄之成实宗，即窥基之"成实等"论也。又失名之《摄大乘义章》卷四数言"成实论宗"，可知成实宗即是"成实论宗"之省文也。又安澄书中引有宗法师《成实义章》，聪法师《疏》、《成实论大义记》、基师《阿毗昙章》，此当即安澄所指之"后人"名为成实宗、毗昙宗者也，亦即成实师、毗昙师之说也。

3. 吉藏常言及"毗昙师""杂心师"，然亦曾用"毗昙宗"之名。《三论玄义》卷上有曰："依毗昙宗三乘则同见四谛，然后得道。就成实义，但会一灭，方乃成圣。"此毗昙宗显系即毗昙理论之义，而成实义之"义"尽可改为"宗"字也。"涅槃宗"最早见于《涅槃经集解》卷六，其文引南齐道慧曰"佛开涅槃宗"。次唐元康之《肇论疏》有曰"依涅槃宗，而说涅槃"。此两处盖均指《涅槃经》之宗义也。

总上三条，所谓"宗"者皆是"宗旨""宗义"之义，故一人所主张之学说，一部经论之理论体系，均可称曰"宗"。从晋代之所谓"六家七宗"至齐梁周颙之"三宗"皆指佛教学说之派别（学派），实无隋唐以后之佛教教派之意义。

二

南朝佛教讲说之风既盛，而由于印度佛经传入之先后，以及所据印度经论之不同，或于经典解释之各异，遂渐成佛教各种学说之派别。于此据史料以推求其中之演变，当可更明瞭晋至隋唐间经论流行之情形，及学派间之分歧，并可进一步证明中国佛教宗派之形成盖在隋唐以后，而所谓"十宗""十三宗"之说实是误传。

（1）在鸠摩罗什到长安以前，较流行之佛经主要有二种：先是安世高所译之小乘毗昙，最要者为安般禅法，道安《安般注序》谓"安世高者博闻稽古，特专阿毗昙学，所出经禅数最悉"（《祐录》卷六）；次为般若经（大乘方等），有《道行》、《放光》、《光赞》等，按《渐备经序》曰："大品出来虽数十年，先出诸公略不综习，不解诸公何以尔。……大品顷来，东西诸讲习无不以为业。……"（《祐录》卷九）此谓大品出来研习者少，当系因小品较为流行，即以《世说·文学》中言及小品者三四次，而未及大品，亦可知矣。至于般若流行之原因，如道安所说，"以斯邦人老庄教行，与方等经兼忘相似，故因风易行也"。（《鼻奈耶经序》、《大正藏》卷二十四）般若说"空"，晋人对此已有种种解释，王洽与支道林书："因广异同之说，遂令空有之谈纷然大殊，……"（《广弘明集》卷二十八上）僧肇《不真空论》亦曰："故顷尔谈论，至于虚宗（即空宗）每有不同。"据僧叡《维摩经序》谓其时虚宗不同之谈论已有六家。（《祐录》卷八）而所谓"空有之谈"，则亦包括佛学中之般若与毗昙也。盖在道安晚年罗什未至之际，小乘有部毗昙已有译出。《世说·

第四章 隋唐之宗派

文学》记提婆在东亭第讲《阿毗昙》，僧弥更就余屋自讲。东亭、僧弥均王洽之子，并均参与有部阿毗昙之译出。以上为东晋时佛教流行之情况。

（2）自东晋末至南齐，周颙又概括其时谈空之学派为"三宗"，而三宗则已包括成实论之小乘空，不仅大乘般若空教也。永明七年齐竟陵王招京师名僧数百讲经及十诵律。时周颙作《钞成实论序》略曰：

"寻夫数论之为作也，虽制兴于晚集，非出于一音。顷泥洹、法华，虽或时讲；维摩、胜鬘，颇参余席；即于大品精义，师匠盖晚；十住渊弘，世学将殄，皆由寝处于论家，求均于弱丧。"

据此，可知南朝宋齐间佛学讲习之概况。又按《高僧传》卷八《智林传》有智林致周颙书曰：

"……贫道捉麈尾以来，四十余年，东西讲说，谬重一时，其余义统，颇见宗录，唯有此途，白黑无一人得者。"

所谓"此途"指周颙《三宗论》之第三宗，即罗什在关中所译之中、百、十二门三论之理论。智林书盖谓其所讲习之其他义疏，皆为时人所研习，唯中、百、十二门之宗义尚未为人所注意。故据上述周颙《钞成实论序》可知时所注意之学问，除十诵律外，有涅槃、法华、维摩、胜鬘、大品、十住、成实等，而未及三论。又据智林书知其始注意中论、十二门论等，而此论等"白黑无一人得"，故其时注意研习三论者甚少也。

223

(3) 自南齐后，三论始大行南朝。时有北方僧人黄龙法度及其弟子辽东僧朗南来，始在摄山弘兰论之学。僧朗之弟子僧诠讲大品、读三论，不开涅槃与法华。诠弟子兴皇法朗于江北得《大智度论》，始用之讲大品。可见《大智度论》南方原不流行，而摄山之讲四论始自兴皇法朗。此时三论之学大行于南北也。

又至隋初，据隋炀帝为晋王时尝致书智顗法师曰：

"……若习毗昙，则滞有情著；若修三论，又入空过甚；成实虽复兼举，犹带小乘；释论、地持，但通一经之旨，如使次第遍修，僧家尚难尽备，况居俗而欲兼善。当今数论法师无过此地，……"（《国清百录》五十）

所谓"数论法师"，应指江都智脱（见《续高僧传》卷九，脱善成实）；"释论"即《大智度论》，乃大品经之释论；"地持"即《出瑜伽十地论》本地分中之"菩萨地"，隋慧影谓"地持是弥勒世尊所造，以释十地"，亦为当时北方流行之经典。按杨广所言，虽非对当时所讲习全部经典之分析，然亦可看出当时之风尚。

(4) 吉藏《百论疏》曰：

"大业四年，为对长安三种论师，谓摄论、十地、地持三种师，明二无我理及三无性，为论大宗，今立此一品（破空品），正为破之，应名破二无我品及破三无性品。……"

下文又曰：

第四章　隋唐之宗派

"吉藏昔在江左陈此品有十七条,年老多忘,故略述一二数耳。"

据此可知吉藏在南方曾讲破空品,大业四年在长安又讲。此所谓"大宗",即指所弘之三论宗义。吉藏以其三论宗义破摄论、十地、地持三种师所明之二无我、三无性义,"建立三论,欲申正教"。盖吉藏以三论为大宗、为正教,而其余宗义如摄论师等,则非正教,均是小宗。

吉藏于仁寿之终,奉敕撰《维摩经义疏》(即《广疏》),文中曰:

"问:义宗已盛谈不二,未详不二是何等法?

答:有人言不二法门即真谛理也。此成实论师所用也。

有人言不二法门谓实相般若。实相是真谛理,能生般若,故名般若,此智度论师之所立也。

有人言不二法门阿梨耶识。此云无没识,此旧十地论师之所用也。

有人言不二法门阿摩罗识。此云无垢识,摄大乘师真谛三藏之所用也。

四宗之内初二约境,后二据心。"①

据文中"义宗"即为义理之宗,盖谓理论之派别也。所说四宗即:成实论师、智度论师、旧十地论师及摄大乘师,故四宗者即四种论师,如前引文之"三种论师"也。查史料,隋时吉藏既用

---

① 见《大正藏》卷三十八,引文内小字夹注原文如此。

成实论师或成论、毗昙师、数论师等。均正《四论玄义》用成实论师等亦多，言某某宗则甚少（多在十卷），卷六有成实论等义宗，或成实论师宗，或诃梨宗，但并不多见。且此所说"宗"非指宗派，而指诃梨所著之成实论学说或讲成实论者之学说而已。隋智颛《摩诃止观》、中唐湛然《辅行弘决》均收材料甚多，而亦未言成实宗等，仅有成论、成论师、摄师、地师（或地人）、摄大乘、数人（毗昙师）等，且不多见。

（5）据上二项之资料，如杨广说隋时有毗昙、三论、成实、释论、地持诸种经论之宗义；吉藏说有摄论师、十地论师、地持论师、大智度论师及成实论师等。此盖为隋时流行之佛教学问也。而三论与大智度论均印度龙树义，常合称为"四论"，而有"四论师"之称。其于义理与三论师无不同，著作仅存有均正《四论玄义》。均正生平不详，或为慧均僧正之简称，《四论玄义》当作于隋朝。

吉藏于《大乘玄义》述佛性十一家，《四论玄义》则说佛性义宗本三家、末十家，反复讨论，其文甚长，可见其时涅槃佛性义争执甚烈。均正于破斥十家（大都是成实论师）后，有文曰：

"（成实）问：十家亦引经，汝亦据经，何独汝是他非耶？

（三论）答：此事如世娘婢二子诤父家业，为岂相类也。又今家禀南天竺学摩诃衍龙树之风，彼依罽宾学小乘诃梨之论。又地摄二论学有得，大乘师宗已是悬绝，汝学成毗与地摄论，我学三论，我论初命章十二门论云'今当略解摩诃衍'，中论初亦云'如摩诃般若波罗密中说'，汝论初命章云'何故造此论我欲正论三藏中实义'。

第四章 隋唐之宗派

  （成实）问：若尔，岂悬绝？……
  ……（答辞略）"

此道统之争演为谩骂，然亦仅以分大乘小乘，说对方差不如己。虽所谓对方有摄、地、成、毗诸师，然主要攻击对象是成实论师，故着重指出成实论为小乘之学。学派之分歧发展至此，已有向宗派过渡之趋势也。

  （6）中国佛教学说之争执，最后表现为传法定祖问题。三论学于摄山时代已力言其为"关河相承"，后又谓其为龙树嫡传。至隋硕法师《三论游意义》始列其传法次第，文略曰：

  "传持法藏，始末有三十二人也。始自迦叶，终于师子此丘也。……马鸣付属何人……提婆去世，付属罗什，如是相承乃至师子比丘也。"（此系据《付法藏因缘传》，然将鸠摩罗什列提婆之后，师子比丘之前，乃是硕法师之肊造也。）

下文又问法胜毗昙与诃梨成实等何人付属，答曰此诸论师均佛教异端，非传法藏，而为龙树之所破斥也。至于四论，则书中称之为"圣大宗，同申佛大教也"。

  据上述六节资料，虽不甚系统，然已可约略看出：于南北朝时，特别在南朝，实仅有不同学说之流行，而尚无宗教派别之建立也。初中国僧人对于印度佛教各有不同之解释，提出不同之主张（称为"义门"或"义宗"），如"六家七宗论"及"三宗论"所列，盖此仅明学说上所有之诸派别，非宗派也。及至佛教势盛，译经益多，讲师辈出，每一讲席，听众动辄千人，而有各种经论之经师、论师，最知名者有"成实论师""三论师"等等。

此各派之经师、论师有理论之分歧与争论，如上所述甚至形成道统之争，然亦仅可谓为学说之派别（学派），而非可谓为宗派（教派）也。至于学派与宗派之分别以及宗派之形成，于下略论之。

三

隋唐教派风起，因各派各有其理论和教义，故通称为"宗"，如"法相宗""华严宗"，又可称为"教"，如"三阶教""天台教"，各立其到达解脱之办法，故称"门"或"法门"，如"禅门""净土门"。禅宗初为楞伽师，此亦说明教派之兴起，系继经论讲习之后。隋唐所谓"宗"（教派），遂与南北朝时学派之"宗"甚为不同，而实为真正之宗派也。此时宗派之特点与前此学说派别相较，盖为一有创始、有传授、有信徒、有教义、有教规之一宗教团体也。下先就成实论师、天台宗阐明学派与教派之不同，并论及其他相关事实。

南朝经论讲习之风盛行，遂有各种经师、论师出，兹举成实论师为列，以明论师之性质。成实论师者，盖指讲习成实论、并有关于成实论著述之名僧。据现存之有关资料，其时最著名之成实论师为梁三大法师庄严僧旻、开善智藏，光宅法云。而此三法师于佛教理论并无统一之解释，如于涅槃佛性种种方面各有各之说法，并不相同，甚至相反。天台智顗《摩诃止观》卷三言及成实论师，并斥庄严、开善二家曰：

"昔严庄家云佛果出二谛外，此得片意，而作义不成；……开善家云佛果不出二谛外，……作义复不成，……古来名此为'风流二谛'，意在此。……"

第四章　隋唐之宗派

按湛然《止观辅行》卷三之三解释，谓此二成实论师，不解人有利根钝根，一个说佛果出二谛外，一个说佛果不出二谛外，均是片义，作义不成，故古人称之为"风流二谛"，"风流者乃动止合仪"。智𫖮特出此事，意欲讥诮成论人无一致之学说也。灌顶《涅槃玄义》卷上论及此事亦云："此皆成论师说，自相矛盾，不惬人情"云云。

此诸成实论师均仅为成论家否？亦非尽然也。吉藏《法华玄论》曰："爰至梁始三大法师……大习数论（成论），遍释众经。但开善以涅槃腾誉，庄严以十地、胜鬘擅名，光宅法华当时独步。"则是三大成实论师于大乘经均各另有专长也。古来相传成实判教为五时，此说本创自刘宋道场慧观，原与成论无关。又相传成实师所讲为八十四法，而成实论并无此说。周颙说成论是小乘，萧纲说是小乘兼大乘，三大法师均自说是大乘。总之，齐梁之世讲习成论为佛教最盛行之一风气，故可谓其为佛教学说之一大流派也。然其并无一统一之理论，不成系统，既无创始者（三大法师并无师承关系），亦无发祥地，《四论玄义》所谓"开善门徒""庄严寺门徒"，盖指两法师之弟子也。据此，仅可称之为学派，而不可称为宗派也。其余经师、论师有关材料不多，然共性质实与成实论师相同。

如前所论，三论师一方面有共同之学说，以其为无所得大乘，反对小乘及一切有所得大乘；另一方面自称是正教，此已不仅是一学派，而渐具有教派之性质也。至于真正之教派，则可以天台宗为例，以说明教派之性质。

智𫖮（即智者大师）所创立之学说，主要以《法华经》为依据。中唐湛然《法华经大义》云，此典"多有诸家，今暂归'天台宗'"，"天台宗"之名，始见于此，则天台宗固原为法华经师中之一家也。日本又称"天台宗"为"法华宗"或"天台法华宗"。宋天台沙门法照著有《法华三大部读教记》，所谓"三大部"者即指智𫖮所著之《法华玄义》、《法华文句》及《摩诃止观》，故天台宗与《法华经》之关系可知矣。

智𫖮本是禅师，而晚岁（于隋皇十七年）三论学者嘉祥吉藏曾致请讲《法华经疏》。（见《国清百录》一〇三）按吉藏《法华统略》曰："……少弘四论，未专习一乘，私众二讲将三百遍（据《续僧传》作"三十遍"）。……"据此可知三论大师晚年始重法华，且佩服天台智𫖮《法华经疏》也。隋朝此两大法师，虽均讲法华，而其作风则甚不同。其一，吉藏为证成三论学说，破斥他家实甚多；智𫖮为建立其体系，费力甚勤，而极少涉及当时其他学说。故天台宗多有创造，而三论师则偏于经论之发挥。其二，吉藏博学，偏重理论之研讨；智𫖮为禅师，所重在"止观法门"。按《续高僧传》列吉藏在"义学篇"中，列智𫖮于"习禅篇"，亦说明两人不同之所在。

《摩诃止观》篇首曰："止观明静，前代未闻"，此盖谓当时禅门极多，天台最胜。天台唱定慧双修，既重修行方法，又有理论体系。天台实以智者大师为教主（见《止观辅行》卷一），其禅法受之于南岳慧思。按开元廿六年《贞和尚塔铭》（《金石萃编》卷八十三）谓贞"受衡阳止观门"。又贞元中《楚金禅师碑》（见前书卷一〇四）亦谓"法花三昧，禀自衡阳，止观一门，传乎台岭"。可见唐代人均以衡阳慧思、天台智𫖮所传者为"止观法门"。

天台智𫖮徒党甚众，颇受陈隋两朝帝王之优遇。晚年在天台传法，其时已为僧众立制法，定忏仪，俨然一代教主。（见《国清百录》一至七）禅宗人亦以智者为天台教主。（见《传灯录》二十七）而天台宗是一有创始人、有教理、有教规、有修行方法、有徒众之团体，是为佛教中之大教派。

第四章　隋唐之宗派

天台宗既成一大教派，自认为佛教正统，而有传法定祖之说。天台宗以慧思为慧文传法弟子，此事即有可疑，《佛祖统记》卷六已有论述。而慧思弟子亦甚多，据唐初道宣《续高僧传》习禅篇论，其最著名之弟子为智璀，璀于《智𫖮传》中称为国师，《昙迁传》中称为"禅慧两深，帝王师表"。然自初唐后，天台智𫖮一系发扬光大，而智璀几湮没无闻矣。按《续僧传》论，此人似原有传，而今已亡矣。故天台于智𫖮前之正统，虽未闻有争执，然或有分歧必也。

《摩诃止观》云，慧文用心一依龙树《大智度论》，智𫖮卒前口述《观心论》亦有"稽首龙树师"之言，其后天台宗人推龙树为高祖。龙树为付法藏十三师，隋大业元年柳顾言《国清寺智者禅师碑》有"往大苏山请业慧思禅师，禅师见便叹曰：'忆昔灵鹫同听法华'"云云，据此天台法门不仅出于龙树，且直承佛祖矣。

天台宗至唐玄宗时，荆溪湛然前之传法次第，因《止观辅行》普门子序与梁肃《修禅寺碑》而固定。但风穴贞禅师明皇谥为七祖（见《金石萃编》卷八十三），可知于玄宗时天台传法亦有两说。直至五代，吴越王追谥诸祖，荆溪之说遂为后人所公认，而风穴贞则早为人所遗忘矣。

陈至唐初即天台智𫖮、灌顶之时，中国佛教情形庞杂，而封建国家开始南北统一。其先因北周武帝毁法，僧徒大量南下，其后隋帝统一，复召天下名僧入关。于此种庞杂而趋于统一之情况下，而庞大之佛教统多出矣，天台宗、禅宗于是乎出世。就天台宗说，先是慧思本北方禅师之一，而传法于南，继之智𫖮本系南人，而就学于北。南方经论讲习之风气与北方注重宗教行为，并集于彼等之一身，盖慧思、智𫖮等非但为禅师，且兼义学。而智𫖮则已于经论、禅定、戒律均有其建树，并综合为系统，建成一

231

大教派。

　　以经论说，智𫖮以讲《法华经》出名。其弟子灌顶，据《续僧传》记载，亦讲《法华》，并谓此天台二大师所讲《法华》"跨朗笼基，超于云印"。《法华经》旨在会三乘于一乘，为"判教"学说有关经典之一。智𫖮于判教在研讨前人种种学说后，而建立其"四教义"。（参看《四教义》卷一"古来诸师讲说"段及《四教仪缘起》、《大正藏》卷四十六）

　　于禅定，智𫖮将佛经种种禅法纳于其止观理论而建立一复杂系统。其中并取当时之某种禅法，如《修习止观坐禅法要》所言之"六种气"，一吹、二呼、三嘻、四呵、五嘘、六呬。（《止观辅行》卷八之二于此有释，但六字不同）此种禅法亦见于《道藏经》中，或原出中国道教行气之法，而为智𫖮所吸收。

　　于戒律，天台宗为菩萨戒之提倡者。菩萨戒之入中国，系由于罗什译《梵网经》及昙无谶译《地持经》。按《弘明集》载姚兴敕尚书令姚显夺道恒、道标法服，令还俗从政，有"释罗汉之服，寻菩萨之迹"之语，则似还俗后受菩萨戒。又《高僧传》载昙无谶曾为法进受菩萨戒，则沙门亦可受菩萨戒也。《梁书·江革传》载"高祖（即萧衍）盛于佛教，朝贤多乞求受戒"，江革因其劝告而受菩萨戒。沙门慧超亦奉诏受戒。（见《续僧传》）可知菩萨戒于萧梁时期，由于梁武帝之提倡，盛行于朝堂。又据《陈书》载江总从钟山灵曜寺则法师受菩萨戒，姚察从明庆寺尚禅师受菩萨戒，均在梁武帝时。《续僧传·智𫖮传》载智𫖮"手度僧众四千余人……受菩萨戒者不可称记"。《国清百录》记载陈少主、隋晋王杨广及徐陵等，均从智𫖮受菩萨戒。日本《法华宗章疏目录》著录有慧思《受菩萨戒文》一卷，又《四明尊者教行录》卷一载有"受菩萨戒仪"内称"西天国王登位，百官上任，并先受此菩萨戒"等语。由此可见，菩萨戒当为天台宗之重要宗

第四章　隋唐之宗派

教活动，而其政治势力则在统治者之当权人物也。

须知宗派之兴起，故基于统治阶级当权者之提倡，亦在于广大民众之信仰，信之者愈多，则更易于受统治者利用。中国之宗派，其于广大民众中有较大之影响者，为禅宗与天台宗。以禅宗而论，以不立文字、摒弃烦琐教义及规仪而行其教，因之易于在大众中流行，为我国历史上最盛之一佛教宗派。至于天台宗，则须注意其与民间流行之神灵崇拜之关系。神灵崇拜古称"祠祀"，为解决家庭苦难，有"司命""皂神"；为解决地方之困难，有"里社""城隍"。佛教传入中国随之而来亦有种种神之崇拜，如华严宗之文殊，法相人之弥勒。隋唐之际，观音菩萨、阿弥陀佛，已是民间流行之崇拜对象。天台宗则因《法华经》故特奉观音菩萨，谓为救苦救难之菩萨也。智顗尝制"请观音忏法"（见《国清百录》第四），而念佛三昧，往生极乐，亦谓曾为智者大师行奉行（见法照《五会念佛诵经观行仪》卷五）。按念佛拜菩萨于民间之广泛流行，盖亦因集会结社之兴起，此在唐以前已有流行。北宋省常慕庐山莲社之风，于杭州西湖结"净行社"；天台四明知礼结"念佛会"，聚僧俗男女一万人。每年定期建会，按日念佛名一千声（见《四明教行录》卷一），足见天台宗于民众中影响之广大。

四

佛教宗派之为教派，其标志之一，即自以为是传法之道统。而道统之争当与南北朝时道教与佛教之争有关。至五世纪，南北均有叙述佛教法统之著作，如《付法藏因缘传》，现存六卷，题为"北魏吉迦夜共昙曜译"。查书内容疑系太武帝毁法时为证佛教法统，据旧记编纂而成。按佛教流行中国后，中国人常疑其真实性，《老子化胡经》之说早已流行。太武帝毁法时所下诏书有云，佛法本汉人无赖子弟刘元真、吕伯疆所伪造。故该书或是其时佛徒为复兴佛法、辟斥此类言论而编撰。南方流行有关传法之记载，当为《萨婆多部相承记》，亦称《萨婆多部记》，此系僧祐采集古今记载编纂而成。此书现佚，《出三藏记集》卷十二尚存其序及目录。

中国佛教宗派兴起之后，各派常引《付法藏因缘传》及《萨婆多部记》为争法统之根据。然二书性质并不相同，《付法藏传》本是在说佛法之代代相传；而《萨婆多部记》则仅叙萨婆多部师之传记，即为萨婆多部十诵律传授之史料汇编也，而非叙述佛教传法之历史。

在中国佛教宗派史中，传法为一关键性概念，于隋唐后方盛为流行，前此则不然也。此在佛书中称为"传灯"，老子称为"袭明"。① 按早期道教并不特重师资传授，《抱朴子》的《金丹》、《勤求》诸篇，自言得道书于郑君，而以得金丹则须由勤求。至于印度佛教部派，只重学说之同异，而甚少言及师承（如《异部宗轮论》）。而中国佛教于隋唐以后，师资传授乃渐受注意。前此汉晋之际，佛法初行，僧人有师徒关系而无传法之说。道安晚年文中颇有怀念其先师之语，与其弟子慧远别时亦颇多训勉。至于鸠摩罗什门徒众多，于僧肇颇赞美其文词，谓"余解不谢子，词当相挹"；于僧叡则称美其理解"不问而解，可称英才"，均未言传法。罗什以后，僧人往来各地访师问经，讲者持经敷讲，学者按文研读，此仅经论之传授，与后之所谓传法意义大不同。兹举《续僧传》所载三数事以辨明：

（1）《法敏传》载，兴皇法朗将死，与门徒言后事，令推举一人继主讲座，所举悉不当意，乃自举茅山明法师，众人骇异，

---

① 唐李邕《法华寺碑》有"传灯袭明"之语，见《全唐文》卷二六二。

第四章 隋唐之宗派

私议法师他力扶矣。及明法师就讲座,叙十科义,大众慊服,称为"兴皇遗嘱"。又《道庄传》载,庄学成实于彭城琼法师,琼因年疾"特欲传绪,通召学徒,宗猷顾命",众人属望于庄,琼言"恐其徙辙余宗",后庄果从兴皇法朗学大乘四论。据此二事可见其时讲座继续之情形。

(2)《智琚传》载,智琚遍学经论,从师甚多,自谓"学无常师"。尝听坦法师讲《释论》,及坦将逝,以五部大经付嘱,后琚亦常以之敷讲。琚将死,又以《华严》、《大品》、《涅槃》、《释论》四部义疏付嘱其入室弟子法衍。

(3)《法恭传》载,"听余杭宠公讲《成实》,屺公《毗昙》,逮宠将亡,乃以麈尾付嘱,……恭既受法寄,相续弘持"。

"遗嘱""付嘱",本出于佛经,吉藏《法华经义疏》卷十一《嘱累品》释曰:"嘱累有二,一以法付人,二以人付人。"据上引三条,唐代前所谓付法者,盖指可继续其师讲经论之僧人,所付者为经论之讲解或所著述之义疏,至或以麈尾付嘱以为象征。

"付法"一词,至隋唐天台宗、禅宗等兴起之时,实含有新义:一则立宗者自称其继承佛之正统,常引《付法藏传》以证明。如时有疑《唯识》、《摄大乘论》、《法华经论》是否可信,吉藏释曰此三书作者天亲于付法藏中有其人,是故可信。(见吉藏《法华玄论》卷四)天台宗传授史则是据龙树为付法藏第十三人。禅宗传授史亦据《传法藏传》、《萨婆多传》等。① 再则因禅定盛行之影响,传法遂有神秘之意义,与名相解释之学不同。天台特重因禅发慧,智𫖮诣慧思受业心观,得法华三昧,思曰:"非汝莫感,非我莫识。"而禅宗顿教,更是以心传心,秘密相传,不著一字,其后参禅棒喝,皆为其顿悟学说之体现。此与前

---

① 禅宗之"如来拈花,迦叶微笑"故事,《佛祖统纪》卷五谓出于《大梵王问佛决疑经》,该经当系伪经。

之讲习之学，读经说法，以之相传，大不相同也。

传法概念之形成，与宗派之兴起有关，而宗派形成之原因甚为复杂，须具体研究。如鸠摩罗什传大乘空宗之学，浮陀跋陀传一切有部之禅法，法自不同。在长安时，有姚兴、姚显、僧䂮、僧肇等之倡导，罗什之学极盛，浮陀跋陀罗为之排斥，摈至南方，赖庐山慧远等之维护，得行其道。而后原在长安盛极一时之空宗，于北方渐衰，反因江南梁武帝提倡并自讲大品，遣人摄山学三论，而罗什之学又盛于南朝。北魏末年，外族统治者习汉人治天下之术，重视儒学，而流行之佛学为毗昙有宗。故一种学说之盛衰，原因甚多，有世风之故，有政治之因，均须一一详研。

及至南北朝末年，如前所述，中国佛教宗派渐兴，有由学派进而为教派者，如三论宗；有新兴之教派，如天台宗，其主要标志实为道统之争。此种新风气，或与其时佛教内部庞杂之情形有关。天下讲席林立，各种观行禅法并起，引起种种对抗，甚至杀害，如：

（1）《续僧传》十五载，释灵叡传三论之学，在蜀部讲之二年，"寺有异学，成实朋流"，恨三论常破成实，两次谋杀不果。可知二派积恨之深。

（2）《续僧传》十六载，僧可（即菩提达磨弟子慧可，禅宗二祖）到邺都行道，先有道恒禅师，定学"王宗邺下，徒侣千计"，因争徒众，深恨于可，"货赇俗府，非理屠害，初无一恨，几其至死，恒众称快"。《传》又载僧可被贼断臂。

南岳慧思有所谓《立誓愿文》（见《大正藏》四十六卷）亦述为恶僧毒害四次未死事，此与慧可断臂不死，故同示其禅定功夫之效力。但此文用佛教末法纪年则甚可注意，如说慧思生于末法八十二年，末法一百二十年于淮南被毒害等等。按南北朝时，佛教内部杂乱败坏，而大谈象法末法，有《法灭尽经》述末法时

第四章　隋唐之宗派

代之状况，言及"众魔比丘"害进德法师云云。（见《释迦谱》卷五）慧思文亦暗示其为正法，故为"诸恶比丘"所害。此与智顗、灌顶像法时"三师破佛法"之说，均可证明其时僧众中各派系互相倾轧之烈。宗派之形成，亦始于此乎？

隋唐以后，宗派势力既盛，僧人系属各宗，时至壁垒森严，澄观尝受学于天台湛然，后华严人推为四祖，天台人愤激，至詈之为"叛出"。（见《释门正统》）寺院财产亦有所属。隋唐时，有所谓三阶院，以及中储财物之"无尽藏"皆属于三阶教；江浙一带寺院多属天台宗，且因智顗故，天台山亦属天台宗派；因澄观故，五台山则为华严宗之圣地。此种情形，或亦为隋唐宗派发达之因也。

五

据上文所言，印度佛教来华后，经典译出渐多，中国信徒于此（主要为般若）了解不同，提出各种主张，名之曰"宗"，如"六家七宗"。其后经论研讨日盛，因有"涅槃经师""成实论师"，以及其他经师、论师，此经论之理论，时或亦称为"宗"。及至陈隋，经论讲习既久，遂生变化。非但有新创造之理论，且形成新起之宗教集团，而有佛教之各种教派，此亦名"宗"。故问中国佛教之历史中有几宗，则须先明确所说为何种意义上之"宗"。以下据有关汉文史料，讨论中国佛教史上究竟有多少教派意义上之"宗"。

中国近七十年来有关佛教宗派问题之记载多系抄袭日本，因先述日本有关此问题之记载。日本僧人关于诸宗记载甚多，于此未能详研，姑先述其重要之点供参考。

中国佛教传至日本，于七世纪初，圣德太子所撰《三经义疏》尝引光宅法云、谢寺次法师之说及僧肇之《维摩经注》，可见中国经师论师之学已传入日本。而此书未提及成实论、三论，而言及五时教。日本古书记太子知经部、萨婆多两家，或者系因其读过成实、俱舍二论也。七世纪末乃有古京（南都）六宗，至九世纪有八宗，据圆珍（814—891）撰《诸家教相同异集》曰："常途所云，我大日本国总有八宗，其八宗者何？答：南京有六宗，上都有二宗，是为八宗也。南京六宗者：一、华严宗；二、律宗；三、法相宗；四、三论宗；五、成实宗；六、俱舍宗也。上都二宗者：一、天台宗；二、真言宗。"（《大正藏》卷七十四）

空海、最澄约于805年来华，空海（774—835）为日本密宗之开宗者，最澄（767—822）乃日本天台宗之创始人。上文"上都二宗"之建立盖为二大师归国后之事。至九世纪，安然（841年生）作《教时诤》（《大正藏》卷七十五），则加禅宗合为九宗矣。

中国佛教教派初传日本，其国僧人常对新来宗派发生疑问。天台宗传日本甚早，但据《元亨释书》卷一，807年最澄上奏加天台宗，并当时大乘四家华严、法相、三论、律为五宗，此为日本天台宗成立之始。密宗传入日本后，据圆珍《大日经指归》（《大正藏》卷五十八）载叡山学徒曾致书中国天台山广修、维蠲疑《大日经》之地位。（其问答见《万字续藏》天台著述部中，问者系圆澄）至于禅宗、净土于其传入时，日本亦曾讨论其是否为宗。

佛教传入日本，系于由梁至唐之世，时中华恰值佛教由经论讲习甚盛至教派兴起之时，最初传入日本之学说当为三论、成实、俱舍，仍是经论之讲习，师说之传授。其后，唐初教派大起，天台、华严、法相、律、真言等新教，相继东去，并为日本统治者所承认，而将先后所传入之宗派等量齐观，并称为八宗。

第四章 隋唐之宗派

此八宗中，成实、俱舍实极微弱，而分别附于三论、法相，称为"寓宗"，其他三论、天台、华严、法相、律、真言六宗为本宗。相传天长七年（831）敕诸宗各撰述其宗要，遂有所谓六本宗书。（名目见《大正藏》卷七十四《戒律传来记》）而成实、俱舍并未撰有书，可证其原不盛行也。又据《元亨释书》卷一最澄于延历二十五年奏准，"每年覃渥外加度者十二人，五宗各二，俱舍、成实各一"，可证小乘二宗人本有限也。八宗流行后，至宋日僧来华又多，导至净土宗、临济宗在日本之成立。

佛教历史之日本主要著述家为凝然（1240—1321），原系华严宗人，号称通诸宗之学，著书有一千一百卷之多。其据日本当时流行之宗派情形，综合两国之书籍著作，大谈印度、中国、日本佛教宗派之历史，撰有《八宗纲要》（二卷）、《三国佛法传通缘起》（三卷）等。

《八宗纲要》系撰于文永五年（1268），书中主要叙述日本自中国传入之八宗，如前所云。但是书末附有禅宗、净土宗一节，并谓"日本近代，若加此二宗，即成十宗"。

《三国佛法传通缘起》撰于庆长元年（1311），书中叙述印度、中国、日本三国佛教传通事迹。于日本佛教仍只载八宗，于中国则依弘传次第举十三宗："一、毗昙宗；二、成实宗；三、律宗；四、三论宗；五、涅槃宗；六、地论宗；七、净土宗；八、禅宗；九、摄论宗；十、天台宗；十一、华严宗；十二、法相宗；十三、真言宗。"此中毗昙包括俱舍。

以上所述虽有有关日本佛教之历史，然可供研究中国佛教宗派史参证，故并论及。

中国佛教宗派之史料，中唐至北宋缺乏明确综合之记载。然于此问题可先略述"判教"之事实。其时判教者极多，各宗各据主见，于印度之经论，评其大小权实。虽列许多宗名，然不反映中国情况，故可不加重视，兹举其一种，以供参考。1958年日本出版《敦煌佛教资料》220页载有无题失名残卷二十二行，文首略曰："世间宗见有三种：一者外道宗，二者小乘宗，三者大乘宗"，次略述外道、小乘宗及大乘三宗义。按其所说外道即"十六异论"。小乘原有二十部，但"毕竟皆同一见，执一切法有实体性"，此显主要指毗昙有宗。大乘三宗者，按其文"一胜义皆空宗"，似指三论或天台；"二应理圆实宗"，指法相唯识；"三法性圆融宗"，当指华严 据本书作者之考证，此文与八世纪法成、昙旷所言略同，或为九世纪初之作品。此虽亦一种判教，然于开首既说"世间宗见"，则可说于八世纪以前中国有上述各宗义，而可注意者则无成实、俱舍、涅槃等义也。

南宋僧人始撰中国佛教通史，宗鉴著《释门正统》八卷，志磐继之作《佛祖统纪》五十四卷，二人均以天台宗为正宗，并述及余宗。其概略如下：

宗鉴之书系纪传体，列有本纪世家，载佛教教主及印度、中国之天台祖师事迹。立有八志，有顺俗志叙民间净土之崇拜；于弟子志中，除天台"正统"以外，并及其他五宗。另依《晋书》为"僭伪"（即他五宗）立载记，所谓"禅宗相涉载记"，"贤首相涉载记"，"慈恩相涉载记"，"律宗相关载记"，"密宗思复载记"。

志磐之书自谓撰写十年，五誊成稿，亦系纪传体，中有"法远通塞志"十五卷，为中国佛教之编年通史。另有"净土立教志"三卷，"诸宗立教志"一卷，此二志则系述净土教及达磨（禅宗）、贤首（华严）、慈恩（法相）、灌顶（真言）、南山（律）等五宗之史实。

宗鉴之书自序作于嘉熙元年（1237），志磐之书自序成于咸淳五年（1269），二书均较上述凝然所著为早。及至明天启元年

第四章 隋唐之宗派

(1621) 释广真（吹万老人）《释教三字经》只述七宗，实沿志磐所说，即天台、净土二教及达磨等五宗也。

及至清末，海禁大开，国人往东洋者甚多，得见日本存有大量中国已佚之佛书，佛教学者一时视为奇珍。日人关于中国宗派之记载，亦从此流传。戊戌后，石埭杨文会（仁山）因凝然所著《八宗纲要》重作《十宗略说》，从此凝然所说大为流行。

观上所述，日本与中国之记载差别甚大。主要问题为日本记载谓中国有三论宗、成实宗、俱舍宗、涅槃宗、地论宗、摄论宗等。但于中国记载中，此等名称甚为罕见，而常见者则为成实师、摄论师等。即偶有之，亦仅指经论之宗义，或指研习某一经论之经师、论师。其中唯三论或可曰已形成教派。如以经论或经论师为"宗"，则中国流行之经论亦不只此数，如上引南齐周颙《抄成实论序》记当时经论流通之情形，有曰："涅槃法华，虽或时讲；维摩胜鬘，颇参余席。"中唐梁肃《智者大师传论》叙佛去世后事有曰："故摄论、地持、成实、唯识之类，分路并作"。如以流行甚广为宗，则查《续僧传》，隋唐讲地持者极多，而吉藏《百论疏·破空品》有曰："大业四年为对长安三种论师，谓摄论、十地、地持三种师，明二无我理"云云。夫凝然既谓有地论、摄论二宗，何以独无地持宗耶？如以学说特殊为宗，胜鬘特主如来藏，则亦有胜鬘宗矣。且俱舍、成实自智恺作《俱舍论序》以来，许多撰述均言成实、俱舍同属经部，理论虽有差别，但在印度固出于一源也。然在中国"十宗"中成、俱分为二宗，在"十三宗"毗昙却包含俱舍为一宗，此类可疑之点，均待研寻。

由此可见，如成实论师、涅槃经师诸学派与天台、华严诸教派相提并论，则中国佛教必不只十宗或十三宗也。按凝然《三国佛法传通缘起》于述震旦十三宗后论曰：

> "古来诸师随所乐经，各事讲学，互立门辈弘所习学。若以此为宗，宗承甚多焉。或从天竺传来弘之，或于汉地立宗传之，建立虽多，取广玩习不过十三。如上已列虽十三宗，后代浇漓，渐次废怠，所学不多。"

据此凝然自言以经论之讲习为宗，而数目亦不定为十三，但其竟列为十三者，亦无具体说明，不过"取广玩习"耳。故于此或可得以下两点之认识：

第一、凝然学说之来历，实为有关日本佛教史之问题，尚待研究。然据所知，在中国齐梁之世经论讲习至为风行，成实论师，南北均多。真谛来华，译经于广州，俱舍亦流行于南北。两者传入日本后，日本僧俗掌权者俱认为宗，而成实、俱舍之为寓宗及每年度人规定名额，均系由朝廷下诏。日本佛史学，遂将此二宗与华严宗等并列，视为中国传入之宗派。而凝然故而以为既成实与俱舍论师有宗，则涅槃、毗昙等等亦应为宗矣，遂有十三宗之说。然须知凝然之师宗性，尝抄录中国《名僧传》、撰日本《高僧传》，实未言及十三宗。宗性尝著《俱舍论本义抄》，有四十八卷之多，并未提及所谓"俱舍宗"及其史实。且与凝然同时之著作《元亨释书》只述及日本有三论等七宗，而称成实、俱舍、净土为寓宗，并未言及中国有摄论等宗，亦无十三宗之说。此均不能不令人怀疑，凝然之说出于自造也。

第二、关于中国佛教之宗派，盖应根据宗鉴、志磐之说，除天台宗外，有禅宗、华严、法相、真言、律宗等五宗，至于三论宗，虽已形成教派，但传世甚短。三阶教隋唐盛行于民间，应可认为教派。至于净土，则只有志磐谓其"立教"，但中国各宗均有净土之说，且弥陀弥勒崇拜实有不同，亦无统一之理论。又慧

第四章　隋唐之宗派

远结白莲社，只是唐以后之误传，日本僧人且有认净土初祖为昙鸾，并非慧远，而所谓净土七祖历史乃南宋四明石芝宗晓所撰，并无根据。（见《佛祖统纪》卷二十六）故净土是否为一教派实有问题（本书为方便见，暂于本章中列入），可见中国各种教派之情形亦互异也。

第五章　隋唐佛教之传布

佛法之东来，先由西渐，而迦湿弥罗（大月氏）诸地首被其泽。其后转而东渐，于是于阗、龟兹诸地亦为重镇。由此传入中原，至南北朝广被全境，因而中华亦为传法之中心，迨隋唐而传布甚广。惟其布教之史实，常阙不能详考。今分四事述之，一西方之突厥（回纥）、西藏；二东方之朝鲜、日本。

突厥民族起自西北。在突厥强大以前，西北一带以柔然为最强大，来自北方占领西域，并侵入于阗，但亦染佛化。南齐沙门法瑗之兄法爱，解经论，兼数术，为芮芮（柔然）国师，俸以三千户，可见奉佛法之虔敬。（见《高僧传》卷八《法瑗传》内）至魏永平四年（511）九月，蠕蠕（柔然）可汗遣沙门洪宣奉献珠像，其时突厥已渐强大。至魏废帝元年（552），突厥主大破茹茹（柔然），后有其地，自立为伊利可汗。其后突厥民族势力广被西北，西至罗马，北出沙漠，东与中原接壤，今新疆、青海、蒙古皆属之，其原信宗教不详，或为二元宗教。然其民族既散居西域各地，于阗、龟兹等均为佛国，突厥自亦同化。据我国史籍所传，则其与佛法之交涉，始自佗钵可汗时。一，《隋书》谓北齐有沙门惠琳，被掠入突厥，劝佗钵可汗信佛，遂立寺求经。（见卷八十四《突厥传》）二，《北齐书·斛律羌举传》，谓刘世

第五章　隋唐佛教之传布

清能通四夷语，为当时第一。后主（565）命之作突厥语，翻《涅槃经》以遗可汗，勅中书侍郎李德林为之序。即此二事，可见突厥族原不信佛教，至此因与中原交涉而渐知尊仰。约在同时（约在周保定四年，即 565）沙门道判结伴西行，先至高昌，谓是小蕃，附庸突厥。又请国书至西面可汗所。彼土不识众僧，将欲加害，增人防卫，不给粮食，又不许出拾掇薪菜，但令饿死。有周国使人谏可汗曰："此佛弟子也。本国天子、大臣敬重供养，所行之处能令羊马滋多。"可汗欢喜，日给羊四口，以充恒食。判等放之，而自煮菜进啖。然竟不令西去，遣人送还。（见《续僧传》卷十四《道判传》）可见当时突厥不信佛法。又北天竺那连提黎耶舍东来，到芮芮国，逢彼国为突厥所破（552 至 555），乃北至泥海，南距突厥七千余里。复以北齐天保七年（556）至邺京，译经行化。并住突厥客馆，劝持六斋，羊料放生，受行素食。（见《续僧传》卷二）此亦可见突厥当时之尤未信佛法也。然周武毁法以后（574），北天竺阇那崛多与其师避难西行，为突厥所留。其师灭度，崛多只身寄居。赖北狄君民，颇弘福利。因斯飘寓，随方利物。时有北齐僧宝暹等十人取经东归，回至突厥而齐亡，亦投彼国，因与同处讲道。（见《续僧传》卷二）可见突厥在此年中，渐信佛法。及至唐初，中天竺沙门波颇闻北狄（突厥）贪勇，未识义方，法藉人弘，敢欲传化，乃与道俗十人展转北行，达西突厥叶护（统叶护）所，以法训勖。曾未浃旬，特为戎主深所信伏。日给二十人料，旦夕祇奉。同侣道俗，咸被珍遇。生福增敬，日倍于前。（见《续僧传》卷三）然在唐玄奘西游至突厥，其王叶护可汗仍未见其大兴佛法。盖突厥民族信仰颇杂，景教、牟尼教、回教、佛教均有徒众，而其大部当仍信突厥固有之宗教。乃至唐朝中叶，回纥之势张，继领西域土地。其民族盛行牟尼教，然后亦奉佛法。近来在新疆各地发见一种佛典文字，为突厥语言，以回纥字母书写。此类回纥经典，常自汉文佛经重译，如其《金光明经》之大乘作 Taising 等。盖唐时中印交通大开，印度，唐朝僧人均传教西域而有影响。就新发现之文字及建筑遗迹，均可证明，兹不详叙。

西藏佛教谓始于弃宗弄赞。此王自印度传入佛教，然亦受唐朝之影响。盖唐太宗时，尚文成公主，公主劝王信佛。唐有玄照法师往西域，到吐蕃国，蒙文成公主送往北天。（见《求法高僧传》）至唐玄宗时，弃隶弄赞又大兴佛教，实奠西藏佛教之基础。且传谓此王尚唐宗室女金城公主，故悔武事弘佛法云。约在唐时至宋初，西藏佛典盖有译自汉文者，如法成（事见前）翻圆测法师之《解深密经疏》，其最著者也。但西方诸族，因地近印度，其佛教自以受印度之影响为多。而朝鲜、日本则因在极东，故恒由中华传法焉。

今日辽东、朝鲜一带，相传在西汉时分为新罗、高丽、百济三国。高丽领有辽河流域。我国佛教于西晋时流行河北，高丽壤地接近，当亦渐沾法雨。《高僧传》谓晋沙门支遁有与高丽道人书，称道名僧竺法深。此为高丽有佛法之我国最早记载（时约在 374 以前）。据《三国遗事》，则谓高丽小兽林王即位二年（即晋咸安二年，372），符坚遣使及僧顺送来经像。又二年僧阿道来自晋，其明年创肖门寺置顺道，伊弗兰寺置阿道。是为高丽有佛法之始。而百济枕流王即位时，即晋太元九年（384），胡僧摩罗难陀至自晋。明年为之创寺度僧，是为百济有佛法之始。而新罗佛法，则谓始于纳祇王时（417 以后）。此项记载多杂许多神话，确否难定。而《高僧传》又曰："释昙始在晋孝武太元之末（396）赍经律数十部，往辽东宣化，显授三乘，立以归戒，盖高句骊闻道之始也"云云。此昙始者即《魏书·释老志》之惠始，《魏书》不纪此事。且高句骊在支遁时已有道人（僧人也），其始

第五章　隋唐佛教之传布

传佛法或早于此也。惟三国佛教系在我国两晋时传入，应无可疑也。

惟新罗佛法之盛，当归功法兴大王（梁天监十三年即位，514），《三国遗事》及《海东高僧传》详叙之。法兴王之后为真兴王（法号法云，《海东僧传》记其事），有僧觉德入梁求法，是为入学之始。于真兴王十年（549）与梁使赍舍利还。《海东金石苑》载真兴王《巡狩碑文》，有曰："随驾沙门道人法藏、慧思"云云，亦可证其弘法。（时在陈光大二年，568）辽僧僧朗三论宗大师，则系高丽人。而在北齐武平七年（576），高丽王深怀正法，崇重大乘，欲播释风，被于海曲。然莫测教法始末缘由，遣僧向邺，启所未闻事，沙门法上答之。（见《续僧传》卷八）梁大同七年（541），百济遣使取《涅槃》等经。（见《南史》卷七十九《百济传》）在隋开皇时，百济王禁杀，谓亦弘法之名王。（见《遗事》卷三）至唐初，高丽王弘道抑佛，然不久而唐灭百济并及高丽（在高宗时）。后新罗强大，遂占有三国之地。

新罗于觉德入华求法之后，我国陈时又有智明及明观前后来求法。明观与陈使刘思俱还，送经论一千七百余卷。又有圆光者，入陈听庄严旻公弟子讲，广研三藏数论，习《成实》、《涅槃》。住苏州虎丘山，讲《成实》及《般若》。陈亡后入长安，研《摄论》。后归国行化，卒于贞观四年。有弟子圆安求法北方。（二人均见《续僧传》卷十四）在隋时，有昙育、安含（亦作宏）来学。育居隋七年。含与天竺乌苌国僧毗摩罗真谛及农伽陀、摩足罗国佛陀僧伽偕至新罗，西域胡僧直至鸡林（据云为新罗王朝之名），盖自兹始也。（见《海东高僧传》卷二）而在唐时，据义净《求法高僧传》，新罗之西行者，有阿离耶跋摩及慧业学于那烂陀寺，玄太、玄恪在大觉寺，又有慧轮在印度学《俱舍》，又有新罗僧二人航海西行中途疾卒。《三国遗事》及《海东僧传》谓另有玄游西游,惟不见义浮书中。可见唐时彼土求法之盛。

但新罗佛法,仍得自我国,事繁不能详也。惟最要者则为传中国之宗派,其可考者有四:

(一) 天台宗。南岳慧思有弟子玄光,受《法华安乐行门》,证法华三昧,后归国行化。而高丽释波若,亦曾入天台山受智者教。至五代时高丽义通,为天台宗义寂弟子,弘其教,推为第十六祖。宋初天台典籍散失,而高丽谛观乃反送其国所存者来华也。

(二) 法相宗。玄奘弟子新罗人有圆测、元晓,又有顺憬,亦深服玄奘之学。圆测为法相一大家,然未返国。顺憬善因明,元晓亦善华严,并归国弘教。其后新罗有太贤者,著述甚多,颇重圆测之学。可见东海法相宗固流行也。

(三) 华严宗。此以唐初义湘为中心,元晓与之偕来,至长安,晓学于玄奘,湘学于智俨。智俨华严宗之大师,居于终南山,海东人当闻其名。义湘以外,有慈藏大师,贞观十二年与门人僧实等受敕入唐(《三国遗事》卷三作十年),谒五台至终南,十七年携藏经一部还国;有崇济,曾遇导善,后入五台受戒;有真定,就终南山义湘学;有胜铨,受学贤首,均似此宗人。盖因均多到终南五台也。惟慈藏弘律,或学于道宣耶?义湘归国后,讲《华严》于锥洞(门人智通作《锥洞记》),弟子有十大德。贤首国师曾致书曰:"如来灭后,光辉佛日,再转法轮,令法久住者,其唯师乎。"(见《三国遗事》,并《圆宗文类》)可见其深为时所重。及至宋时,高丽王子义天偏弘此宗。可见其流行悠久,兹不具详。

(四) 禅宗。在唐玄宗时,新罗无相禅师学于智诜及其弟子处寂。诜五祖弘忍之弟子也。晚唐、五代以及宋朝,海东来传法

第五章　隋唐佛教之传布

者甚多。兹就《金石苑》所载，知有神行（北宗普寂弟子），道仪（受学江西宗马祖道一弟子西堂智藏），慧昭（从江西宗神鉴），无染（马祖门下如满之弟子），圆鉴（?）、审希（南岳马祖之后裔），利严（曹洞宗），丽严（曹洞宗）等。宋初，高丽遣三十六僧学于永明寺禅师，法眼一宗流传海外，而我国反中绝云。（见《佛祖统纪》卷四十三）

此外密宗亦传海东，据海云《血脉》，新罗之传真言为阇黎者亦有数人，语焉不详，兹不能详。

中国佛法之传布，最重要者为日本。日本佛教最早或由百济传入。其与我国在佛教上之关系，最初之记载有二：（一）继体天皇十六年（梁普通三年，522），司马达等至自南梁，即结草堂，安置本尊，归依礼拜；（二）继体天皇二十五年（梁武帝中大通三年，北魏普泰元年，531），开山善正大师谓为后魏孝庄帝之皇子，与僧老百十余人渡海前来。此二事信否，不可考。其后在钦明天皇时（540至571），百济常献经像。故日本佛教之初兴，约在我国梁代。其时朝臣对于西来之宗教，赞否不一，因而起两党政争。至敏达天皇十四年（585）下敕断佛法，至用明天皇二年（587）又复之，两党之争益亟。推古天皇元年（593），圣德天子摄政，奖励佛法，唱说调和神（日本固有之宗教）、儒，佛三派，用平争执。日本佛教由是奠定。推古天皇十五年，太子遣小野妹子等入隋，是年为炀帝大业三年（607）。明年小野妹子归，同年再入隋，携有僧人就学，是为敕遣入华学佛之始。其后唐时日本僧人来传法炽甚，圣德太子实前导也。太子之师为北魏僧人慧慈，谓为三论宗人。又有观勒僧正者，来自百济，确为三论宗人。其后高丽僧慧灌僧正到日，弘八不之说，三论之学大盛。灌乃嘉祥大师吉藏之弟子也。而其时日本亦输入成实之学，称为三论之附庸云。

自隋至唐末，日本努力输入华化，敕遣入华使共十六次（外有三次未成行。详木宫泰彦《日支交通史》卷上）随使求学巡礼之僧人极多，而私人之往来尤夥。举凡庙宇之建筑，僧伽之组织，均取法唐人。如国分寺之设立，系仿隋文帝之立舍利塔，唐则天后之立大云寺。而日本东大寺之大佛，则取法唐天后之白马阪大像。天平十六年（唐天宝三年，744），道慈（三论宗人，曾入唐）撰《愚志》、《续日本记》载之，并曰：

"著述《愚志》一卷，论僧尼之事。其略曰：今察日本素缁，行佛法轨模，全异大唐。道俗传圣教法则，若顺经典，能护国土，如违宪章，不利人民。"

可见摹仿唐人为日本当时之要务也。

奈良朝（710至794）有所谓古京六宗，全自中华传入。（一）三论宗为高丽僧观勒及慧灌（吉藏弟子）所唱。（二）成实宗系附于三论宗。（三）为法相宗。而（四）俱舍宗附之。在齐明天皇时（655至662），日本僧人道昭入唐，受学于玄奘，并传禅教，归国行化。其后智通、智达二僧，西航从玄奘、窥基学。后又有智凤、智鸾、智雄等，奉敕入唐传法相宗智周之学。而沙门玄昉在唐十八年，亦学于智周。唐玄宗爱其才学，赐紫袈裟。赍藏经归国，大弘法相之学。（五）为华严宗。日本僧人审祥为华严法藏弟子，归国宣传。而唐僧道璿赍《华严》至日，授之良辩，此宗大行。（六）为律宗。天平五年（开元二十一年，734），日僧荣叡、普照二人随入唐使达扬州，其地有鉴真者，本南山宗人，而兼习相部、东塔二家，日僧力请其东渡，随行者有僧人十四、尼三人并俗人共二十四人。（详《宋僧传》卷十四《鉴真传》及《唐大和尚东征记》）在日讲四分律》并疏，又讲

第五章　隋唐佛教之传布

《玄义》、《文句》、《止观》（天台三大部）等。日人号之为东征和上。即日本佛教艺术，亦为之一新云。

平安朝入唐求法之风极盛，归国携去经典极多，为一特色。兹列所谓入唐八大家请去经典于下（详见《日支交通史》卷上）：

最澄　二百三十部，四百六十卷，多系天台章疏。

空海　二百十六部，四百六十一卷，多系真言宗典籍。

常晓　三十一部，六十三卷，同前。

圆行　六十九部，一百二十三卷，同前。

圆仁　五百八十四部，七百九十四卷，密教经典杂以他宗章疏。

惠运　一百八十卷，多系密教。

圆珍　四百四十一部，一千卷，同前。

宗叡　一百三十四部，一百四十三卷，同前。

古京之佛教深受皇室之宠遇，势力极盛，遂甚紊乱，为害滋大。及桓武帝迁都平安新京（794年迁），而恰有最澄弘法，反对古京之佛教，风气遂变。最澄于桓武天皇延历二十三年（唐德宗贞元二十年，804）入唐，先在天台从道邃（天台第十祖）传教，后在越州就龙兴寺顺晓学密教。明年赍经论归，力辟南都下劣之各宗，提倡天台圆顿之旨。著述甚多，授大乘戒，法门极盛，号曰传教大师。（现存有道邃之《付法文》证明传授）其后曰僧圆仁，系天台宗人，来华学密教。后遂根据天台宗义唱圆密一致之论，是曰台密。圆仁归国，在会昌毁法时，前已言之。

平安朝与最澄大师并称者，则有僧人空海，亦于延历二十三年与最澄同来我国。空海在长安青龙寺遇慧果阿阇黎，授以金刚界、胎藏界两部大法，兼从天竺般若三藏学悉昙。留二年，于唐元和初年归国，大弘密教，设坛灌顶。嵯峨天皇弘仁七年，敕许在高野山创金刚峰寺，为日本真言宗最有名之道场，至今犹为其教徒所宗仰。空海所传，后流为东密。世人称空海曰弘法大师。自弘法与传教二大师各传真言、天台二宗，一新日本佛教之局面。其后教理极张，而渐趋于仅得糟粕。僧侣又至把持政事，蓄僧兵，致起战祸。而自武天皇藤原氏专政以后，日本祸乱相继，渐生厌世之祈祷佛教。久附于各宗之净土念佛说，遂独立为融通念佛宗、浮土宗。另又有真宗、日莲宗、时宗之建立，虽或凭借中土之章疏，然实均为日本僧人所自创。此外尚有禅宗，则系直接自中华传入。盖南宋光宗绍熙二年（1191），日本荣西自宋反国，唱临济禅。其后弟子道元与同学明全入华（1223），得天童山如净传授，曹洞宗遂流入日本。计日本佛教所有宗派，泰半乃由我国僧人之直接传授也，不亦盛欤！（以上多据土屋诠教之《日本宗教史》与木宫泰彦之《日支交通史》）

附录一　隋唐佛教大事年表

【说明】

（1）本年表所包含之内容即为本书叙述之内容。

（2）本年表较多注意重要佛教经典之翻译，僧人之学问、传授、著述以及各宗派之历史。

（3）本年表所列内容或有几说，此处取一较合理之说法，有必要时则列举他说。

（4）凡重要事件而年代不能确定又必须于年表中反映者，本年表一般采取两种方法表示：一是列于一大体相当之年代，而在行文上表示并非确定；二是或在相关之事件后列出。

（5）每条首句为此年发生之事件，以下为相关之内容。

（6）本年表所根据之资料，于本书前面各章中多已注出，于此从略。

隋文帝开皇元年（581年）

（1）文帝普诏天下任听出家，仍令计口出钱营造经像，而京师及并州、相州、洛州诸大都邑之处，并官写一切经置于寺内，又别写藏于秘阁，天下之人从风景慕，民间佛经多于六经数十百倍。

(2) 三月诏于五岳下各立一寺。

(3) 七月又诏在其父建功处襄阳、隋郡、江陵、晋阳各立寺一所，建碑颂德。

(4) 八月敕于相州战地建伽蓝一所，立碑记事。

(5) 下诏度千余人，从沙门昙延之请。

(6) 沙门彦琮与文士陆彦师，薛道衡等共修《内典文会集》。

(7) 沙门智周、宝暹、道邃、僧昙等十人以齐武平六年相继西游，是年冬自西域赍经论至长安，凡获梵本二百六十部，敕付有司翻译。自是立翻经馆，立翻经学士。

(8) 杨都兴皇寺沙门法朗是年卒于陈，年七十五。法朗是三论大师，曾就学宝志禅师受禅法，并听象律师讲律本文，又从南涧寺仙法师学《成实论》，竹涧寺靖公学《毗昙》，后又于摄山僧诠受四论及华严、大品等经，于后专弘三论。陈武帝永定二年（558）至杨都兴皇寺，弟子甚众。有弟子明法师，初朗公将化，通召门人，自举明法师继，后明法师居茅山，终身不出，弘三论。

(9) 沼州沙门昙衍卒，年七十九。昙衍从慧光出家，撰《华严经疏》七卷。

开皇二年（582年）

(1) 徙都于龙首原，名城曰大兴城，殿曰大兴殿，门曰大兴门，县曰大兴县，园曰大兴园，而尽以靖善房立大兴善寺，寺殿崇广，为京城之最，号曰大兴佛殿，制度与太庙同。

(2) 召沙门僧猛住大兴善寺，为隋国大统。按隋承元魏之旧，立昭玄寺掌诸佛教，置大统一人，统一人，都维那三人，亦置功曹主簿员以管诸州郡县沙门。

(3) 敕召中天竺沙门达磨般若（《开元录》作"达磨阇那"）使掌翻译，立大兴善寺译场，是年三月翻出《报业差别经》一部。

(4) 诏请北天竺沙门那连提黎耶舍入长安，住大兴善寺，其年冬草创翻业。

开皇三年（583年）

（1）诏每年正月、五月、九月，自八日至十五日，凡京州诸寺均令行道，行道日悉不得杀。

（2）仆射高颎舍宅立真寂寺（后改名化度寺）。

（3）时炀帝在蕃，任总河北，延彦琮入高第，令住内堂，讲《金光明》、《胜鬘》、《般若》等经。

（4）彦琮撰《辩教论》，有二十五条，斥老子化胡说，明道教之妖妄。又作《通极论》，破世诸儒，不信因果；作《通学论》，劝诱世人，遍师孔释，令知内外，备识真俗。

开皇四年（584年）

（1）敕天下凡北周已入官而未毁之佛像，再行安置。

（2）为沙门昙延立延兴寺。

开皇五年（585年）

（1）文帝受菩萨戒，大赦，召僧人入宫讲经。

（2）应昙延等请，自突厥迎北印度犍陀罗国名僧阇那崛多还，主译经事。后更召婆罗门僧达摩笈多，并敕居士高天奴、高仁和兄弟等同传梵语，又置十大德沙门僧休、法粲、法经、慧藏、洪遵、慧远、法纂、僧晖、明穆、昙迁等监掌翻事，铨定宗旨；沙门明穆、彦琮重对梵本，再审覆勘，整理文义。

开皇六年（586年）

（1）招提寺沙门僧就合成六十卷《大集经》。昔支谦、罗什等所出《大集》，卷轴多以三十成部，及那连提黎耶舍高齐之世，出《月藏经》十二卷，隋初复出《日藏》十五卷，既是《大集》广本，而前后译分，遂使支离，部帙羁散，故僧就合之。

（2）长安大兴善寺沙门灵藏卒，年六十八。灵藏依颖律师出家，善僧祇律。

开皇七年（587年）

（1）召六大德洛阳慧远、魏郡慧藏、清河僧休，济阳宝镇、汲郡洪遵、太原昙迁并各弟子十人入京，于大兴善寺安置供养。

（2）诏昙迁为昭玄大沙门统。

（3）又立净影寺，使沙门慧远常居讲说，弘叙玄奥，辩畅奔流，于是四方投学七百余人皆海内英华。

开皇八年（588年）

（1）长安延兴寺沙门昙延卒，年七十三。昙延从蒲州僧妙听涅槃，后又就他师听华严、大论、十地、地持、佛性、宝性等诸部，撰《涅槃义疏》十五卷，《宝性》、《胜鬘》、《仁王》等疏各有差。

开皇九年（589年）

（1）隋灭陈，晋王于平陈之日，深虑灵像尊经多同灰烬，是以远命各军，随方收聚，未及期月，轻舟总至，乃命学士高僧整理。在王邸中，立宝台经藏，共四藏将十万轴。

（2）新罗沙门圆光来游长安，新罗国王频请归国，文帝有敕厚加劳问，放归本国。圆光于陈时入中国，学于庄严僧旻之弟子，住苏州虎丘山，讲成实、般若，后研摄论，贞观四年卒于新罗，年九十九。

（3）三阶教信行奉召入京，仆射高颎邀住真寂寺。后长安有三阶教寺五所。

（4）天竺沙门那连提黎耶舍卒，凡前后所译经论十五部，八十余卷。

（5）李士谦论三教优劣，谓佛为日，道为月，儒为五星。

开皇十年（590年）

（1）文帝为蜀王秀立胜光寺，诏沙门昙迁徒众居之。

（2）召沙门道尼入京。道尼于九江兴讲《摄论》，腾誉京师，至是下敕追入，自是南中无复讲主。

（3）南天竺沙门达摩笈多至京师，敕令就翻译，住兴善寺。

开皇十一年（591年）

（1）令天下之立寺应无分公私，混同施造。

（2）诏令天下州县各立僧尼二寺。

（3）晋王迎沙门智𫖮于金城殿，设千僧会，受菩萨戒，名总持，而称萧后为庄严，赐𫖮号智者大师（此据《智者大师别传》，而《僧史略》谓"时号国师"）。

开皇十二年（592年）

（1）敕令授简三学业长者，海内通化，崇于禅府，选得二十五人，其中行解高者应为其长。又敕城内别置五众，各使一人晓夜教习，四事供养并出有司。

（2）敕阇那崛多共西域沙门若那竭多、开府高恭、恭息都督天奴、仁和及婆罗门毗舍达等，于内史内省翻梵古书及乾文，合二百余卷，奏闻进内。

（3）敕召彦琮入京，使掌翻译，住大兴善寺。炀帝时为晋王，于京师曲池施营第林，造日严寺，降礼延请，永使住之。

（4）长安净影寺沙门慧远卒，年七十。慧远为慧光再传弟子，即法上之弟子也。原住清化寺，祖习涅槃，善十地，撰有《华严》、《地持》、《涅槃》等疏，并《大乘义章》十四卷。慧远亡后，文帝令其弟子善胄干净影寺为涅槃众主。又有大兴善寺沙门僧琨令为二十五众教诸经法主，琨撰有《场论》三十一卷；舍卫寺沙门慧影弘摩诃衍，亦为二十五众主，撰有《伤学论》、《存废论》、《厌修论》等。

开皇十三年（593年）

（1）诏发露忏悔，参与者日十万人。

（2）敕令儒林郎侯白（君素）撰《旌异传》二十卷。又有晋府祭酒徐同卿撰《通命论》两卷，翻经学士刘凭撰《内外旁通比较法》一卷。

（3）邺中沙门慧可卒，年一百零七。可年四十遇天竺僧菩提达磨，奉以为师，达磨以四卷《楞伽》授可。从学六年精究一乘，理事兼融苦乐无滞，后禅宗尊为二祖。

开皇十四年（594年）

（1）敕沙门法经等撰成《众经目录》七卷。

（2）天台智𫖮于荆州玉泉寺讲《摩诃止观》，听众千人。

（3）三阶教信行卒，年五十五。信行认现世已入末法时期，应行普法，撰《三阶集录》等四十余卷。

开皇十五年（595年）

（1）敕撰《众经法式》十卷，约束僧尼。又有著作郎王邵撰《灵异志》二十卷。

（2）据《房录》载，五月群鹿来驯仁寿宫门，隋文帝为此下诏。

开皇十六年（596年）

（1）诏西京大禅定寺沙门童真为涅槃众主。

（2）诏西京大兴善寺沙门洪遵为讲律众主。

（3）诏西京真寂寺沙门法彦为大论众主。

（4）诏京师大总持寺沙门宝袭（僧休弟子）补大论众主。

开皇十七年（597年）

（1）敕立五众，请京师大总持寺沙门慧迁为十地众主。

（2）敕西京大禅定寺沙门灵璨补为众主，于净影寺传扬故业。按，灵璨为慧远弟子，因慧远去世众侣无依，故敕补为众主。

（3）敕京师大兴善寺沙门僧粲补为二十五众第一摩诃衍匠。

（4）翻经学士费长房进所撰《开皇三宝录》（又名《历代三宝记》）十五卷。

（5）天台山国清寺沙门智𫖮卒，年六十七。智𫖮先学于慧旷禅师，后诣光州大苏山慧思禅师受业心观，定慧兼习，后天台宗尊为四祖，撰书（或由门人所记）《摩诃止观》、《法华文句》、《法华玄义》等二十余种。

（6）襄州龙泉寺沙门慧哲卒，年五十九。慧哲初学于彭城寺宝琼，后师事兴皇法朗，讲三论、涅槃，号为象王哲。

开皇十九年（599年）

（1）下诏禁毁佛道等像。

（2）晋王置慧日、法云、日严、弘善四道场，国司供给，释李两部各尽搜扬。晋王以吉藏名解著功，召入慧日。

（3）杨都奉诚寺大律都沙门智文卒，年九十一。智文初依僧辩学，后归象公门下，梁大同中灵味瓦官诸寺启敕请智文于光业寺首开律藏于江南。前后计讲《十诵》八十五遍，弟子甚众。著《律义疏》十二卷，《羯磨疏》四卷，《菩萨戒疏》二卷。

（4）蒋州奉诚寺沙门道成卒，年六十八。道成为智文弟子，讲《十诵律》、《菩萨戒》、《大品》、《法华》诸经律等一百四十余遍，注《律大本》、《羯磨》诸经疏三十六卷。

开皇二十年（600年）

（1）敕断三阶教不听传行。

（2）天竺沙门阇那崛多卒，年七十八。阇那崛多自从西服来至东华，循历翻译合三十七部、一百七十六卷，即《佛本行集经》等是也。

仁寿元年（601年）

（1）命天下舍利塔内各作神尼智仙像。盖因隋文少时得智仙之育养，故即帝位后每谓群臣曰：我兴由佛法。又命史臣王邵为尼作传。其潜龙所经四十五州，皆同为大兴国寺。

（2）诏于三十一州同时立舍利塔。盖文帝昔在潜龙得舍利一裹，故立塔藏之。王邵为之作记。

（3）晋王于京师立日严寺，延吉藏往彼居之。

仁寿二年（602年）

（1）敕于五十三州建立灵塔（按：安德王雄《庆舍利感应表》为"五十一州"）。

（2）敕请兴善寺大德与翻经沙门及大学士等更撰《众经目录》，成五卷。

（3）诏为献后立禅定寺，中住名僧不亚于大兴善寺。

（4）有王舍城沙门远来谒文帝，请《舍利瑞图经》及《国家祥瑞录》，敕令彦琮翻为梵文，合成十卷，赐之西域。盖译华为梵，为中土前此稀有之事。

（5）彦琮据达摩笈多见闻，著《大隋西国传》凡十篇。

（6）玄奘法师生于缑氏之陈堡谷。法师姓陈名祎。

仁寿四年（604年）

（1）敕于三十余州造塔。

（2）吉藏奉敕撰《维摩经义疏》。

（3）隋文帝卒。文帝在位计二十三年，度僧尼二十三万，立寺三千七百九十二所，写经四十六藏，十三万二千零八十六卷，修故经三千八百五十三部，造像十万六千五百八十区，起塔于一百余州。

炀帝大业元年（605年）

（1）改僧寺名道场，道观名玄坛，各置监丞。

（2）为文皇帝造禅定西寺。于高阳造隆圣寺，于并州造弘善寺，扬州造慧日道场，京师造清禅等寺。

（3）遣侍御史韦节、司隶从事杜行满使西域，至王舍城得佛经，或在是年。

（4）令沙门智果于东内道场撰诸经目录。又与有司共撰《香城甘露》五百卷。

（5）相州演空寺沙门灵裕卒，年八十八。灵裕先从赵郡明、宝二禅师出家，于道凭学地论，凭乃慧光弟子；又从安、游、荣三师听杂心，嵩、林二师学成实，从隐公学四分，自此邺下擅名，遐迩驰誉，专业华严、涅槃、地论、律部，撰《十地疏》、《华严疏》、《涅槃疏》、《大集疏》、《四分律疏》、《大乘义章》等，又著《安民》、《陶神》、《劝信释宗》、《因果》等论及《僧尼制》、《译经体式》、《寺诰》、《佛法东行记》、《齐世三宝记》、《寺破报应记》、《光师十弟子记》等五十余种。

（6）长安空观寺沙门慧藏卒，年八十四。慧藏生平习十地、涅槃、大论、般若等，惟独重华严。

（7）长安延兴寺沙门通幽卒，年五十七。幽北方律师。

（8）洛阳慧日寺沙门法论卒，年七十八。炀帝在蕃远闻令德，召论入内道场晨夕赏对。仁寿二年敕与沙门道庄同讲《净名经》。有别集八卷，作《名僧传》未成而卒。

大业二年（606年）

（1）诏沙门道士致敬王者，因沙门明瞻等抗议不行。

（2）于东都上林园立翻经馆，以彦琮主其事。有新平、林邑所获佛经，合五百六十四夹，一千三百五十余部，并昆仑书、多梨树叶，送馆付琮披览，并使编叙目录，乃撰成五卷。又敕令裴矩共琮撰《天竺记》。

（3）江都慧日寺沙门慧觉卒，年五十三。慧觉从兴皇朗法师出家，与慧布共研方等，讲大论，大品、涅槃，华严等二十余部，遍数甚多。

（4）长安日严寺沙门智矩卒，年七十二。智矩学于法朗，善四论，大品，制《中论疏止解偈文》。时有同师东都慧日沙门法澄善三论，卒于大业初。

（5）舒州皖公山沙门僧璨卒，禅宗尊为三祖。

大业三年（607年）

（1）诏请僧七日行道，总度一千人出家，以为功德。

（2）令僧道启请须致敬，沙门彦琮撰《福田论》以抗之。

（3）日本圣德太子遣使臣小野妹子入隋，并沙门数十人来学佛。

（4）东都慧日道场智脱卒，年六十七。智脱在邺习《华严》、《十地》于颖法师，在江都学《成实》、《毗昙》于强法师，在金陵学《成实》于嚼法师，炀帝为晋王时延居江都，住慧日，后随入京，住日严，大业初复随驾洛邑。尝讲《成实》、《净名》，撰《成实论疏》四十卷，《净名经疏》十卷，又讲《大品》、《涅槃》、《思益》等经。又有同寺沙门道庄听《成实》于彭城白琼法师，听四论于兴皇朗，亦为晋王所重，征入京师，后亦随驾入洛，卒于大业初，撰《法华经疏》等。

（5）长安禅定寺沙门昙迁卒，年六十六。昙迁初学于北地昙遵，遵慧光之弟子也；复得《摄论》于南，而传《摄论》于北。精研《华严》、《十地》、《维摩》、《楞伽》、《地持》、《起信》，撰《已是非论》、《华严明难品玄解》、《摄论疏》十卷及九识、四明等章、《楞伽》、《起信》、《唯识》、《如实》等疏。

大业四年（608年）

（1）长安纪国寺沙门慧净与道士余永通论衡两教。

（2）长安大兴善寺沙门洪遵卒，年七十九。洪遵依慧光弟子嵩山道云学律及《华严》，又从邺下道晖弘《四分》，开四分律于关中，著《大纯钞》五卷。

大业五年（609年）

（1）诏汰天下僧徒无德业者并令罢道，寺院准量僧留，余并拆毁，因沙门大志抗议不行。

（2）长安郊南逸僧普安卒，年八十。普安先从雍州沙门普圆出家，晚投蔼法师为弟子，通明三藏，常业《华严》，尝建华严大斋会。开皇八年敕召入京。

（3）长安宝刹寺沙门净愿卒，年六十余。愿早学律部，又听《十地》、《华严》及诸小论，而善《摄论》，常讲《摄论》、《杂心》、《涅槃》、《四分》，撰《舍利弗毗昙疏》十卷。

大业六年（610年）

（1）东都上林园翻经馆沙门彦琮卒，年五十四。彦琮前后参与译经合二十三部，一百许卷，讲《仁王》、《大智度》、《无量寿》等，撰《唱导法》、《沙门名义论》、《福田论》、《僧官论》、《慈悲论》、《默语论》、《辩教论》等二十余种。琮久参传译，妙体梵文，乃著《辩正论》，以垂翻译之事，述八备以正古今翻译之失。时又有沙门明则撰《翻经法式》十卷。

（2）九江庐山大林寺沙门智锴卒，年七十八。智锴少出家，听法朗讲三论，后又于智𫖮处学禅法，晚讲《涅槃》、《法华》及《十诵律》。

大业七年（611年）

（1）终南山至相寺沙门彭渊卒，年六十八。彭渊学于灵裕，即慧光之再传也。曾讲《华严》、《地持》、《十地》、《涅槃》，屏迹终南，置寺结徒。

（2）杭州天竺寺沙门真观卒，年七十四。真观初从华林圆法师学《成实》，后又从法朗学大乘，讲《涅槃经》，撰《诸导文》二十余卷，诗赋碑集三十余卷，又造藏经三千余卷。

大业八年（612年）

（1）长安大禅定寺沙门灵幹卒，年七十八。灵幹从学于昙衍，志奉《华严》，亦讲《十地》。

大业九年（613年）

（1）长安大兴善寺沙门僧粲卒，年八十五。僧粲游学河北、江南，东西关陇，涉历三国，备齐、陈、周，自号三国论师，开皇十年迎入帝里，敕住兴善，撰《十种大乘论》、《十地论》等。

（2）召沙门静藏入鸿胪教授蕃僧。

大业十年（614年）

（1）彭城崇圣寺沙门靖嵩卒，年七十八。靖嵩北人学于北，亦学于南。初从融智学《涅槃》、《地论》，融智为法上弟子；又从云、晖二律师学，从道猷、法诞受成杂二宗；后南下，时《摄论》、《俱舍》二论真谛初传，弘通尚少，唯嵩研究，常诣法泰决疑，自《佛性》、《中边》、《无相》、《唯识》、《异执》（？）等论四十部皆通之，撰《摄论疏》九卷、《杂心论疏》五卷，又著有《九识三藏》、《三聚戒》、《二生死》等玄义。

（2）襄阳沙门智润卒，年七十五。智润学《十地》于昙遵，学《四分》于慧光，又往南江从长干辨师学三论，晚学《华严》、《涅槃》，常讲于汉阴，化行江汉。大业初延住慧日。

大业十二年（616年）

（1）荆州龙泉寺沙门罗云卒，年七十五。罗云从法朗学四论，以三论奥义未被荆南，居荆州龙泉寺五十余年，讲四经三论各数十遍。其同时有荆州等界寺沙门法安亦学中观于法朗。

（2）长安大禅定寺沙门觉朗明四分及大涅槃，或卒于是年以前。

大业十三年（617年）

（1）长安净影寺沙门静辩或卒于是年（按：据《续高僧传·净辩传》谓辩"大业末年终"），撰有《感应传》一部。

（2）炀帝卒，在位十三年，度僧六千二百人，修故经六百十二藏，二万九千一百七十二部，治故像十万零一千区，新造像三千八百五十区，造二禅定并立别寺十所。

二代共译经八十二部（《开元录》作"六十四部"）。

附录一　隋唐佛教大事年表

唐高祖武德元年（618年）

（1）于朱雀门南通衢之上，普建道场，设无遮会，士女骈填，竞庇禅枝。

（2）于京师造会昌、慈悲、证果等寺，又舍旧居为兴圣寺。

（3）为太祖元皇帝元贞皇后造栴檀等身像三区。写像书经，备修提福。命沙门四十九人入内行道。

（4）以义师起于太原，为立太原寺；又诏于并州立义兴寺，以旌起义之功。

（5）命沙门道士各六十九人于太极殿七日行道，散席之日设千僧斋，沙门法琳以释老二教同处弘宣，乃撰颂称之。

（6）益州龙居寺沙门智诜卒，年八十。智诜初游于蜀，隋初至长安，敷扬律藏，后又还蜀住法聚寺，寺设大斋，无不来赴。

武德二年（619年）

（1）诏依佛道旨意，正、五、九月及月十斋日不得行刑屠钓，永为国式。

（2）于京师立十大德，有保恭（讲《法华》）、慧因（讲三论）、海藏（讲四分）等，统摄僧尼。

（3）南天竺沙门达摩笈多卒，译经论七部，合三十二卷（《开元录》作"九部四十六卷"）。

武德三年（620年）

（1）并州武德寺沙门慧觉卒，年九十。慧觉明华严，十地，讲席相继，流轨齐岱，荣名远著，门学成风，著《华严》、《十地》、《维摩》等疏，并缵《义章》十三卷。

武德四年（621年）

（1）东都少林寺僧助秦王李世民平王世充有功，李世民有《告少林寺主教书》，令立功首领来见，赐物千段，并封沙门昙宗等为大将军。

（2）平王世充等后，敕伪乱地僧是非难识，州别一寺，留三十僧，余者从俗。按《通鉴》卷一八九谓"秦王平王世充，入洛阳，观隋宫殿，叹曰：'逞侈心，穷人欲，无亡，得乎？'命撤端门楼，焚乾阳殿，毁则天门及阙，废诸道场，城中僧尼留有名德者各三十人，余皆返初"。

（3）太史令傅奕上废佛事疏十一条，又集魏晋以来驳佛教者为《高识传》十卷，行于世。

武德五年（622年）

（1）沙门法琳著《破邪论》驳傅奕。沙门普应制《破邪论》、东宫学士李师政作《内德论》、《正邪论》驳斥傅奕。

武德六年（623年）

（1）长安延兴寺沙门吉藏卒，年七十五。吉藏从兴皇法朗出家。隋定江南，藏来至会稽，止嘉祥寺，居十五载，世称嘉祥大师。讲三论百余遍，为三论宗大师。著《中论疏》二十卷、《百论疏》九卷、《十二门论疏》十二卷，并《三论玄义》、《华严经游意》、《法华经游意》、《涅槃经游意》等三十八部百余卷。

武德七年（624年）

（1）任沙门法雅发京寺骁悍千僧充军位。

（2）傅奕又上疏请除去释教。

（3）沙门明槩作《决对傅奕废僧事》，奏决破傅奕谤佛毁僧事八条。

（4）高祖幸国学释奠，命博士徐旷讲《孝经》，沙门慧乘讲《心经》，道士刘进喜讲《老子》，博士陆德明随方立义，遍析其要。

武德八年（625年）

（1）高祖宗国学，下诏叙三教先后，老先，次孔，末释。

（2）三论宗吉藏弟子高丽沙门慧灌至日本弘讲三论。

附录一　隋唐佛教大事年表

武德九年（626年）

（1）是年傅奕又上疏请除佛法，高祖付群官详议，唯太仆张道源称奕奏合理，中书令萧瑀深信释佛与奕争论。高祖从奕言，五月（《新唐书》作"四月"）下诏沙汰僧尼及道士，会传位而止。

（2）五月有道士李仲卿著《十异九迷论》、刘进喜著《显正论》贬斥佛教，沙门法琳乃撰《辩正论》批驳之。

（3）是年十二月中天竺沙门波颇至长安，住兴善寺（《开元录》作"贞观元年十一月"）。

太宗贞观元年（627年）

（1）遣治书侍御史杜正伦检校佛法，清肃非滥。沙门明导至陈州遇敕简僧，唯留三十，导以德声久被，遂应斯举。

（2）又下敕有私度者处以极刑。

（3）太宗尝临朝谓傅奕曰："佛教玄妙，圣迹可师，且报应显然，屡有征验，卿独不悟其理何也？"奕对曰："佛是胡中桀黠，欺诳夷狄，初止西域，渐流中国，遵尚其教，皆是邪僻小人，模写老庄玄言，文饰妖幻之教耳，于百姓无补，于国家有害。"太宗颇然之。

（4）沙门法乘奉太宗诏于胜光寺起舍利宝塔。

（5）长安大庄严寺沙门慧因卒，年八十九。慧因为兴皇法朗同学智辩弟子，曾学成实、禅法，后从辩师学三论，唐初十大德之一。

贞观二年（628年）

（1）太宗谓群臣，梁武好释老，以致国亡，足为鉴戒，"朕今所好者，惟在尧舜之道，周孔之教"。

（2）太宗亦自谓不好老庄玄谈、神仙方术，尝谓侍臣曰："神仙事本是虚妄，空有其名"云云。

（3）五月十九日敕，章敬寺是先朝创造，从今已后每至先朝忌日，常令设斋行香，仍永为恒式。

贞观三年（629年）

（1）天下大括义宁私度，不出者斩，闻此成畏，得头巾者，并依还俗，其不得者，现今出家。

（2）太宗以久旱无雨，恐年谷不登，令高僧二十七人于天门街祈雨七日，并下诏度僧三千。

（3）为太武皇帝造龙田寺。

（4）十二月诏为战亡人设斋行道，于战场置伽蓝七处，至次年五月成。按：《珠林》一百谓于"战场之处并置伽蓝昭仁、等觉十有余寺"，或是包括以后所修之寺。

（5）诏波颇于兴善寺开译，沙门慧乘等证义，玄謩等译语，慧赜、法琳等缀文。沙门灵佳述其时译事谓："昔符姚两代，翻译学士乃有三千，今大唐译人不过二十。"

（6）是年秋玄奘法师首途赴天竺求法。

（7）始州香林寺慧主卒，年八十九。慧主初从斌法师，后依姜律师，明四分及菩萨戒。

（8）相州慈润寺灵琛卒。琛为三阶教信行弟子。

贞观五年（631年）

（1）太宗为穆太后造慈德寺，为太子承乾造普光寺。

（2）诏僧道致拜父母。

（3）以太子承乾有疾，延道士秦英祈祷获愈，遂立西华观（后改名龙兴观）。

贞观六年（632年）

（1）傅奕再上书，请令僧吹螺，不合击钟。

（2）天台山国清寺沙门灌顶卒，年七十二，天台宗尊为五祖，又号章安大师。灌顶初从慧拯为弟子，后随智者大师，广记智者词旨，著作亦甚多，有《涅槃玄义》、《涅槃经疏》、《观心经疏》、《天台八教大意》、《智者别传》、《国清百录》等。

贞观七年（633年）

（1）有太子中舍辛谞著《齐物论》，破难释教。沙门慧净作《析疑论》答，法琳又复作论答之。

（2）南天竺沙门波颇卒，年六十九，共译出《般若灯论释》等三部三十五卷（《开元录》作"三十八卷"）。

（3）安州方等寺沙门慧嵩卒，年八十七。慧嵩从茅山明法师听三论，后于成都、荆州等地弘三论。

贞观八年（634年）

（1）诏为穆太后建弘福寺，并为寺访纲维，得慧斌，征为弘福寺主。

（2）长安普光寺沙门慧璀卒，年五十余。慧璀为智首弟子，贞观初为云花寺上座，常弘摄论，化开律部。

贞观九年（635年）

（1）长安弘福寺沙门智首卒，年六十九。智首依智旻出家，旻为僧稠弟子，后又学于道洪，频开律府，灵裕亦亲预下筵。考订律部，著《五部区分钞》二十一卷。

（2）相州日光寺法门法砺卒，年六十七。法砺为洪渊弟子，渊为洪遵弟子；又往江南游览十诵，后返相州开戒律之相部，撰《四分疏》十卷、《羯磨疏》十卷等。有弟子满意居长安崇福寺，后世号为西塔律师，故相部宗亦称西塔宗。

贞观十年（636年）

（1）长安普光寺沙门玄琬卒，年七十五。玄琬初事昙延，后从洪遵，又学《摄论》于昙迁，善戒律并法华、大集、楞伽、胜鬘、地论、中论、百论、摄论等，撰《三德论》、《无尽藏仪》、《十种读经法》、《礼佛仪式》、《发戒缘起》、《忏悔罪法》等十余部。

（2）新罗僧慈藏与门人僧宝入唐，谒五台至终南。

贞观十一年（637年）

（1）诏先李后释。诏下，沙门智实、法琳并约法常、慧净等随驾伏阙，上表力争，太宗令岑本文宣敕严诫，众僧饮气而还。惟智实不屈，乃遭杖责放还，至十二年病卒。

（2）益州福盛寺沙门道基卒，年六十余，撰有《大乘章抄》八卷等。

贞观十二年（639年）

（1）襄州神足寺沙门慧眺卒，年八十余。慧眺初以小乘为业，游学齐、徐、青、海诸州，数论之精驰誉江汉，开皇末从象王哲学三论，改奉大乘，善三论，并讲《华严经》。

（2）新罗僧慈率门人僧实等十二人至长安，有敕慰抚，安置于胜光寺别院，厚礼殊供。

贞观十三年（639年）

（1）道士秦世英奏沙门法琳著《辩正论》谤诽皇室，罪当罔上。太宗乃下敕沙汰僧尼，并下琳于狱按问，后放之蜀部，于道中卒，年六十九。

（2）终南山至相寺智正卒，年八十一。智正开皇七年随昙迁入关，住胜光寺，后从彭渊游，讲《华严》、《摄论》、《胜鬘》、《唯识》等，撰《华严疏》十卷，华严二祖智俨从学，实为华严大师。

（3）太史令傅奕卒，年八十五。奕临终诫其子曰："老庄玄一之篇，周孔六经之说，是为名教，汝宜习之。妖胡乱华，举时皆惑，唯独窃叹，众不我从，悲夫！汝等勿学也。"

（4）日本学问僧惠隐、惠云从新罗使还本国。

贞观十四年（640年）

（1）雍州义善寺沙门杜顺卒，年八十四。杜顺师事因圣寺僧珍禅师，受持定业。太宗仰德，引入禁中，降礼崇敬。华严宗尊为初祖。

（2）蒲州仁寿寺律师慧萧卒于是年，年七十三。慧萧贯练众部，偏宗四分。

贞观十五年（641 年）

（1）魏王泰为长孙皇后于伊阙造石佛像，大五、六丈。

（2）吐蕃王弃宗弄赞请婚，太宗许之，以文成公主妻之。公主劝弃宗弄赞信佛。

（3）玄奘法师于天竺那烂陀寺著《会宗论》三千颂，会合性、相二宗，为戒贤大师及大众所称赏。

（4）沙门善导至河西见绰禅师九品道场讲诵《观经》。后至京师，造《弥陀经》十万余卷，画净土变相三百余壁满长安并从其化。

贞观十六年（642 年）

（1）天竺戒日王为玄奘法师在其都曲女城设大会，集五印度沙门、婆罗门、外道等六千余人，请法师坐为论主，称扬大乘，立真唯识量，序作论意，示一切人，竟十八日无敢论者，众皆钦服，小乘众号之曰脱解天，大乘众号之曰大乘天。后又于钵罗耶伽国立无遮大会，道俗到者五十万人。

（2）长安弘福寺沙门僧辩卒，年七十五。僧辩从智凝学，善《摄论》，撰《摄论》、《中边》等章疏行于世。

（3）长安普光寺沙门慧满卒，年五十四。慧满学律于智首，著《四分律疏》二十卷，讲四十余遍。

贞观十七年（643 年）

（1）新罗僧慈藏请还本国，启敕蒙许携藏经一部还国。慈藏弘律部，著有《诸经戒疏》十余卷，《出观行法》一卷。又有同国沙门圆胜，贞观初至唐，与藏偕还。

贞观十九年（645年）

（1）正月二十四日玄奘法师抵长安，得经论五百二十夹，六百五十七部，住弘福寺。二月赴洛阳谒太宗，太宗劝还俗未果，乃命撰《西域传》。玄奘请立译场，搜擢贤明，太宗曰："法师唐梵具瞻，词理通敏，将恐徒扬仄陋，终亏圣典。"奘师固请乃许。自洛阳返长安，五月首开翻译，九月二日译出《大菩萨藏经》二十卷。六月预翻译之大德，至有证义十二人，缀文九人，字学一人，证梵语一人。

（2）相州慈润寺沙门慧休卒，年九十六。慧休为灵裕弟子，为太宗所重，著有《杂心玄章抄》、《成实章抄》、《摄论章疏》等。

（3）并州玄中宗沙门道绰卒，年八十四。道绰初解义学，讲《涅槃经》，后承昔昙鸾之净土诸业，讲《观经》将二百遍，教四众称念，口诵佛名，著《净土论》二卷，净土宗尊为二祖。按昙鸾为初祖。

（4）越州静林寺沙门法敏卒，年六十七。法敏初从茅山明法师听三论，又听高丽实法师大乘经论，自讲法华、三论、华严、涅槃等，为三论大师。

（5）长安普光寺沙门法常卒，年七十九。法常为昙延弟子，专弘《摄论》，著《摄论义疏》八卷，《玄章》三卷，《涅槃》、《维摩》、《胜鬘》各有疏记。

（6）长安弘福寺沙门慧斌卒，年七十二。慧斌早学律部，曾往泰山灵岩寺，以行道为先，后诏征为弘福寺主。

（7）箕山沙门慧进卒，年八十六，善《四分》。同年并州通玄寺律师道亮卒，年七十七。

（8）长安纪国寺沙门慧净六十九岁，或卒于是年。慧净尝与道士余永通、蔡晃辩论，撰《析疑论》，以晓业缘。贞观初参与译事，撰《杂心玄文》、《俱舍文疏》及《诗苑英华》等。

（9）十一月太宗至幽州，后立悯忠寺，为阵亡战士造福。

贞观二十年（646年）

（1）肖瑀请出家，太宗手诏斥之谓"至于佛教，非意所遵。虽有国之常经，固弊俗之虚术"。

（2）玄奘法师将所译佛经五部及《西域记》奉表上闻，太宗亲作答书。

贞观二十一年（647年）

（1）蓝田悟真寺沙门慧远卒，年五十一。慧远为吉藏法师之高足，讲《法华经》，自作章疏。

贞观二十二年（648年）

（1）太宗至玉华宫，追玄奘法师至，法师为所译《瑜伽伽师地论》请序，太宗为撰《大唐三藏圣教序》（《慈恩传》在二十一年）。

（2）玄奘请度僧，九月诏京城及天下诸州寺宜各度五人，弘福寺宜度五十人，寺计海内三千七百一十六所，度僧尼总一万八千百五人。

（3）太子作《述圣记》以美奘师。又为文德皇后建慈恩寺成，乃度僧三百，请五十高僧入住，别建翻经院，玄奘及其弟子窥基、普光、法宝、嘉尚等均居之。

贞观二十三年（649年）

（1）太宗四月至翠微宫召玄奘同住，共法师听《瑜伽》大意，论《金刚般若》，并告法师说："朕共师相逢晚，不得广兴佛事。"五月太宗卒。

（2）襄州光福寺沙门慧璿卒，年七十九。慧璿少在襄州出家，入茅山听明法师讲三论，入栖霞听慧布讲四论、大品、涅槃等，又在安州大林寺听圆法师释论，后自讲三论、大品、华严、涅槃等，为三论师。

（3）苏州通玄寺沙门惠旻卒，年七十七。惠旻初从新罗光法师学成实，又从竹园寺志律师听十诵，讲经律、菩萨戒、成实论数各有差，著《十诵私记》十三卷，《僧尼行事》二卷，《尼众羯磨》二卷，《道俗菩萨戒义疏》四卷。

高宗永徽元年（650年）

（1）道宣撰《释迦方志》二卷。

（2）玄奘译出《本事经》七卷，沙门静迈、神昉等笔受。静迈者，先是简州福聚寺僧，贞观十九年奉诏为玄奘译场证义，后在玉华宫等处助译，除著有《译经图纪》四卷外，尚有《金刚般若经疏》、《十轮经疏》、《因明入正理论疏》十余种。神昉原住法海寺，亦奉诏为证义大德，著有《十轮经抄》、《成唯识论要集》等数种。

永徽二年（651年）

（1）蕲州双峰山沙门道信卒，年七十二。道信从僧璨学于舒州皖公山，静修禅业，后至庐山大林寺，又至黄梅双峰山，留止三十余载，禅宗尊为四祖。

永徽三年（652年）

（1）中印度沙门无极高携梵本来长安，敕令慈恩寺安置，后一年于慧日寺从《金刚大道场经》中撮要钞译，五年译成《陀罗尼集经》十二卷。

永徽四年（635年）

（1）日本沙门道照入中国，从玄奘法师学。

永徽六年（655年）

（1）中印度沙门那提三藏携大小乘经律论五百余夹，一千五百余部达长安，敕住慈恩寺，所司供给。

（2）玄奘于贞观二十一年译出《因明入正理论》，二十三年出《因明正理门论》。弟子神泰、靖迈、明觉为《因明》作义疏。是年尚药奉御吕才作《因明注解立破义图》破斥三家之说，而沙门慧立、明濬、太常博士柳宣反复致书，吕才遂奏其事。高宗召玄奘法师与吕才对。

（3）终南山至相寺沙门弘智卒，年六十一。智弘常讲《华严》、《摄论》。

显庆元年（656年）

（1）为太宗追福，立昊天观，高宗书额，并制《叹道文》，观尽保宁坊一坊之地。

（2）以玄奘法师请，高宗为撰《慈恩寺碑》。四月高宗御安福门观玄奘迎慈恩寺碑文，导以天竺法仪幢幡等，陈列三十里，车千余乘，士女观者百余万人，设三千僧斋。

（3）武后生皇子显（即中宗），敕赐号佛光王，为度七人，请从玄奘受戒。

显庆二年（657年）

（1）为孝敬太子病愈立西明寺，屋四千余间，以沙门道宣为上座，神泰为寺主，怀素为维那。又于东都建敬爱寺。

（2）立代王弘为皇太子，薛元起、李义府奉敕于慈恩寺斋僧五千，并行香。

（3）金陵牛头山沙门法融卒，年六十四。法融初于茅山明法师学三论，贞观十七年于牛头山幽栖寺建禅室居，及道信入山，融从学，传顿悟法门，而立牛头宗。

显庆三年（658年）

（1）七月西明寺成，敕玄奘徙居。

（2）高宗遣使分往康国、吐火罗等地访其风俗物产，令百官撰《西域志》六十卷，图四十卷，许敬宗领之。

（3）日本沙门智通来唐，求大乘佛法。

显庆四年（659年）

（1）敕智琮等往礼凤翔法门寺，迎舍利，赐名会昌寺。次年请入东都大内，皇后为舍利造金棺银椁，龙朔二年送回本塔。

（2）印度沙门智通译出密教经典《千啭陀罗尼观世音菩萨咒经》等三种，前在贞观中出《千臂千眼经》一种，共四种五卷。

（3）吏部尚书唐临卒于潮州贬所。临于永徽中著有《冥报记》二卷，述因果报应之应验。后有郎元休于龙朔年中又撰《冥报拾遗》二卷。

（4）玄奘法师译出《成唯识论》十卷，窥基笔受，此为法相宗之主要典籍。

（5）益州福胜寺沙门道兴卒，年六十七。道兴初依智舜学律，后学于智首，弘律部于益州。

显庆五年（660年）

（1）正月，玄奘法师于玉华宫始译《大般若经》，即就宫为佛寺。

（2）召沙门静泰、道士李荣在洛宫，辩《化胡经》之真伪。

显庆六年（即龙朔元年，661年）

（1）敕令会昌寺沙门会颐往五台山修理寺塔。

（2）西域何国沙门僧伽游历江淮，于泗州临淮县建寺，掘得古碑，乃齐香积寺铭记，上有普照王佛字，遂立普光王寺。

（3）沙门彦悰修《大唐京师寺录》十卷。悰尚撰有《沙门不敬信录》六卷。

（4）沙门道宣撰出《集古今佛道论衡》前三卷，后于麟德元年又补出第四卷。

（5）新罗沙门义湘、元晓入唐，湘从学于终南山智俨，返国后为海东华严初祖；元晓从学于玄奘，著述甚富，唯识、瑜伽、因明等均有章疏，且有三论著述及《净土经疏》，又有华严、起信章疏多种。

龙朔二年（662年）

（1）沙门道宣始撰集《大唐内典录》。

龙朔三年（663年）

（1）十月，玄奘法师六百卷《大般若经》译成，普光、嘉尚、大乘钦等笔受。

（2）十二月，玄奘译《毗婆沙论》，弟子宝光有疑，以非想见惑请益之，奘为之释。光宝后于长安三年预义净道场，著有《俱舍论疏》（又称《宝疏》）、《会空有论》、《一乘法性究竟论》等。

（3）那提三藏译出《八曼荼罗经》等三部。又著《大乘集义论》四十余卷。

（4）长安慈恩寺沙门灵辩卒，年七十八。灵辩乃灵幹之犹子，初从昙迁学，后从智正专业《华严》，撰《华严疏》十二卷，《抄》十卷，《章》三卷。

麟德元年（664年）

（1）玄奘法师卒，年六十三。玄奘从学者多为当代名僧，曾从慧景学《摄论》；从道基学《毗昙》；从宝暹学《摄论》；从道振学《迦延》；从慧休学《摄论》、《杂心》；从道深学《成实》；从道岳学《俱舍》；从法常、僧辩学《摄论》；从玄会学《涅槃》。在印十六年，遍就名师，从戒贤学唯识、因明等，又就胜军等学。奘师一生所阐弘之主体为法相，下启窥基圆测之法相宗。所译经论总七十五部，一千三百三十五卷。盖翻译之事，定名最难，玄奘于此立五不翻之说，其译佛经实为古今之冠。有弟子嘉尚，玄奘临终前命为作翻译目录。

（2）长安大慈恩寺沙门普光卒。普光为玄奘弟子，奘师所译一千余卷，其十之七八系光笔受，光善《俱舍论》，与法宝为

《俱舍》两大派，撰有《俱舍论记》（即《光记》）等。玄奘又有弟子神泰亦撰有《俱舍论疏》，此《疏》与《光记》、《宝疏》称为《俱舍》三家。

（3）沙门静泰奉敕撰《大唐东京大敬爱寺一切经论目录》五卷。

（4）沙门道宣所撰《大唐内典录》讫。

麟德二年（665年）

（1）令沙门玄照再西游，去迦湿弥罗取长年婆罗门卢迦溢多。先是玄照于贞观中西游，于那烂陀寺就胜光法师学《中》《百》等论，就宝师子大德受《瑜伽十七地》。时又有益州沙门会宁仗锡南海，于诃陵国共若那跋陀罗译出《阿笈摩经》中如来涅槃焚身之事（即《涅槃》后分）。有洛阳沙门义辉于天竺，听《俱舍》、《摄论》颇亦有功。又有无行禅师，荆州江陵人，游五天竺，于那烂陀寺听《瑜伽》，习《中观》，研味《俱舍》，探求律典，卒于北天竺，后其所获梵夹均携至京师华严寺。又有道希法师于印度般涅槃寺专攻律藏。

（2）长安广福寺沙门会隐、西门寺沙门玄则等十人奉敕撰《禅林要钞》，出三十卷。前此玄则曾出《禅林妙记前集》十卷，《后集》二十卷。

乾封元年（666年）

（1）敕兖州置寺观各三所　天下许州寺观各一所，各度七人。

乾封二年（667年）

（1）长安西明寺沙门道宣卒，年七十二。道宣师事智首，参与玄奘译场，开南山律宗，著《续高僧传》、《广弘明集》、《三宝感应录》、《道宣律师感应记》及南山宗五大部等二百二十余卷。

（2）新罗沙门顺璟至中国。顺璟善因明，闻玄奘《真唯识量》，乃立《决定相违不定量》，是年因使臣入贡附至，于时玄奘长往向及三年。

总章元年（即乾封三年，668年）

（1）沙门道世（玄恽）撰出《法苑珠林》一百卷。

（2）终南山至相寺沙门智俨卒，年六十七。智俨从杜顺出家，又学于法常、僧辩二法师，后从智正学《华严》，撰有《华严搜玄记》、《华严孔目章》、《华严一乘十玄门》等二十余部，后尊为华严二祖。

咸亨二年（671年）

（1）新罗沙门义湘返国。

（2）沙门义净自南海附舶，往西天竺求佛法。

咸亨三年（672年）

（1）慧能至黄梅问佛法于禅宗五祖弘忍。

上元二年（675年）

（1）蕲州东山弘忍卒，年七十四。弘忍为道信弟子，发挥《金刚般若》之义旨，开东山法门，禅宗尊为五祖。

仪凤元年（即上元三年，676年）

（1）交州都督梁难敌，遣使奉表进成都沙门会宁与南海诃陵国沙门若那跋陀罗共译之《涅槃》后分二卷。

（2）慧能至广州从沙门印宗受戒。

仪凤二年（677年）

（1）慧能禅师自南海归曹溪宝林寺。

调露元年（即仪凤四年，679年）

（1）中印度沙门日照表请翻度所携经夹，仍准玄奘例于寺译经。从法藏请于垂拱初译出《华严·入法界品》一卷，至垂拱末共出经论《大乘显识经》、《大乘广五蕴论》等十八部三十四卷。

（2）鸿胪寺典客署令杜行颛奉敕译《佛顶尊胜陀罗尼经》一

卷。其后日照于永淳元年再译，名《佛顶最胜陀罗尼经》。再后又有北天竺罽宾沙门佛陀波利三译。

永隆元年（即调露二年，680年）

（1）缙云智威卒。智威为灌顶弟子，天台宗后之作传授次第者，以智威为六祖，其弟子慧威为七祖。

开耀元年（即永隆二年，681年）

（1）善导大师卒，年六十九。善导为净土二祖道绰弟子，世人目为净土三祖，著有《观经疏》、《往生礼赞》等五部九卷。

（2）太子文学权无二述释典稽疑十条，沙门复礼撰《十门辩惑论》三卷答之。

永淳元年（即开耀二年，682年）

（1）长安大慈恩寺沙门窥基卒，年五十一。窥基传玄奘法相之学，开法相宗，参与玄奘译场，造疏计可百本，后世有"百疏论主"之称，其主要撰述有《成唯识论述记》、《因明入正理论疏》、《大乘法苑义林章》、《瑜伽略纂》、《二十唯识论述记》、《异部宗轮论述记》等。

（2）长安恒济寺沙门怀素卒，年七十四。怀素先就相部法砺学，后又学于玄奘，开戒律之东塔宗，著有《开四分律记》、《四分僧尼羯磨文》、《四分僧尼戒本》等。

永淳二年（即道弘，683年）

（1）长安西明寺沙门道世或卒于此年（据《稽古略》）。据《律苑僧宝传》谓道世与道宣同受戒于智首，深明律部，除著《法苑珠林》外，又著有《诸经要集》、《四分律讨要》、《金刚经集注》、《敬福论》、《善恶业报论》、《辩伪显真论》、《受戒仪式》、《礼佛仪式》、《大小乘禅门观》、《大乘观》等总十余部、一百五十余卷。

武则天皇帝垂拱三年（687年）

（1）南天竺沙门菩提流志至东都，令居福先寺译经。

（2）广福寺沙门彦悰继魏国寺沙门慧立撰成《大唐大慈恩寺三藏法师传》十卷。

垂拱四年（688年）

（1）四月（或五月），武承嗣伪造瑞石，文曰："圣母临人，永昌帝业。"令雍州唐同泰表称获之于洛水。武后大悦，号其石为宝图。六月又得瑞石于汜水，是曰广武铭。

永昌元年（即载初元年，689年）

（1）正月七日夜，敕僧等于玄武北门建立华严高座八会道场，与会者有僧尼数千，武后亲制《听华严诗》并序。

（2）于阗沙门提云般若谒武后于洛阳，敕于魏国东寺翻译，至天授二年出《华严经·佛境界分》、《法界无差别论》等六部七卷。

（3）中岳沙门法如卒，年五十二。据《唐法如禅师碑》谓"（弘）忍传（法）如"。

载初二年（即天授元年，690年）

（1）七月，沙门怀义、明法等进《大云经》陈符命，言则天后是弥勒下生，作阎浮提主。是年九月，则天自立为皇帝，改国号周，改元天授。制颁《大云经》于天下，令两京诸州各置大云寺，各藏《大云经》本，总度僧尼千人，封怀义、明法等九人为县公，皆赐紫袈裟银鱼袋，沙门封爵赐紫始于此。

天授二年（691年）

（1）则天以释教开革命之阶，令释教在道法之上，僧尼处道士、女冠之前。

（2）召沙门神秀入京师，武后肩舆上殿，亲加跪礼，内道场丰其供养，时时问道。

天授三年（即如意、长寿元年，692年）

(1) 敕禁断天下屠钓，前后共八年。

(2) 天授中吐火罗国沙门弥陀山共法藏等译出《无垢净光陀罗尼经》一卷。

长寿二年（693年）

(1) 南印度沙门菩提流志至长安，于佛授记寺译出《宝雨经》，其中有文言"菩萨杀害父母"等语，盖武后杀唐宗室引以自饰。后成之八十《华严经》武后序之曰："金仙降旨，《大云》之偈先彰；玉宸披祥，《宝雨》之文后及。"

(2) 北印度迦湿弥罗国沙门宝思维至洛都，敕于天宫寺安置，即以其年创译。

长寿三年（694年）

(1) 五月，敕天下僧尼隶祠部，不须属司宾。按唐初鸿胪寺有崇玄署掌李、释二教。后又置寺观监，贞观中省。

(2) 印度沙门慧智于洛阳佛授记寺出《观世音颂》一卷。

(3) 命三阶教法藏禅师于东都大福先寺检校"无尽藏"；至长安年中又命检校化度寺"无尽藏"。

证圣元年（即天册万岁元年，695年）

(1) 沙门义净游学天竺二十五年归国，将来梵本经律论近四百部，武后御上东门迎劳，敕于佛授记寺翻译。

(2) 迎实叉难陀于东都大内大遍空寺，与菩提流志、义净等重译《华严经》，是为八十卷《华严》，武后亲临法座焕发序文，至圣历二年毕功。

(3) 洛阳佛授记寺沙门明佺奉敕刊定佛藏目录，成《大周刊定众经目录》十五卷。

(4) 敕列三阶教书于伪经中。

天册万岁二年（即万岁登封、万岁通天元年，696年）

(1) 洛阳弘道观主杜义求为僧，赐号玄嶷，赐夏腊三十，此为赐夏腊之始。玄嶷撰《甄正论》以尊佛教。

（2）福先寺沙门慧澄请依前朝毁《老子化胡经》，敕秋官侍郎刘如睿等八学士议之，皆言汉隋诸书所载不当除削。

（3）西明寺沙门圆测卒，年八十四。圆测为新罗国王之孙，初学于法常、僧辩二法师，后从玄奘为弟子，参与译场，撰述甚富，有《唯识论疏》、《解深密经疏》、《仁王经疏》等十余种。圆测亦传玄奘法相唯识学，与窥基为法相宗之两大派。

圣历二年（699 年）

（1）敕沙门法藏于佛授记寺讲新译《华严经》，即日引对长生殿，敷宣玄义，成《金师子章》，封藏为贤首菩萨戒师。

（2）法藏致书同门新罗义湘，并托新罗归国僧胜诠法师送其撰述之《华严探玄记》等。

圣历三年（久视元年，700 年）

（1）武后将于白马阪造大像，敛天下僧钱。狄仁杰上疏谏阻，曰："今之伽蓝，制过宫阙，穷奢极侈，画绩尽工"云云，又曰："无名之僧凡几万，都下检括已得数千，经典僧伽，盖均冒滥。"又苏瓌谏武后，以"铸浮屠，立庙塔"，靡损虽不出国用，要自民产日殚，请并寺，著常员，数缺则补。

（2）北天竺岚波国沙门李无谄应新罗僧明晓请，译出《不空羂索陀罗尼经》一卷。

（3）义净于东都译出《金光明最胜王经》，武后为制《圣教序》。

大足元年（即长安元年，701 年）

（1）御史张廷珪以武后将建大像，上书陈害，即《谏白马阪营大像表》。

（2）武后集三教学士纂《三教珠英》一千三百卷，目十三卷。

长安四年（702 年）

（1）建安王武攸宜重修清凉寺。

长安四年（704年）

（1）武后复税天下僧尼，作大像于洛阳城北邙山白马阪，縻废巨亿。冬像成，则天率百僚礼祀。李峤上疏谏造大像，谓"编户贫弱者众，造像钱有一十七万余贯，若广济贫穷，人与一千，可拯一十七万户饥寒之弊"，疏奏不纳。

（2）实叉难陀自久视始译《大乘入楞伽经》，至是年功毕，成七卷，武后为制序。

中宗神龙元年（705年）

（1）诏僧道集内殿定《化胡经》真伪，沙门明法抗争，九月遂诏削除，违者科罪。洛京大恒观主桓道彦等上表固执，敕曰："道德二篇，空有二谛，莫不敷畅玄门，阐扬妙理，何假化胡之为，方盛老君之宗？"竟不许请。

（2）诏天下试经度人。

（3）诏白马阪复营佛祠，张廷珪又上表切争，不省。

（4）胡僧慧范矫托佛教，交游权贵。桓彦范上表陈时政，谓慧范以左道乱政，应急诛之。

（5）中宗诏义净于内道场译《孔雀咒王经》，制《大唐龙兴三藏圣教序》以冠经首。

（6）中印度沙门般刺密帝译出《楞严经》，房融笔受。

神龙二年（706年）

（1）以赏造圣善寺功，沙门慧范、法藏、慧珍等九人并加五品阶，赐爵郡县公。敕上庸公慧范加银青光禄大夫，充圣善寺主；沙门万岁加朝散大夫，封县公，充都维那；沙门广清检校殿中监，充功德使。

（2）酸枣县尉袁楚客上书中书令魏元忠论国政十失，斥左道僧徒害国。

（3）荆州当阳山度门寺沙门神秀卒，诏赐谥大通禅师。神秀为弘忍大弟子，开禅宗北宗，《僧史略》谓"则天朝，神秀领徒荆州，召入京师，中、睿，玄四朝皆为国师"，此说实误，盖神秀于中宗时即卒。

神龙三年（即景龙元年，707年）

（1）中宗遣使江南，分道赎生，以所在官物充直，中书舍人李乂上疏，谏谓"未若回救赎之钱物，减贫困之徭赋"。

（2）中宗复位后，曾令天下诸州立寺观各一所，皆以中兴为名，是年改为龙兴，内外不得言中兴。

景龙二年（708年）

（1）并州清原县尉吕元泰以营建佛寺劳民病国，上疏谓"回营构之资，惠及饥寒"，疏奏不省。

（2）中宗多营佛寺，劳民伤财，左拾遗辛替否上疏极谏，谓"天下十分之财，而佛有七八"，"竭人之力"，"费人之财"，"夺人之家"，"以取怨于天下"，疏奏不纳。

景龙三年（709年）

（1）兵部尚书同中书门下三品韦嗣立上疏谏营寺观事，疏奏不纳。

景龙四年（即睿宗景云元年，710年）

（1）于化度寺设无遮大斋，中宗与韦后微行观灯，放宫女数千人观灯。诏五品以上行香。

（2）中宗以所养雍王守礼女为金城公主，远嫁吐蕃。

（3）东都拓建圣善寺，以为僧房，计破百姓数十家。监察御史宋务光上疏极谏，谓"僧房精舍，宴坐有余，禅寺道场，经行已足，若开拓夺人便利，贫者有挤壑之忧，富者无安堵之所"云云，疏奏不纳。

（4）睿宗欲为二女城西造观，谏议大夫宁原悌疏谏，谓"不当广营寺观，劳人费财"。

景云二年（711年）

（1）诏以释典玄宗理均迹异，拯人化俗，教别功齐，自今每缘法事，集会僧尼道士女冠等宜齐行道。

（2）天下滥度僧尼道士女冠并依旧。

（3）睿宗造金仙、玉真二观，左补阙辛替否上疏力陈造寺观之害，谓"造寺不止，枉费财者数百亿；度人不休，免租庸者数十万。……夺百姓之食以养残凶；剥万人之衣以涂土木"云云。

（4）敕采访使王志愔视诸郡无敕寺院，并令罢除。按唐制天下寺有定数，立寺亦受朝廷限制，据《唐大典》谓诸州寺总五三五八所，僧三二四五所，尼二一一三所。

太极元年（即玄宗先天元年，712年）

（1）睿宗为二女造观，时属早春，兴役不止，中书舍人裴漼上疏谏请止早春造寺观，谓："若农业失时，户口流散，纵寺观营构，岂救黎元饥寒之弊哉！"疏奏不报。

（2）洛阳佛授记寺沙门法藏卒于大荐福寺，年七十。法藏曾参与玄奘、实叉难陀、义净译场，著《华严探玄记》、《华严五教章》、《大乘起信论疏》、《十二门论亲致义记》、《华严经传记》等二十余部，华严宗尊为三祖。有弟子慧英又集《华严经感应传》两卷。

先天二年（即开元元年，713年）

（1）敕毁除化度寺无尽藏院。

（2）京师大荐福寺沙门义净卒，年七十九。义净虽遍翻三藏，而偏攻律部，性传密咒，武后久视至睿宗景云翻出经律计五十六部二百三十卷，又别撰《大唐西域求法高僧传》及《南海寄归内法传》等。

（3）韶州宝林寺沙门慧能卒，年七十六，后赠谥大鉴禅师。

慧能受学于弘忍，后于南海印宗法师处出家，创禅宗顿门，南宗尊为六祖，其徒法海记其言行录为《坛经》。

（4）南印度沙门菩提流志自神龙二年始译《大宝积经》，至是年功毕，共一百二十卷。

（5）会稽山妙喜寺沙门印宗卒，年八十七。印宗精《涅槃》，为禅宗六祖慧能削椎髻于南海法性寺，著《心要集》、《百家诸儒士三教文》等。

（6）荆州玉泉寺沙门恒景卒，年七十九。恒景于文纲习毗尼，又于舟山玉泉寺学天台止观门，著《佛性论》二卷。

开元二年（714年）

（1）先是中宗时听贵戚造寺度人，富户强丁多削发避役，至是姚崇上书请加检括，并请停佛道营造，玄宗从之，命沙汰伪滥僧尼一万二千余人，令还俗，并敕百官毋得造寺。

（2）令道士女冠僧尼致敬父母。

开元四年（716年）

（1）中天竺沙门善无畏携梵经来长安，敕于兴福寺南院安置，后往住西明寺。

（2）日本沙门玄昉入中国求法。

开元五年（717年）

（1）宋璟奏，悲田养病，从长安以来，置使专知，今骤聚无名之人，著收利之便，实恐逋逃为薮，隐没成奸，请罢之，不许。

（2）光州沙门道岸卒，年六十四。道岸本文纲律师高足，以江表多行《十诵律》，东南僧坚执罔知《四分》，岸请中宗墨敕执行南山律宗，此宗盛于江淮间岸之力也。

开元六年（718年）

（1）日本沙门道慈返国，弘三论，著有《愚志》一卷。

开元七年（719年）

(1) 沙门慧日自西域返国。慧日航海经狮子国达印度,前后共行七十余国,长十八年。归进帝佛真容梵夹等,赐号慈愍三藏,著有《念佛往生净土集》。

开元八年（720年）

(1) 南天竺沙门金刚智至长安,敕迎就慈恩寺,寻徙荐福寺,所住之刹必建大曼拏罗灌顶道场度四众。

(2) 敕慧能弟子神会往南阳龙兴寺,继于洛阳大兴禅法,始判南北二宗。

开元九年（721年）

(1) 姚崇卒。崇临终有《遗令诫子孙文》,谓历史上崇佛者"命不得延,国亦随灭"。

(2) 北印度沙门宝思维卒。自长寿二年至中宗神龙二年译出陀罗尼经七部九卷。

(3) 于阗沙门智严译出《决定业障经》等四部六卷。

开元十一年（723年）

(1) 从沙门一行请,敕金刚智于资圣寺译密教经典《金刚顶经》四卷。

开元十二年（724年）

(1) 善无畏应沙门一行之请奉敕于洛阳福先寺译出《大毗卢遮那成佛神变加持经》（即《大日经》）七卷。后一行为之作疏号曰"大疏"。又译出《苏婆呼童子经》三卷及《苏悉地羯罗经》三卷,是三经均为密宗之要籍也。

(2) 六月敕有司试天下僧尼年六十以下者限诵二百经纸,每一年限诵七十三纸,三年一试,落者还俗,不得以坐禅对策义试。

开元十三年（725年）

(1) 敕禁断《三阶集录》。

开元十五年（727年）

（1）敕天下村坊佛堂小者并拆除之，功德移入近寺，堂大者皆令封闭，公私望风，凡大屋大像亦被残毁。

（2）菩提流志卒，赠鸿胪卿，谥"一切遍知"三藏，前后共译经五十三部，合一百一十一卷。

（3）中岳嵩阳寺沙门一行卒，年五十五，玄宗为制碑文，亲书于石，谥大慧禅师。一行从金刚智、善无畏受密教，敕诏撰《释氏系录》一卷，又撰有《大日经疏》等。

（4）长安崇圣寺沙门文纲卒，年九十二。文纲出家先依道宣，后从道成，为武后、中、睿、玄四朝法主，律学大师。

（5）新罗僧慧超自天竺返唐至安西，超著有《往五天竺国传》。

开元十七年（729年）

（1）敕两京度僧尼道士女冠，御史一人范之。

（2）敕天下僧尼道士女冠三岁一造籍。按《佛祖统纪》谓"供帐始此"；而《释氏要览》卷上"祠部牒"条谓"此牒自尚书省祠部出，故称祠部牒"；《唐会要》四十九谓则天"延载元年五月十一日，敕天下僧尼隶祠部"。

开元十八年（730年）

（1）沙门智升撰出《开元释教录》二十卷。智升又撰有《开元释教录略出》、《续大唐内典录》、《续古今释经图记》等。前此有玄奘弟子靖迈撰《大唐古今译经图记》四卷，此为靖迈撰题于大慈恩寺堂内壁。智升卒于何年不可考，尚著有《诸经礼忏仪》等。

（2）长者李通玄卒。通玄精研《华严》，撰述甚多，有《华严经疏》四十卷及《华严会释》、《十玄门义》等。

开元二十年（732年）

（1）以寒食上墓编入五礼，永为常式。

（2）密宗大师金刚智卒，年七十一，敕谥灌顶国师。金刚智传密教之金刚界曼荼罗，共译密教经典五部十四卷。

（3）善无畏求还西域，复诏不许。

（4）长安慈恩寺沙门义福卒，制谥大智禅师。义福为神秀高足，禅宗北宗大师。

开元二十一年（733年）

（1）玄宗迎道士张果至东都，赠银青光禄大夫，号通玄先生，为造栖霞观于隐所。

（2）日本僧人荣叡、普照随入唐使达扬州，遇大云寺沙门鉴真。

开元二十二年（734年）

（1）断令京城乞儿悉令病坊收管，官以本钱收利给之。《通鉴》胡注曰："时病坊分置于诸寺，以悲田养病本于释教也。"

（2）慧能弟子神会于滑台大云寺设无遮大会，立南宗宗旨，攻击北宗。

开元二十三年（735年）

（1）天竺沙门善无畏卒，据言年九十九，赠鸿胪卿。善无畏传密教之胎藏界曼荼罗，译经四部十四卷。

开元二十五年（737年）

（1）以道士女冠隶正宗寺，僧尼令祠部检校。

开元二十七年（739年）

（1）长安兴唐寺沙门普寂卒，年八十九，谥大慧禅师。普寂为神秀大弟子，及神秀卒，中宗令寂统其法众。

开元二十八年（740年）

（1）长安青龙寺沙门道氤卒，年七十三。道氤学通内外，洛阳福先寺建论场，氤首登座，于《瑜伽》、《唯识》、《因明》、《百法》等论，竖立大义六科，敌论诸师茫然屈伏。撰《定三教论衡》、《大乘法宝五门名教》、《信法仪》、《唯识疏》、《法华经疏》、《御注金刚经疏》等。

(2) 吉州青原山静居寺沙门行思卒。行思为慧能弟子，此派后衍为曹洞、云门、法眼三宗。

开元二十九年（741年）

(1) 河南采访使齐澣言："至道可尊，当从宗仰，未免鞭挞，有辱形仪，其僧道有过者，望一准僧道格律处分，所由州县不得擅行决罪"，奏可。

天宝元年（742年）

(1) 越州法华寺沙门玄俨卒，年六十八。玄俨先从光州道岸，后游上京从融济及意律师，还江左弘四分，著《辅篇记》十卷、《羯磨述章》三篇。

天宝二年（743年）

(1) 玄宗以广东罗浮山据佛经所载是华首菩萨所在，敕立延祥寺、华首台、明月戒坛。

(2) 鉴真和尚东渡赴日本，随行者有僧十四人、尼三人并俗人共二十四，由是南山律宗流入东国。

天宝三年（744年）

(1) 南岳观音台沙门怀让卒，年六十六。怀让为慧能弟子，此派后衍为临济、沩仰二宗。

天宝五年（746年）

(1) 沙门不空奉师金刚智遗命返印度求得密藏经论五百余部于是年携归长安，住净影寺。

天宝六年（747年）

(1) 始令祠部给牒用绫素。

(2) 洛阳罔极寺沙门慧日卒，年六十九，著有《往生净土集》行于世。

（3）台州涌泉寺沙门怀玉卒。怀玉常自业忏悔万万余反，诵《弥陀经》三十万遍。

（4）沙门含光自印度归国。开元中，含光依于不空三藏，天宝初舶海经师子国至印度。归后参与不空译经，为代宗所重。

天宝七年（748年）

（1）杨贵妃兄杨铦为五台山清凉寺写一切经五千零四十八卷、般若四教天台论疏二千卷。

（2）杨州龙兴寺沙门法慎卒，年八十三。法慎初从瑶台成律师受具，后依怀素，研精律部，归扬州声誉甚盛，有弟子义宣、灵一等。

天宝十年（751年）

（1）悟空本名车奉朝赴印。是年敕宦官张韬光率吏四十余人西使罽宾，车奉朝随行。后奉朝还至犍陀罗因病未归，发愿出家，历游印土前后四十年。

天宝十三年（754年）

（1）鉴真和尚抵达日本，日皇迎至东大寺住。

（2）东阳清泰寺玄朗卒，年八十一。玄朗为天台慧威弟子，隐左溪岩，矢台宗尊为八祖，著有《法华文科》二卷。

天宝十五年（即肃宗至德元年，756年）

（1）肃宗即位灵武，军需不足，用右仆射裴冕权计，大府各置戒坛，度僧鬻度牒，谓之香水钱。《旧唐书·食货志》谓："初度牒不须金钱，及安禄山之乱，杨国忠使御史崔众赴河东度僧尼道士，旬日得钱百万。"又《宋高僧传·神会传》谓神会"立坛度僧，所获财帛，顿支军费，收复两京，会之济用，颇称有力"。

（2）以内供奉授沙门元皎，此后京城名僧多授此官。

至德二年（757年）

（1）诏迎凤翔法门寺佛骨入禁中，立内道场。

（2）敕五岳各建寺，选高行沙门主之，听白衣能诵经五百纸者度为僧，或纳钱百缗请牒剃落亦赐明经出身。

至德三年（即乾元元年，758年）

（1）敕不空入内，为肃宗灌顶，授戒法，说菩萨放光证戒。

乾元三年（即上元元年，760年）

（1）洛阳荷泽寺沙门神会卒，年九十三。神会早年参慧能，后遍寻名迹，开元八年敕住南阳兴龙寺，后入洛阳住荷泽寺，撰《显宗论》一卷，创荷泽宗，于是禅宗之南北二宗对立形成。

上元二年（761年）

（1）于三殿置道场，以宫人为佛菩萨，武士为金刚神王，召大臣膜拜围绕。时张镐为宰相，有奏谏内置道场，谓"臣闻天子修福，当在安养苍生，靖一风化。未闻区区僧教，以致太平"云云，或即在此年。

（2）遣内给事孙朝进迎慧能弟子南阳慧忠入见，待以师礼，敕居千福寺，号国师。

上元三年（即宝应元年，762年）

（1）诏寺观不得妄托事故，非时聚会。

（2）余杭宜丰寺沙门灵一卒，年三十五。灵一为法慎弟子，从学相部，学习无倦，律仪是修，著《法性论》，以究真谛。

宝应二年（即代宗广德元年，763年）

（1）代宗置内道场，敕每年降圣节召名僧与饭谓之内斋，事或在此年。

（2）制河南河北伪度僧尼道士女冠并与正度。

（3）扬州大云寺沙门鉴真卒于日本，年七十七。鉴真从道岸律师受菩萨戒，又依荆州恒景律师，景或即文纲弟子，宗南山。在日本讲《四分律》，又讲《法华玄义》、《法华文句》、《摩诃止观》天台三大部，日人号曰东征和尚。

永泰元年（765年）

（1）十月吐蕃入逼京师，命内出《仁王经》二辇送西明寺，诏不空三藏置百尺高座讲经，帝临御行香礼敬。

（2）制授不空特进鸿胪卿，号大广智三藏。

（3）敕沙门百人入禁中行念诵法，谓之内道场，入出乘马，度支廪给。

（4）诏出家沙门尊居三宝，天下官司毋得搔辱僧尼。

永泰二年（即大历元年，766年）

（1）七月望日，于宫中内道场造盂兰会，缀饰镠琲，所费百万，设高祖以下七圣位，幡节衣冠皆具，各以帝号识其幡，自禁内分诣佛祠，铙吹鼓舞，奔走相属，是日立仗百官班光顺门，奉迎导从，岁以为常。

大历二年（767年）

（1）王缙造金阁寺于五台山，铸铜为瓦，涂金于上，照耀山谷，计钱巨亿万。另给中书符牒，令五台山僧数十人分行郡县，聚徒讲说，以求货利。

（2）进士高郢是年连上两疏谏造章敬寺，谓："今兴造急促，人徒竭作，土木并起，日计万工，昼不遑食，夜不遑息。力不逮者，随加搒笞，愁痛之声，盈于道路。以此望福，臣恐不然。"书奏不报。

大历四年（769年）

（1）正月，以章敬皇太后忌辰度僧尼道士凡四百人，是日以修功德使大济禅师廓清简校殿中监。

（2）是年夏净土宗沙门法照于衡州湖东寺起五会念佛道场。

大历五年（770年）

（1）不空请于高祖、太宗七圣忌日设斋行香，仍于三长斋月每月十斋日，奉表奏准。

大历六年（771年）

（1）四月敕京城僧尼，临坛大德各置十人，以为常式，有阙即填，此乃官补德号之始。

（2）会稽开元寺沙门昙一卒，年八十。法砺之上首为满意，一传为大亮，再传有昙一。昙一依观音寺大亮传毗尼藏，崇福寺檀子法师学《唯识》、《俱舍》等论，安国寺印度沙门受菩萨戒，又尝学于东塔法慎，并隶南山，实会合戒律三宗之说，著《发正记》，讲《四分律》三十五遍，《删补钞》二十余遍。天台宗湛然为其弟子，华严宗澄观从学南山律。

大历八年（773年）

（1）敕天下童行策试经律论三科，给牒放度。

大历九年（774年）

（1）加不空开府仪同三司，封肃国公，食邑三千户。是年六月十五日不空卒，年八十。不空为金刚智弟子，传金刚界曼荼罗，译经七十七部一百二十余卷。

大历十年（775年）

（1）礼部侍郎常衮建言，谓诸祠寺，写经造像，焚币埋玉，赏赉比丘道士巫祝之流，岁巨万计，不若易刍粟，减贫民之赋。

（2）均州武当山沙门慧忠卒，谥号大证禅师。慧忠自受学慧能，后居南阳白崖山党子谷四十余年不下山门，上元二年迎入京师。忠随机说法，立"无情有佛性"义。

大历十二年（777年）

（1）润州招隐寺沙门朗然卒，年五十四。朗从学于昙一，精研律部，讲训生徒，四远响应，著《古今决》十卷，解释《四分律钞》数十万言。

大历十三年（778年）

（1）从宰相元载请，敕律部南山、相部、东塔三宗大德十四人，集安国寺，定其是非。沙门如净，慧彻主其事，圆照受正字，宝意纂文，超济等九人证义，撰书十卷，敕名《金定四分律钞》，建中元年书成献之。

（2）剑南东川观察使李叔明奏请删汰僧道。德宗时以太子摄政，善之，下尚书省集议，都官员外郎彭偃议谓"今天下僧道，不耕而食，不织而衣，广作危言险语以惑愚者。一僧衣食，岁计约三万有余，五丁所出不能致此"云云。刑部员外郎裴泊有《汰僧道议》，言曰："衣者蚕桑也，食者耕农也，男女者继祖之重也，而二教悉禁。国家著令，又从而助之，是以夷狄不经法，反制中夏礼义之俗也"云云。

大历十四年（779年）

（1）代宗卒，德宗即位，闰五月，京城寺观修功德使刘崇训，表请停京城修功德使。敕旨内外功德使宜并罢停，自此僧尼悉属祠部。

（2）六月诏令毋得置寺观及请度僧尼。

德宗建中三年（782年）

（1）敕僧尼有事故者仰三纲申州纳符告注毁，在京者于祠部纳告。

（2）台州国清寺沙门湛然卒，年七十二。湛然从左溪玄朗学，生平以传智者之法为己任，著述甚富，作《止观辅行弘决》四十卷释智者《摩诃止观》，再治智者《净名经疏》略为十卷，尚著有《法华玄义释签》、《法华文句记》、《维摩经疏记》、《金刚錍》、《始终心要》等多种，天台宗尊为九祖。

建中四年（783年）

（1）肃王详死，德宗欲以沙门层砖造塔以葬，礼仪使判官司门郎中李岩上言，谓以层砖起塔为天竺浮图法，行之中华恐非礼。

兴元元年（784年）

（1）沙门法照于并州行五会，教人念佛，劝化甚盛。德宗遣人迎入禁中，教宫人念佛，亦及五会。

（2）敕亡僧尼资财，一依律文分财法。

贞元二年（786年）

（1）制诸寺宣讲，复作盂兰盆会，依代宗时。

（2）北天竺迦毕试国沙门般刺若至长安。

贞元三年（787年）

（1）僧人李广弘与尼智因图为帝后，谋发，连坐死者百余人。因禁止诸色人不得辄入寺观。

贞元四年（788年）

（1）诏迎岐州无忧王寺佛指骨入禁中供养。

（2）置左右街功德使，东都功德使，修功德使，总僧尼之籍及功役。

（3）沙门般刺若共良莠于西明寺译《大乘理趣六波罗蜜多经》十卷，至五年成，德宗亲为制序。

（4）洪州开元寺沙门道一卒，年八十，追谥大寂禅师。道一姓马，故又名马祖，从怀让受禅法，后居洪州（江西），于是有洪州宗（亦名江西宗）之称。

（5）越州焦山大历寺沙门神邕卒，年七十九。神邕学律于法华寺玄俨，又从左溪玄朗学天台止观等，著《破倒翻迷论》斥道士吴筠，又有《天台地志》两卷。

贞元五年（789年）

（1）敕天下诸上州，并宜国忌日准式行香。

（2）沙门悟空回国至长安，进上佛牙舍利与经本，此为所知唐代最后之西游僧人。

贞元六年（790年）

（1）诏葬佛骨于岐阳。

（2）有于阗沙门戒法于是年至长安，进所译《回向轮经》、《十地经》。前此有龟兹沙门莲华精进译出《十力经》。此三经为章敬寺悟空得之于天竺。

（3）南岳石头山希迁卒，年九十一。希迁从慧能出家，慧能卒后，往依行思，天宝初居南岳石头山，故世称石头和尚，著有《草庵歌》、《参同契》等。

贞元九年（793年）

（1）六月诏定国忌日寺观斋僧道人数有差。

贞元十一年（795年）

（1）沙门圆照进上所撰《大唐贞元续开元释教录》三卷。

贞元十二年（796年）

（1）诏备礼迎沙门澄观入都，命共罽宾三藏般若、沙门圆照、鉴虚翻译乌荼国所赠《华严》后分梵夹。按《宋僧传》事或在贞元七年。十四年成四十卷，德宗亲预译场，临文裁正，令左右街功德使专领监护。后又诏令澄观造《华严经疏》，遂于南草堂寺编成十卷。

（2）四月诞日，御麟殿，诏给事中徐岱、兵部郎中赵需及许孟容、韦渠牟，与道士葛参成、沙门鉴虚、覃廷等二十人，讲论三教。

贞元十三年（797年）

（1）命沙门端甫入内殿，与儒道议论，赐紫方袍，令侍皇太子于东朝，顺宗以兄礼待之。

贞元十五年（797年）

（1）授澄观镇国大师号，观进天下大僧录，命有司备仪辇迎入内殿，阐扬大经，德宗备加敬礼。

（2）五台山竹林寺沙门法照或卒于是年之后。按据日人塚本善隆《唐中期の净土教》考证，竹林寺当建立在贞元十四、十五年，《宋高僧传》谓卒于大历十二年误。查《统纪》四十一谓兴元元年法照曾于并州行五会。法照于代宗朝尊为国师，世称五会法师，净土宗尊为四祖，传净土于南，著有《净土五会念佛诵经观行仪》、《净土五会念佛略法事仪赞》等。

贞元十六年（800年）

（1）长安西明寺沙门圆照十五年十月奉敕撰《贞元新定释教目录》，至是年成三十卷。圆照又撰有《般若三藏续古今译经图记》、《悟空入竺记》、《不空三藏碑表集》、《忏悔灭罪辩瑞相记》等二十余部。圆照卒年不可考，早年依西明寺景云律师出家，后寻究经典，访问师承，《维摩》、《法华》、《因明》、《唯识》、《涅槃》、《中观》、《华严新经》无不学，而尤精律部。

贞元十八年（802年）

（1）南岳弥陀寺沙门承远卒，年九十一。承远初居庐山，后至南岳，世称弥陀和尚，净土宗尊为三祖。

贞元二十年（804年）

（1）日本遣唐使舶遭暴风，大使藤葛野麻吕之第一舶漂至福州，副使石川道益之第二舶漂至明州，学问僧空海、最澄等同来。

贞元二十一年（即顺宗永贞元年，805年）

（1）长安青龙寺沙门惠果卒。惠果幼从不空弟予昙贞习经，后于不空受密教，德宗朝优受礼遇，传其教法弟子有青龙寺义操、日本沙门空海、新罗国僧惠日等。

（2）睦州乌龙山净土道场沙门少康卒。少康弘净土之业，后人呼为"后善导"，于睦州乌龙山建净土道场，礼者数千人，与沙门文谂共撰《净土往生瑞应传》。

（3）日本沙门最澄归国。最澄先学于天台道邃，后在越州就龙兴寺顺晓学密教，归国时携经二百三十部、四百六十卷，多系天台章疏，于日本创台密，号曰传教大师。

宪宗元和元年（806年）

（1）诏天下有道行僧赴都阐扬佛法。

（2）召沙门知玄入殿问道，赐号悟达国师。

（3）日本沙门空海返国。空海在长安青龙寺遇惠果，授以金刚界、胎藏界两部大法，又从天竺般若三藏学悉昙，归国时携经二百十六部，四百六十一卷，多真言宗典籍，于日本弘密教，创东密，号曰弘法大师。

（4）北天竺沙门牟尼室利卒于慈恩寺。牟尼室利贞元十六年至长安兴善寺，十九年徙崇福醴泉寺，后于慈恩寺请行翻译事，与般若共出《守护国界主陀罗尼经》十卷，又进《六尘兽图》。

元和二年（807年）

（1）禁私度僧尼，诏避役出家者令所在有司科奏。

（2）诏僧尼道士同隶左右街功德使，自是祠部司封不复关奏。以宦官吐突承璀等为左右街功德使，沙门端甫录左街僧事，掌内殿法仪，沙门灵邃录右街僧事。

元和三年（808年）

（1）四月，策试贤良方正直言极谏举人，有舒元褒者元舆之弟，后为进士，官至司封员外郎，有《对贤良方正直言极谏策》谓"陛下诚能慕于茅茨之化，绳浮屠惑众之教，……则百姓皆归本而垦辟矣，何虑乎口食至多哉！"想即系此年对策。

元和五年（810年）

（1）召沙门澄观入内殿讲"华严法界"大旨，并敕有司铸金印赐号僧统清凉国师。

（2）沙门慧琳上所撰《一切经音义》一百卷，敕入藏，赐紫衣缣帛茶药。

（3）罽宾沙门般若与孟简等出《本生心地观经》八卷。

元和六年（811年）

（1）京城诸僧有请以庄硙免税者，宰臣李吉甫谓钱米所征，素有定额，必不可许，诏从其言。

（2）梁肃撰《天台智者大师修禅道场碑》谓"微言东流，我慧文禅师得之……以授南岳思大师……及大师……开止观法门……由是佛法者以天台为南司，殊途异论往往退息"云云，此言天台宗史。

元和八年（813年）

（1）沙门鉴虚自贞元至元和间交结权幸，招怀赂遗，是年为御史中丞薛存诚笞死。

元和九年（814年）

（1）梓州慧义寺沙门神清卒。神清早学于绵州开元寺智辩法师，后又从慧义寺如律师受具戒，讲导著述略无闲日，撰有《法华玄笺》、《释氏年誌》、《新律疏要诀》、《法源记》、《北山录》等九部百余卷。

（2）新吴百丈山怀海卒，年九十五，后谥大智禅师。怀海为道一弟子，创立禅院制度，世称"百丈清规"。

元和十年（815年）

（1）诏停寺观开讲，恶其聚众，且虑变也。

（2）嵩山沙门圆静与淄青节度使李师道相结，聚众谋反，事发，尽擒其党。

元和十二年（817年）

（1）五台山清凉寺澄观或卒于是年以前，年七十余（此据《宋高僧传》，而《释门正统》云为开成二年卒，《华严悬谈会玄记》云开元二十三年生，开成四年卒，年一百二）。澄观年十一依宝林霈禅师学《法华》，后又从昙一学南山律，从玄璧学三论，又学《起信》、《涅槃》于瓦棺寺，后从法诜习《华严》，湛然习天台止观等，从牛头慧忠学禅法。贞元中参与般若译四十卷《华严经》，并奉敕造疏，撰述甚富，有《华严经疏》六十卷，《华严经随疏演义钞》九十卷等十余种，华严宗尊为四祖。

（2）苏州开元寺沙门元浩卒。元浩为荆溪湛然大弟子，曾注解《涅槃经》。

元和十三年（818年）

（1）功德使奏，凤翔府法门寺有护国真身塔，塔内有释迦牟尼佛指骨一节，相传三十年一开，开则岁丰人安，来年应开，请迎之。

（2）白居易作《东林寺经藏西廊记》谓"一切经典尽在于是"。按据李肇元和七年《东林寺经藏碑铭》谓"开元庚午之后洎德宗神武孝文皇帝之季年相继新译，大凡七目四千九百余卷，立为别藏，著杂录七卷，以条贯之，合开元崇福旧录，总一万卷"。

元和十四年（819年）

（1）正月迎凤翔法门寺佛骨入京师。刑部侍郎韩愈上《谏佛骨表》，宪宗怒，后贬愈为潮州刺史。

元和十五年（820年）

（1）河东节度使裴度奏五台山佛光寺侧庆云现。

（2）穆宗即位，六月至安国寺观盂兰会。

（3）长安西明寺沙门慧琳卒，年八十四。慧琳师事不空，内持密藏，外究儒流，印度声明、中华训诂靡不精奥，尝谓翻梵成华，华皆典故，遂引用《字林》、《字流》、《声类》、《三苍》、《切韵》、《玉篇》、诸经杂史，参合佛意，详察是非，自贞元四年迄元和五年（据序谓自建中末至元和十二年）成《一切经音义》一百卷。先是唐初有大慈恩寺沙门玄应撰《大唐众经音义》二十五卷，后又有慧苑撰《新译华严音义》二卷。

穆宗长庆元年（821年）

（1）穆宗亲制《南山律师赞》。

长庆二年（822年）

（1）白居易任杭州刺史时曾问道于鸟窠禅师道林，深敬服之。

长庆三年（823年）

（1）浙江观察使李德裕，以江岭之间信巫祝，惑鬼怪，欲变其风，择乡人之有识者谕之以害，绳之以法，数年间弊风顿革，除淫祠一千一十所，又罢私邑山房一千四百六十所以清寇盗。

长庆四年（824年）

（1）徐泗观察使王兴智以敬宗诞日，请于泗州置僧尼戒坛，浙西观察使李德裕奏状论其奸幸。

（2）韩愈卒。韩愈终身辟佛，其用力之勤不在傅奕之下，其排佛之文尝见于《谏迎佛骨表》、《原道》、《原性》、《与孟尚书书》等。文公自比孟轲，隐然以继尧、舜、禹、汤、周公、孔子之道统自任，树帜彰明，尤非傅奕所及。门人李翱称之谓"六经之学，绝而复兴"；皮日休谓其"蹴杨墨于不毛之地，踩释老于无人之境"，至请以配飨孔庙。

敬宗宝历元年（825年）

（1）敕两街建方等戒坛，左街安国寺，右街兴福寺，以中护军刘规充左右街功德使，择戒行者为大德，令试童子能背诵经百五十纸、女童诵百纸者许与剃度。

宝历二年（826年）

（1）敬宗至兴福寺观沙门文叙（淑）讲经，敬宗善之。

（2）以太清宫赵归真充两阶道门都教授博士。

（3）亳州言出圣水，饮者愈疾，李德裕奏谓为妖僧用以敛钱，请塞之。

（4）白居易撰《华严经社石记》记立华严经社事。

宝历三年（即文宗大和元年，827年）

（1）文宗诞日，召秘书监白居易、安国寺引驾大德义林，上清宫道士杨弘元，于麟德殿谈论三教。白居易曰："儒门释教虽名数则有同异，约义立宗，彼此亦无差别，所谓同出而异名，殊途而同归者也。"

大和二年（828年）

（1）江西观察使沈传师请于洪州建方等戒坛，以圣诞度僧，

制答曰：此因国事暂免度僧。敕命已下而传师违禁，罚俸一月以示不允。(《旧唐书》在大和三年)

大和四年（830年）

（1）祠部请令天下僧尼非正度者，许具名申省给牒，时入申者七十万人。

大和五年（831年）

（1）敕天下州郡试僧尼，造僧尼籍。

大和六年（832年）

（1）李德裕治蜀，毁蜀下浮屠私庐数千，以地予农。又蜀先主祠边有獠村，其民剃发若浮屠，畜妻子自如，德裕下令禁止，蜀风大变。

大和七年（833年）

（1）文宗诞日庆成节，僧徒道士讲论于麟德殿，翌日谓宰臣：诞日设斋，起自近代，相承已久，未可便革，虽置斋会，僧道讲论都不临听。宰臣路随等奏，亦谓诞日斋会本非中国教法。

（2）敕停僧道内斋。

大和八年（834年）

（1）净住寺沙门海云撰出《两部大法相承师资传法记》（即《阿阇黎血脉记》）。

大和九年（835年）

（1）翰林学士李训请罢长生殿内道场，沙汰僧尼。诏所在试僧尼诵经不中格者勒还俗，禁置寺及私度人。因天灾未行。

（2）十一月下诏免僧尼试经。

（3）命中外罢缁徒讲说佛经。

（4）诏沙门宗密入内殿问佛法，赐紫方服。

开成元年（836年）

（1）左街僧录内供奉三教谈论引驾大德悟达法师端甫卒，年六十七。端甫受具于西明寺照律师，学毗尼于崇福寺昇律师，传唯识于安国寺素法师，通涅槃于福林寺鉴法师，掌内殿法仪录左街僧事凡十一年，讲《涅槃》、《唯识》经论。

（2）敕沙门云端充左右街僧录。

开成四年（839年）

（1）户部侍郎崔蠡奏请罢忌日百官行香，有诏褒可。

（2）日本沙门常晓入唐，次年归国，携经三十一部，六十三卷。

开成五年（840年）

（1）文帝卒。正月十四日武帝即位。武帝在藩时颇好道术、修摄之事，是年秋召道士赵归真等八十一人入禁中，于三殿修金箓道场，帝亲受法箓。

（2）五月中书奏以帝诞日为庆阳节，是日设斋行香。

（3）日本僧人圆仁于是年八月二十三日到达长安。

（4）十二月国忌日准敕行香设斋，宰相李德裕及敕使于资圣寺行香。

武宗会昌元年（841年）

（1）正月四日国忌行香，设千僧斋。敕正月、五月、九月开讲。

（2）六月十一日圣诞日，于大内设斋，两街供养大德及道士四对议论，二道士赐紫，释门大德均不得著。

（3）六月召衡山道士刘玄靖入内，充崇玄馆学士，赐号广成先生，令与赵归真于禁中修法箓。

（4）南天竺沙门宝月入朝，不先谘开府，从怀中拔出表上请归国，因犯越官罪收禁。宝月弟子三人各决七棒，通事僧决十棒，未打宝月，但不许归国。

（5）圭峰草堂寺沙门宗密卒，年六十二。宗密为澄观弟子，合华严于禅，世称圭峰大师，华严尊为五祖，著书有《华严经行愿品别行疏钞》、《注华严法界观门》、《华严原人论》、《圆觉经大疏》、《唯识疏钞》、《禅门诸诠集都序》、《禅门师资承袭图》、《法义类例》、《四分律疏》等凡二百许卷（此据《宋高僧传》）。

会昌二年（842年）

（1）三月因宰相李德裕奏，敕下发遣保外无名僧，又不许置童子沙弥。

（2）五月勘问外国僧艺业，敕停内供奉大德两街各二十员。

（3）敕天下所有僧尼解烧炼、咒术，禁气，背军身上杖痕鸟文，杂工巧，曾犯淫、养妻、不修戒行者，并勒还俗。若僧尼有钱谷田地应收纳入官，如惜钱财情愿还俗，亦勒还俗，充入两税徭役。

会昌三年（843年）

（1）筑望仙观于禁中。

（2）正月二十七日军容使仇士良唤京内外国僧，明日二十一人俱至，仇士良亲自慰劳。

（3）二月功德使牒云：僧已还俗者辄不得入寺及停止。又发遣保外僧尼不许住京入镇内。

（4）四月天下摩尼寺并废入官，制谓"回纥及摩尼寺庄宅钱物等并委功德使、御史台及京兆府各差官点检收抽，……摩尼寺僧委中书门下条疏闻奏"云云。（圆仁《巡礼记》谓"四月中敕下杀天下摩尼师"）

（5）五月勘问诸寺外国僧来由。

（6）敕焚宫内佛经，埋佛、菩萨并天王像等。

（7）太子詹事韦宗卿进《涅槃经疏》二十卷、《大圆伊字镜略》二十卷，帝敕焚之，并毁其稿，敕书有曰："韦宗卿参列崇班，合遵儒业，溺于邪说，是扇妖风，……况非圣人之言，尚宜禁斥；外方之教，安可流传。"迁韦宗卿为成都府尹。

（8）九月闻潞府奸人匿入京中，敕令两街功德使疏理城中僧人。

（9）自本年起两街讲说绝。

会昌四年（844年）

（1）正月中书奏定断屠日，敕曰："斋月断屠，出于释氏。国家创业，犹近梁隋。卿相大臣，或沿兹弊。鼓刀者既获其厚利，纠察者潜受请求。正月以万物生植之初，宜断三日；列圣忌断一日，仍准开元二十二年敕三元日各断三日，余月不禁。"

（2）三月禁供养佛牙。又饬五台、终南及泗州普光王寺、凤翔法门寺等处有佛指亦不许供养。

（3）本年圣诞日不召僧人入内议论，并罢内道场及内斋。

（4）敕僧尼不许街里行、犯钟声，出外须于钟声未动前归，又不许别寺宿，违者敕罪。

（5）七月敕以供养佛者，尽入兴唐观祭天尊。

（6）以道士赵归真为左右街教授先生。

（7）七月（或闰七月），敕下令拆天下山房、兰若、普通佛堂、义井、村邑斋堂等未满二百间、不入寺额者，其僧尼等尽勒还俗。

（8）十月令毁拆天下小寺，经佛移入大寺，钟送道观。其被拆寺僧尼，不依戒行者不论老少尽敕还俗，递还本贯；年老身有戒行者配大寺；虽有戒行而是年少者尽敕还俗，归本贯。

会昌五年（845年）

（1）两街僧录灵宴、辩章同推玄畅为首，上表论谏，著《历代帝王录》，奏而弗听。

（2）三月敕不许天下寺置庄园。

（3）四月祠部检括天下寺及僧尼人数，凡寺四千六百，兰若四万，僧尼二十六万五百人，令都中由两军中尉勘检，诸州府寺舍委中书门下检勘，并分奴婢为三等，分别收遣。自四月一日起分批敕僧尼还俗，五月终长安僧尼尽。

（4）令外国僧人无祠部牒亦须还俗，送归本国。

（5）七月中书门下奏：奉宣，僧尼不隶祠部，合系属主客，与复合令鸿胪寺收管，……僧尼名籍便令系主客，不隶祠部及鸿胪寺，至为允当，从之。

（6）七月敕上都、东都两街各留二寺，每寺留僧三十人，天下观察使治所及同、华、商、汝各留一寺，分为三等，上等留僧二十人，中等留十人，下等五人。

（7）八月下诏谓："天下所拆寺四千六百余所，还俗僧尼二十六万余人，收充两税户，拆招提、兰若四万余所，收膏腴上田数千万顷，收奴婢为两税户十五万人。"

（8）十一月，宰相李德裕请改悲田坊为养病坊，收养残疾。

会昌六年（846年）

（1）武宗卒，宣宗即位。五月敕杨钦义充两街功德使，令两街各增八寺，僧尼依前令两街功德使收管，不更隶主客，所度僧尼仍令祠部给牒。

（2）敕列圣忌辰并诣僧寺行香，一如旧典。

（3）敕杨钦义捕赵归真等十二人，并集朝堂诛之。

宣宗大中元年（847年）

（1）闰三月诏，会昌五年所废寺宇，有宿旧名僧，复能修创，一任住持，所司不得禁止。

（2）敕复置内斋，许僧道献寿。

（3）白居易卒。居易晚年以风疾，好佛尤甚，求往生西方净土。

（4）日本僧圆仁归国。圆仁在长安住资圣寺，学密教，归国携经论等五百八十四部，及诸尊坛像、舍利、高僧真影等五十九种，撰有《入唐求法巡礼行记》四卷等。同年日本僧惠萼、惠运亦归国，惠运携经论等一百八十余卷，多密教经典。

大中二年（848年）

（1）大安国寺沙门会修能诗，尝应制，才思清拔，一日向帝请赐紫衣，不许。

大中四年（850年）

（1）洪州黄蘖山沙门希运卒。希运参百丈怀海，传其心印，著有《传心法要》、《宛陵集》各一卷。

大中五年（851年）

（1）敕京师及外州府国忌日行香如旧。

（2）进士孙樵上书谏复佛寺，谓："若群髡者，所饱必稻粱，所衣必锦縠，居则邃宇，出则肥马，是则中户不十，不足以活一髡。……陛下自即位以来，诏营废寺以复群髡。自元年正月，洎今年五月，斤斧之声，不绝天下，而工未以讫。闻陛下即复之不休，臣恐数年之间，天下二十七万髡如故矣。"帝怒不纳。

大中七年（853年）

（1）段成式撰《寺塔记》两卷，记两京寺塔。又撰有《金刚经鸠异》。

（2）沩山灵祐卒，年八十三。灵祐初参百丈怀海，后往住潭州沩山，有弟子慧寂居仰山，故创立沩仰宗。

大中八年（854年）

（1）潭州岳麓寺僧往太原求大藏经，得藏经五千零四十八卷以归。

（2）命三教首座辩章充左街僧录，沙门僧彻充右街僧录。

大中九年（855年）

（1）五月，日本僧人圆珍至长安。

大中十年（856年）

（1）敕每岁度僧依本教于戒定慧三学中择有道性通法门者度之，此外杂艺一切禁止。

（2）有吐蕃沙门法成于是年讲《瑜伽》大论，弟子智慧山等听记，因作《分门记》。按法成《宋高僧传》无传，近于敦煌石室遗书中得其著作《大乘稻芉经随听疏》、《萨婆多部王事记》、

《释迦如来法灭尽记》、《大乘无量寿经宗要》等九种。且藏文一切经中,亦有法成翻译书多种,最著者为圆测法师之《解深密经疏》。故法成实通华梵蕃（西藏）三种文字。

大中十二年（858年）

（1）日本僧人圆珍归国。圆珍在唐于福州从天竺沙门曼素悉怛罗学悉昙章,于越州开元寺学天台教,于长安从青龙寺法全学密教,共携归经论梵夹等四百四十一部、一千卷,真言道具十六种曼荼罗数铺及杂碑铭文等,共撰有五种目录行于世,著有《行历抄》一卷记入唐事。

大中十四年（即懿宗咸通元年,860年）

（1）宣僧尼大德二十人入咸泰殿筑坛,度内福寿寺尼受大戒。

懿宗咸通三年（862年）

（1）命于两街僧尼四寺各置方等戒坛度僧,右街千福二寺度人各三七日。

（2）懿宗总临朝政,癖于奉佛,内结道场,聚僧念诵,又数幸诸寺,施与过当,左散骑常侍萧做上疏论之,请罢讲筵、亲政事,并谓"昔年韩愈已得罪于宪宗,今日微臣固甘心于遐徼"。疏奏,上甚嘉之。

咸通四年（863年）

（1）有西凉府僧法信,进《百法论疏抄》,勘实赐紫。

咸通六年（865年）

（1）懿宗惑浮屠,常饭万僧于禁中,自为赞呗,尚书右丞李蔚上疏切谏,引狄仁杰、姚崇、辛替否等谏武后、中宗、睿宗为戒。帝不听。

咸通七年（866年）

（1）真定府临济院义玄卒,敕谥慧照大师。义玄黄檗希运弟子,后居临济院,创立临济宗,有语录行世。

（2）日本沙门宗叡归国，携经论一百三十四部，一百四十三卷，多密教经典。

咸通十年（869年）

（1）洪州洞山良介卒，年六十三。良介参南泉普愿，沩山灵祐学禅要，后至筠州洞山普利寺，大张风化，作有《玄中铭》、《语录》等。有弟子曹山本寂，故称是宗为曹洞宗。

咸通十一年（870年）

（1）懿宗诞日，僧道奉召入宫讲论，僧彻述皇猷，辞辩浏亮，帝深称许。彻又恢张佛理，旁慑黄冠，当时许为法将，赐号净光大师。又左街之云颢赐三慧大师，可浮法智大师，重谦青莲大师。

咸通十二年（871年）

（1）懿宗至安国寺，赐讲经僧二沉香宝座，各高二丈，设万人斋。

（2）十一月诞日，命两街僧赴麟德殿讲论，赐右街僧录彦楚明彻大师，左街僧录清兰慧照大师。

咸通十三年（872年）

（1）下敕迎佛骨。

咸通十四年（873年）

（1）春，诏大德数十辈于凤翔法门寺迎佛骨，百官上疏谏，有言宪宗故事者，懿宗曰："但生得见，殁而无恨也。"四月八日入长安，自开远门安福楼夹道佛声震地，士女瞻礼，僧徒道从。懿宗御安福门，亲自顶礼，泣下沾臆。幡花幢盖之属，罗列二十余里。迎佛骨入禁中三日，出置安国寺、崇化寺，宰相以下竞施金帛，不可胜纪。

咸通十五年（即僖宗乾符元年，874年）

（1）懿宗卒，僖宗即位，诏送佛骨归法门寺，仪事从略。时京城耆老士女，争相送别，执手相谓：六十年一度迎真身，不知再见复在何时。即伏首于前，呜咽流涕。所在香刹，诏悉铲除，近旬百无一二。

乾符三年（876年）

（1）长安福寿寺沙门玄畅卒，年七十九。玄畅早学律部于福州，自入京师渐萌头角，受京城三学大德益广见闻，后为宣宗、懿宗所重，撰有《显正记》、《科六帖名义图》、《三宝五运图》等。

中和三年（883年）

（1）袁州仰山沙门慧寂卒，年七十七。（据陆希声《塔铭》）慧寂师事沩山灵祐，故所立之宗号曰沩仰宗。

元启四年（即文德元年，888年）

（1）杭州千顷山沙门楚南卒，年七十。楚南先就赵郡学相部律，又于上都学《净名经》，后就黄檗药山禅师学，著《破邪论》一卷，《般若经品颂偈》一卷。

（2）新罗崔致远返国。致远自宣宗大中时入唐，举进士，乃仕于唐，著有《法藏和尚传》等。

昭宗光化四年（即天复元年，901年）

（1）抚州曹山本寂卒，年六十二。本寂为洞山良介之弟子，故所立之宗号曰曹洞宗。

附录二　五代宋元明佛教事略

溯佛教在我国之盛也，隋唐以前，帝王学士，高谈名理，世乱则多忧生之嗟叹，胡人入主，则西域之教亦因之以张。隋唐二代，国家安定，华化渐张，而高僧之坚苦努力，不减于六朝，且教理昌明，组织渐完，玄奘、智𫖮、吉藏、弘忍诸师人物伟巨，故佛法之盛过于六朝，此则因本身之真价值，而不待外援也。隋唐以后，外援既失，内部就衰，虽有宋初之奖励，元代之尊崇，然精神非旧，佛教仅存驱壳而已。

第一节　本期佛教之势力

五代之世，梁、唐、晋、汉、周相继有中原，然均未统一中国。其在北方，有契丹之强大；其在南方诸国，南唐吴越较为有名，凡此诸朝君主，均常取护法政策。梁末帝之敬礼沙门归屿（《佛祖统记》作"归序"）。唐庄宗听刘后之言，佞佛最甚（详见《续唐书》三十五），诸臣亦喜浮屠（有骑将史银枪悟道出家，见《统记》）。晋高祖敕国忌行香饭僧永为定式，天和节道释赐紫衣（天福五年九十二人，六年百三十四人，见《续文献通考》），少帝敕为高祖写大藏经。汉帝之优异僧照、道丕（见《宗高僧传》卷七及十七)。周太祖以在京潜龙宅为佛宫,赐额天胜禅寺(事见《续文献通考》),赐中印土僧法进紫衣(同上)。而北方契丹,则于后唐天复二年(九〇二)始建开教寺,其后诸帝奉佛日谨。(详见《辽史·本纪》)至圣宗太平四年(一〇二四),而诸路奏饭僧尼三十六万。兴宗、道宗致力刻经(已在宋时,详见下)。其在南方,钱氏历世奉佛,今日西湖上佛寺多与有关(雷峰塔为吴越王修),而宋初之名僧(如天台诸僧及延寿赞宁)多为所庇翼。至若南唐则以酷好浮屠为世所讥(见陆游《南唐书·浮屠列传》),废政事,糜国帑,后主则于围城中听经不辍,国亡而不知悔悟云。

然自唐中叶以来,天下屡乱。五代版图最大之国为后周,而后周世宗即位之明年(九五五),禁民亲无侍养而为僧尼及私自度者,废天下佛寺三千三百三十六。是时中国乏钱,乃诏悉毁天下铜像以铸钱,尝曰:"吾闻佛说以身世为妄,而以利人为急。使其真身尚在,苟利于世,犹欲割截,况此铜像,岂有所惜哉。"由是群臣皆不敢言。虽世宗未敕禁绝(《宋僧传》十七谓由道丕之力),然僧纪荡然,典籍散失(宋初天台求经于日本,华严宗求经于高丽),五代之世实六朝以来佛法极衰之侯也。

佛法至宋祖、太宗而中兴,太宗奖励尤甚。太祖即位数月,即解除显德(九六〇)毁法之令,佛寺重兴,铜像复出,敕定长春节赐百官宴于相国寺,诏普度童行八千人。太宗即位之年,诏普度天下童子十七万人。日本(僧奝)、高丽(使臣)、南海(占城沙门净戒)均以佛法因缘与我交通。至若立寺设斋,礼佛听经,太祖太宗之世,史不绝书。(详见《佛祖统纪》)而求法传译及刊印大藏,则至为重要,兹稍详焉。

我国在唐末悟空西行,般若东来以后,国乱相寻,西域道梗,佛教上中西交通几全断绝(仅唐庄宗时有于阗胡僧来中国至

附录二 五代宋元明佛教事略

五台）。及至宋初，国威稍振，而求法传教之事渐多矣。兹表列两宋求法传教者如下：

善　名七人	于阗僧	建隆元年（九六〇） 至汴梁
法　渊	高昌僧	建隆元年（九六〇） 被其国遣献辟支佛牙玉器
道　圆	沧州人	乾德三年（九六五） 自五天竺返国（《天竺国传》曰："道圆自西域还，得佛舍利一水晶器、贝叶梵经四十夹来献。"道圆晋天福中诣西域，在涂十二年，住五印度六年，还经于阗与其使偕至，太祖召问所历风俗、山水、道里，一一能记。）
继　业三百人	耀州人	乾德二年（九六四） 奉诏西往求舍利及经。 开宝九年（九七六） 归国（据范成大《吴船录》）。
行勤百五十七人		乾德四年（九六六） 往西域求经（《宋史》谓是年三月僧行勤等一百五十七人各赐钱三万游西域。又《天竺国传》，四年僧行勤等一百五十七人诣阙上书求佛书，许之。以其所历甘、沙、伊、肃等州，焉耆、龟兹、于阗、割禄等国，又历布路沙、加湿弥罗等国，并诏谕其国，令人引导之。）
建　盛		开宝四年（九七一） 自西天竺还，贡贝叶经。

曼珠室利	中天竺王子	偕建盛同来。
可智 法见、真理	西天竺人	开宝五年（九七二）来朝。
苏葛佗	西天竺人	开宝五年（九七二）来贡舍利文殊华。
弥罗 十四人	西天竺人	开宝五年（九七二）来朝。
法天 后改名法贤	中天竺人	开宝六年（九七三）至鄜州译经。
吉祥	西天竺人	太平兴国二年（九七七）来贡贝叶经。
继从等	开宝寺僧	太平兴国三年（九七八）自西天返，献梵经等。
钵纳摩	中天竺人	太平兴国三年（九七八）来献舍利塔等。
天息灾	迦湿弥罗人	太平兴国五年（九八〇）来，赐紫衣，译经。
施护	乌填曩人	太平兴国五年（九八〇）同天息灾偕来。
护罗	中天竺人	太平兴国五年（九八〇）来献贝叶经。
光远	成都人	太平兴国七年（九八二）自西天还。
法遇	中天竺人	太平兴国七年（七八二）自西天来，旋又拟循南海往中天竺。
重达	太原人	端拱二年（九八九）自西天还，献经等，往返十年。

附录二 五代宋元明佛教事略

补陀纥多	那烂陀寺僧	端拱二年（九八九）来朝进佛舍利、梵经。
迦罗扇帝	中天竺人	至道元年（九九五）来献经等。
罗护罗	西天竺人	至道三年（九九七）来进梵经。
佛　护	西天竺人	咸平元年（九九八）来进梵经。
俪尾视等	中天竺人	咸平元年（九九八）来进梵经等。
法　护	西天竺人	景德元年（一〇〇四）来献经等。
戒　贤	北天竺人	景德元年（一〇〇四）来进梵经。
目罗失稽	迦湿弥罗人	景德二年（一〇〇五）来进梵经等。
达磨波采	西天竺人	景德二年（一〇〇五）来进梵经。
众　德	西天竺人	大中祥符三年（一〇一〇）来进梵经等。
觉称、法戒	中天竺人	大中祥符三年（一〇一〇）来献梵夹等。
寂　贤	般尼国人	大中祥符四年（一〇一一）来进梵经等。
知贤等	西天竺人	大中祥符六年（一〇一三）来进梵经等。

满 贤	西天竺人	大中祥符六年（一〇一三）来进梵经等。
天 觉	北天竺人	大中祥符八年（一〇一五）来进梵经等，同时有师子国僧妙德、西天竺僧等来。
童 寿	中天竺人	大中祥符八年（一〇一五）来进梵经。
普 积	东天竺人	大中祥符八年（一〇一五）来进梵经。
继 全		大中祥符八年（一〇一五）自西天还，至扬州建塔。
华 严	龟兹国人	乾兴元年（一〇二二）来进梵经等。
爱贤、护贤	西天竺人	天圣二年（一〇二四）来进贝叶经。
法吉祥	西域僧	天圣五年（一〇二七）来献梵书。
怀问等		天圣九年（一〇三一）往天竺为皇太后、仁宗建塔。先是怀问已为真宗建塔，仁宗令词臣撰《怀问三往西天记》。
		宝元二年（一〇三九）自中天竺还。
智吉祥	西天竺人	皇祐五年（一〇五三）来进梵经。

宋朝译经始于太平兴国五年（九八〇），西僧法天译经于蒲州，守臣表进，太宗因有意译事。而此岁天息灾与施护来华，太

附录二 五代宋元明佛教事略

宗敕二人同阅梵夹，有意翻译。诏中使郑守均于太平兴国寺西建译经院，为三堂，中为译经，东序为润文，西序为证义，次年院成。组织译场最为完密，礼节亦至隆重。主译者为法天、天息灾、施护，笔受者为惟净、法进，而润文者为大臣（后真宗时，丁谓为宰相兼润文使，自后为宰相兼职。见《春明退朝录》），译经遂成大典。至仁宗时，僧惟净、中丞孔辅道先后请罢译事，仁宗以为乃列朝圣典不许。据仁宗《天竺字源序》曰：

"翻宣表率则有天息灾等三藏五人（西土四人天息灾、施护、法贤、法护，东土一人则惟净耳），笔受、缀文、证义则自法进至慧灯七十九人，五竺贡梵经僧自法军至法称八十人。此土取经僧得还者自辞澣至栖秘百三十八人，梵本一千四百二十八，译成五百六十四卷。"（见《佛祖统纪》卷四十五）

宋代翻译虽事事步武唐朝（如制《圣教序》），然所译既少于唐，其中亦少重要之著作，于思想上无巨大之影响也。宋初奖励佛法影响之最大者，为刊行全藏一事。印刷业之发明，虽不知始于何时，然最早即与佛教有关。现在所存之印刷史最早材料有四：（一）日本德孝谦女天皇尝命印《无垢净光大陀罗尼经咒》百万纸（至今犹有存者），女皇在位当我国唐玄宗、肃宗之世（约七五七年）；（二）唐懿宗咸通九年（八六八年）之《金刚经》，则近日敦煌之发现也；（三）司空图《为东洛敬爱寺讲律僧惠确化雕刻律疏》，亦咸通中刻印，中并言先已刻该疏被焚；（四）近日在西湖雷峰塔所发见之吴越造经，此四者均为佛典也。

北宋之初，雕印发达，且以蜀中刻版为最。宋太祖开宝四年（九七一），敕高品张从信往益州雕大藏经板，经十三年，至太宗太平兴国八年（九八三）版成进上。在民国五年（一九一六）时，日本京都开第二次大藏会，陈列中有蜀版之《佛本行集经》，其上题"开宝七年奉敕雕造"，即此本也。此版依据唐智昇《开元录》之编目付刻，都四百八十函，五千四十八卷。版成之次年，日本沙门奝然来，乞赐印本大藏经，与之。其后七年，高丽韩彦恭亦得其一部归国。真宗天禧四年，又以之赐东女真国。仁宗嘉祐三年，而契丹，西夏亦得此本。故蜀板实为各国印经之根据。计宋朝此后之刻经，在中国者十三次，高丽刊二次，契丹刊一次，日本刊六次。盖皆导源于蜀板也（详见吕澂《佛典泛论》）。

北宋诸帝，多承祖宗（太祖、太宗）成规，保护佛法。真宗诏天下诸路皆立戒坛，编修大藏经录名《大中祥符法宝录》，每岁上元亲诣寺观三十余处，计百拜以上（群臣请令近臣分拜不许，见《国朝会要》）；建寺礼僧不减前代。仁宗稍抑佛法，听祠部张洞之言，减度僧三分之一（见《宋史·张洞传》）；又毁天下无名额寺院（见《宋史·本纪》）；罢两川岁贡织佛（亦见《本纪》），然仍敬礼三宝，奉行祖宗成法。英宗、神宗亦然。但道学渐盛，佛教受其影响。徽宗奉道抑佛，崇宁五年（一一〇六）诏废除三清祠祀（见《佛祖统纪》）；宣和元年（一一一九）诏毁佛法（见《宋史·本纪》），诏曰：

"自先王之泽竭，而胡教始行于中国。虽其言不同，要其归与道为一教，虽不可废，而犹为中国礼义害，故不可不革。其以佛为大觉金仙，服天尊服，菩萨为大士，僧为德士，尼为女德士，服巾冠，执木笏。寺为宫，院为观，住持为知宫观事，禁毋得留铜钹塔像"。（据《佛祖统纪》。《宋史》另有"令僧尼称姓氏"一

附录二 五代宋元明佛教事略

语）

虽次年仍复释教名称，然天下大乱，佛法亦受其影响矣。兹列北宋时中国僧尼数目于下：

太宗　普度十七万人至二十四万人（非天下僧尼总数）。

真宗　天禧三年一岁度僧二十三万百二十七人，尼万五千六百四十三人（据《佛祖统纪》，亦非总数）。

天禧五年，天下僧总数三十九万七千六百十五人，尼六万一千二百四十人。

仁宗　景祐元年，天下僧总数三十八万五千五百二十人，尼四万八千七百四十人。

庆历二年，僧三十四万八千一百八人，尼四万八千四百十七人（据南宋章如愚《山堂考索》）。

神宗　熙宁元年，天下僧总数二十二万六千六百六十人，尼三万四千三十人。（宋元丰中，庞元英《文昌杂录》曰："祠部岁比天下僧尼道士凡二十四万。"可见上列数不虚。）

哲宗、徽宗、钦宗时，僧数俱不可考。

北宋时代佛教史上之重要事件，为中国与东亚各国之交通。日本曾数次有沙门来华，最有名者为奝然（在雍熙元年即九八四年来），其言曰：

"日本国传袭六十四世八十五主，至应神天皇始传中国文字。至钦明天皇壬申岁，始传佛教于百济，当梁承圣初年。至用明立，有太子名圣德，……始遣使入中国求《法华经》，当隋开皇中也。至孝德立，白雉四年遣僧道照入中国从奘法师传法，当唐永徽四年也。次足姬立，令僧智通入中国求大乘法，当显庆三年也。次文武立，宝龟二年令僧玄昉入中国求法，当开元四年也。

次孝明立，天平胜宝四年遣使入中国求内外教典，当天宝中也。次元武立，遣僧空海入中国传智者教，当元和年中也。① 次文德立，令僧常晓入中国求释迦密教，当大中年也。"

奝然谒五台山，并乞赐印本大藏经以归。高丽则于宋初遣三十六僧来受道法于永明寿禅师，师亡而法眼一宗绝于中国，反盛行于海外云。至哲宗元祐元年（一〇八六）而有义天之来朝。义天乃高丽王子之出家者，为祐世僧统，至汴，哲宗敕礼部苏轼馆伴，供张甚盛。义天四上表乞传华严教，乃敕主客杨杰送至钱唐，受法于慧因净源法师。复往天竺谒慈辩谏法师传天台教；见灵芝照律师，请戒法及《资持记》；又至金山谒佛印元禅师。义天既还国，复寄金书《华严经》新旧三译于慧因，建阁以藏。（详参明李翥《慧因高丽寺志》、《武林丛书》本，内载东坡《乞停高丽通贡疏》称净源为庸僧，可见当时未重视此事。据《佛祖统纪》原注，"慧因"俗名"高丽寺"，则此号甚早。）义天在宋，又尝搜集章疏，归后不久付梓，约得千部，四千卷，今板已失。惟所编目录曰《新编诸宗教藏总录》（简称《义天目录》）犹在，足资参考之处甚多也。（参看《佛祖历代通载》）

宋南渡之前，佛教重地首称五台、峨眉。五台承唐之旧，峨眉则宋时始盛。（见《邵氏闻见后录》）而余杭则自五代钱氏时蔚为大镇，南渡之后，建都于斯，而佛事更兴（详见《梦粱录》等书。又《容斋五笔》载欧公送慧勤归余杭诗，写余杭奉佛之华侈），补陀亦于是时有名（见《佛祖统纪》乾道九年）。盖高宗虽不许度僧，而常为国乱祈福，且信任法道，其时径山宗杲在钱

---

① 《佛祖统纪》注说："贞元、元和间，有日本最澄受荆溪一宗疏记以归。当以此为传教之始可也。而奝然乃言空海传教，而不及最澄何耶？《唐书》亦言空海肄业中国二十年，然吾宗未见空海传教之迹。今据《释门正统》云：空海入中国学密宗于不空弟子慧果，始知奝然言学智者教者误也。"

附录二 五代宋元明佛教事略

塘最有声望。(见《梦粱录》)孝宗以后,事佛亦谨。而孝宗之召回宗杲,宁宗遣散道民(末尼教之变相,见《统纪》四八),均为佛子张目。然其后国祚日促,而两宋自道学渐盛以来,佛教在学术界之势力日薄。

北方金人在未强盛以前,即信佛法(宋真宗天禧四年来请藏经,见前)。至宋徽宗时,金太宗即皇帝位,其后诸帝多对佛法未特优礼(太宗却佛骨,海陵杖礼僧,太宗、世宗禁多立寺,均见《金史·本纪》),然世宗大定中,寺观纳钱请赐名额(见《金石萃编》百五十五),宣宗贞祐中,鬻名号紫衣度牒,以备军储,则知僧人数必不少也。

然精神既受孔教复兴之排斥,又加以国乱频仍,实力大衰,元时且有喇嘛教代之而兴。喇嘛教者,乃兴于吐蕃,即西藏的一种佛教,而专以祈祷禁咒为事者。其僧侣着红衣,故或亦称红教。吐蕃在唐世,其国王弃宗弄赞深信佛教,皈仰玄风。故于即位之初,即遣使者十六人赴印度求佛典,且根于佛教的主义而更定国宪及刑法。其后至玄宗天宝年间,王弃隶弄赞又遣使于印度,自榜葛剌招善海大师来。后听其言,又从北印度招瑜伽派高僧巴特玛撒巴巴(莲华生上师)至,携来甚多之陀罗尼及秘密修法来至吐蕃,因创适于其国俗之一种密教,是为喇嘛教。喇嘛者,同于梵语之"郁多罗"(uttrra)乃上者之义,而用之称长老之语也。至是遂成吐蕃佛教之通称。吐蕃佛教由是大盛,势力所及,即国王亦须受其裁抑。西纪九百年顷,郎达尔玛王忧之,谋破灭佛教,乃毁除佛塔寺院,而命僧侣还俗,卒为喇嘛拔尔德尔结所弑,于是佛教再恢复其势力。郎达尔玛之孙巴勒科尔赞王时代,乃再建寺院,前代逃赴印度之僧侣亦渐次归来。而第十一世纪顷,迦湿弥罗及印度僧侣复接踵而至,益复助长佛焰,而喇嘛遂至于左右国政。元宪宗之弟忽必烈于西纪一二五三年率兵侵入

323

吐蕃，其时正喇嘛扮底达威权旺盛之时。故忽必烈与之和，而国王唆火脱遂降。忽必烈留兀良哈台以攻诸夷之未降者，而自伴扮底达之侄八思巴以归。已而忽必烈即位为世祖，忧吐蕃之地险远，而其俗犷悍，乃任用喇嘛使抚御之。信佛之刘秉忠甚有功于帝。又以喇嘛八思巴为帝师，使领吐蕃之地，使其命令与诏敕并行。自是以来威权之盛更无俦匹。凡历代天子即位之时俱受其戒，而后妃公主亦无不膜拜顶礼。八思巴之后，喇嘛相继为帝师，其势力日益强大，卒致弊害百出。如喇嘛僧之如吐蕃者，佩金字圆符，滥用驿传使，地方官苦于支应。而在民间，则驱迫男子，奸淫妇女，横暴直不可以理谕，地方官吏又不能逮捕。如是彼等有时直强夺民田，侵占财物，而奸恶之徒，乃从而附共势焰，以脱于罪网，由是赏罚之途废。而喇嘛又无纳税之义务，因而农遂有称为其部民而不输租，岁入为之减少。彼等以受元室历代之尊信，遂有营结近侍，强请布施者。而朝廷供养无极，如仁宗延祐四年定面四十三万七千五百斤，油七万九千斤，酥二万一千八百七十斤，蜜二万七千三百斤以为其岁供，由此以推，他物额数必亦至巨。至顺帝而尤甚。国库益绌，逼而厚敛，人民不堪，因起变乱。而汉人更因种族观念革命，而元以亡。故喇嘛教者，实为元朝灭亡之一因也。（参看《元史·本纪》、《张珪传》、《盖苗传》及《辍耕录》）元时僧数寺数，惟至元二十八年可考，盖《元史》称是年天下寺宇四万二千三百一十八区，僧尼二十一万三千一百四十八人。

明太祖幼时曾为僧，即位后，遂大崇佛教，而加以保护，同时又监督僧侣，以谋其兴隆。又皇后马氏死后，选高僧使侍诸王。有僧道衍者得侍燕王。后燕王篡国，是为成祖，擢道衍为太子少保，复俗姓姚，赐名广孝。又加西藏僧哈立麻尊号，使统领天下佛教。太祖于南京蒋山刻南藏，至是在北京刻北藏。僧人智

附录二 五代宋元明佛教事略

光因两使西藏，通番国诸经，多所翻译，历事六朝（洪武后六朝），宠冠群僧，仁宗赐号大国师，锡以金印；英宗加号西天佛子，锡以玉印。宣宗以后，信佛稍衰。而宪宗度僧至五十万人（见倪岳《禁度僧道疏》），又交纳喇嘛，势力稍盛。及至武宗，更好佛教，学经典通晓梵语，自称大庆法王，造新寺于内苑，升慈恩、能仁、护国三寺禅师为国师，后又升护国寺禅师（西藏喇嘛）为法王。及至世宗则崇道教而排佛，命毁京师寺院，除宫中佛殿，由是佛教渐衰。

然其时憨山大师出世，为佛教生色不少。大师名德清，全椒人，平生以救苦弘法为志，税矿之事，全活两粤生灵无算。于牢户瘴乡，皆能现身说法，足迹遍天下。因事遣雷阳，宴然自若。少与雪浪（洪恩亦高僧）留心词翰，共敷扬华严教。其人格之伟大，实令后人敬礼。同时有僧真可者（世称为紫柏大师），亦游教天下，坚苦卓绝，与憨山并称。（明万历板大藏为密藏幻、余二禅师发起，憨山、紫柏、袁了凡、冯梦祯之赞助）

憨山之前，有袾弘（世称为云楼大师），在杭州大扬净土之教。其时利玛窦等初入中国，宣传耶教，与佛教为敌，李之藻、杨廷筠均归之。袾宏作《四天说》以辟之，有云："现前信奉士夫皆正人君子，表表一时，众所仰瞻，以为向背者，予安得不辩。"

憨山之后有智旭（世称藕益大师），宗旨在调和各派，著述极多，而以《阅藏知津》最有名。然佛教究自明中叶以后大衰。满人未入关前（天聪时），即有限制僧人之举。康熙、乾隆二帝盛奖儒学，佛教则除保护喇嘛教外，曾未尝有所尽力。乾隆竟不许建新寺院，禁民间独子及男子年在六十以下、女子年四十以下者出家，释教益式微。宗派有临济、曹洞、贤首（华严），净土及律之五宗，然仅保守，全乏朝气。寺院之大者则衣食于原有之庄田，小者则多赁租余屋，或用募化为生。僧人既乏学力，且多坏规戒，故宗风渐颓。然清代士人研究佛学者渐多，清初王船山治法相学；乾隆时彭绍升，罗有高笃信佛法；后龚自珍学于彭绍升（《定庵文集》有《知归子赞》即赞彭氏），晚受菩萨戒；魏源亦兼修佛典，受菩萨戒。清末杨仁山深通法相、华严两宗，而以净土教学者，其弟子有桂柏华先生等，大开风气。而宣黄欧阳竟吾则继其师志，为今日治斯学之泰斗云。

清朝僧尼数目可查《大清会典》，计康熙初年寺约八万，僧尼不及十二万；乾隆初则发度牒至三十四万有奇。

明太祖既驱蒙古人，即以元之帝师喇嘛僧喃迦巴藏卜为国师，是后又封有灌顶国师、赞善王、阐化王，正觉大乘法王、如来大宝法王等，使各领西藏人民，以臣属于明。次至成祖，以公哥监藏巴藏卜为国师；又迎来异僧哈立麻，封为万行具足十分最胜圆觉妙智慧普应祐国演教如来大宝法王西天大善自在佛，使领全国释教。其徒孛罗以下三人皆为国师，寻封法王。先是喇嘛戴红帽着红衣，娶妻生子传其教。迨宗喀巴出创格尔格（Gerg）派，黄衣黄冠，不娶妻，以化身转生传其教。喇嘛教遂分为红（samar）黄（saser）二派。明中叶以后，红教全衰，黄教兴隆，凡蒙古西藏之地皆奉之以至于今焉。宗喀巴者，以明初生于甘肃之西宁卫，初修红教，后其见弊，遂主较严之戒律（不娶妻，法事加多），稍去秘密魔术，而自创黄教。建甘丹寺于拉萨东十余里居之，于成祖永乐十五年（一四一七）死。成祖曾召其至北京，宗喀巴仅遣弟子应召，亦受明室优礼。

蒙古人在元朝入主中原时，始奉喇嘛教，及被逐居北漠，复返其固有之迷信。及明末，蒙古土默特部俺答思借喇嘛之助，整饬国力，再入中原。遂迎宗喀巴后之第三世喇嘛至蒙古，而加以达赖徽号（系蒙古之海字），由是蒙古人遂再为喇嘛教信徒。其后再传至五世喇嘛罗赞借武力之助,自立为西藏政治上之元首,建宫于拉萨附近之布达拉,而以班禅尊号加于其师,居扎什伦布,而定达赖、班禅化身传教之说。此说盖谓宗喀巴,遗言其二大弟子死后,必指示其转生之地,乃自此地迎立二婴儿为达赖、班禅二喇嘛也。罗赞自立为政治元首,则约当清朝初年(一六四四)也。

喇嘛教因其流布于西藏、青海、蒙古、满洲一带,清朝为怀柔藩部计,政策上遂加以保护尊崇。关于寺院之配置,及喇嘛之阶级与任免等诸制度,均由理藩院执掌。乾隆时(一七九三)至制定抽签法,为达赖、班禅转生之标准。世宗(雍正)初年,外蒙古喀尔喀部之哲卜尊丹巴胡土克图来北京而死,诏与达赖、班禅死时同一待遇,护其丧还外蒙古之库伦,而立为喇嘛教之一支。其后达赖喇嘛第五世弟子来京,世宗又大加优礼,寻置之于内蒙古之多伦泊,遂又生出多伦泊之一系。因此,喇嘛教遂分四系:(一)布达拉即拉萨,为达赖喇嘛之本系;(二)扎什伦布,为班禅喇嘛系;(三)库伦,为哲卜尊丹巴胡土克图系;(四)多伦泊,为章嘉胡土克图系。

第二节 本期朝廷对于佛教之法令

自帝王确立其取缔僧人之权力,对于教徒多加限制,自宋以后法令益密,兹分三项述之:

(一)管僧专职

五代管理僧尼之官似承唐制,梁太祖敕僧尼改属祠部,后唐有左街僧录。宋立祠部鸿胪寺掌道释宫观寺院之政,道释祠庙归其管理;天下寺僧名额若给空名者毋越常数;释籍帐除付之禁令,鸿胪少卿为之贰,丞参领之;鸿胪所属有在京寺务司及提点所掌诸寺葺治之事；传法院掌译经润文；左右街僧录司掌僧尼帐籍及僧官补之事。南渡后废鸿胪寺并入礼部。元代设宣政院，秩从一品，掌释教僧徒及吐蕃之境而隶治之。遇吐蕃有事，则为分院往镇，亦别有印。如大征伐，则会枢府议，其用人则自为选，其为选则军民通摄，僧俗并用。至元初原设总制院，以国师领之。二十五年因唐制吐蕃来朝见于宣政殿之故，改名宣政院，置院使、同知、副使、参议、经历、都事、管勾、照磨之属，诸元帅府、招讨司、安抚司、万户府皆隶焉，其权力之大可想。明初置善世院，后改为僧录司，属于礼部。其衙门初在南京天界寺，后在北京兴隆寺，后移隆善寺。天下僧有三等：曰禅，曰讲，曰教。在外僧人，府属僧纲司，州属僧正司，县属僧会司，皆统于本司。凡内外僧官检束僧人守戒律，违清规者从本司惩处。若犯与军民相干者，从有司治之。寺庙住持由僧纲保荐，申本司（或转申礼部）给札，给牒亦由僧司申礼部。清制仅设僧录司，属于礼部焉。

（二）出家之限制

自唐会昌以后，国家颇不大行毁法（如周世宗、宋徽宗均未积极毁法），概皆对于僧数寺数加以限制。或于出家严定规程，以防其滥，其方法则师法科举制度，此事约始于唐中宗之敕天下试经度僧。自此后唐末帝清泰二年（九三五），功德使奏每年诞节诸州奏荐僧道，其僧尼欲立讲论科、讲经科、表白科、文章科、应制科、持念科、禅科、声赞科，以试其能否，末帝从其议。至周世宗毁并寺院，有诏约束云：男子十五以上，念得经文一百纸或读得五百纸，女年十三以上，念得经文七十纸或读得三百纸，经本府陈状，乞剃头，委录事参军本判官试验。两京、大名、京兆府、青州各起置戒坛，候受戒时，两京委祠部差官引试；其三处祇委判官逐处闻奏。候敕下委祠部给付凭由，方得剃

附录二　五代宋元明佛教事略

头受戒。（上引《容斋三笔》，并注言：念经、读经之异，疑为背诵与对本）上说二令不悉果实行否，惟二代均享国极短，即行亦不久也。

至宋太祖、太宗均以试经度僧。建隆三年，诏每岁试童行通《莲经》七轴者给牒披剃；雍熙三年，诏系帐童行并与剃度，自今后读经及三百纸、所业精熟者方许系帐；至道元年，诏度僧尼诵经百纸、读经五百纸为合格。然是项法令似少遵行，故真宗复申前禁（大中祥符六年令天下试童行经业）。其后仁宗试天下童行，诵《法华经》。（见《归田录》）盖北宋所试经，率为《法华经》也。（见《统纪》引若讷《札子》）南宋则纳钱于官，便可出家。（据《容斋三笔》）孝宗时，僧录若讷上札，请复试经事，竟不行。（见《统纪》卷四十八，淳熙十一年，可详参）元代重佛，出家漫无限制。明太祖复试经之法（洪武六年、二十六、二十八年），不久度又滥。宣宗、英宗重申法令，宣德元年诏试经及格方准给牒，宣德二十年，正统十四年又申其令。宪宗时又滥发度牒（事在成化二年、十年、二十年）。明朝此法遂废弛，清朝遂不行此制。

出家须领官家度牒，始於唐玄宗时。宋时尤确度牒之制，太祖开宝四年四月定诸州度僧额。（《续通鉴长编》卷十四）牒由礼部下，祠部给之，每牒纳费百钱。太宗太平兴国二年正月，因工部郎中侯陟奏请，遂废止之。以后诸州每岁须以僧尼籍上祠部，由祠部发牒，由州之长吏亲给。但度僧之事渐多，试经所度之外，圣诞及官吏、内臣设寺，亦特别度僧。（见《长编》载仁、英、神、哲宗诞日及卷三五九载后妃圣节度僧及《宋史·张洞传》）《系年要录》二十五曰："建炎三年七月戊寅，诏诸州试经拨放度牒，及圣节恩例等，并权住。"又卷一百曰："旧法降赐度牒凡二：有拨赐，有试经。所谓恩例者，圣节所拨放也。"（参看杨万里《挥麈录》上）度人既多，张洞乃奏请减发度牒。至神宗初年而有发空名度牒之事，故在建炎年中礼部员外郎兼权祠部王居言："本部岁降诸路空名度牒，各不下五六万，而其间乃无一人缘试经者。"（《系年要录》五十一）

卖牒之举，始于唐肃宗。宋代卖牒（即空名度牒），不知始于何时，此有三说：一、《续通鉴长编拾补》，引宋陈均撰《九朝编年备要》曰：

"鬻度牒始自嘉祐。至德平总十三年，给七万八千余道。"

二、《建炎以来朝野杂记》甲集卷十五谓祠部度牒自治平四年冬始鬻之。（《系年要录》同）三、宋王栐《燕翼诒谋录》曰：

"僧道度牒，每岁试补。刊印板，用纸摹印。新法既行，献议者立价出卖，每一纸为价百三十千。然犹岁立为定额，不得过数。熙宁元年七月始出卖于民间。"

而《佛祖统纪》（《山堂考索》同）四十五曰：

"神宗熙宁元年七月，司谏钱公辅言，祠部遇岁饥河决，乞鬻度牒以佐一时之急，自今圣节恩赐，并与裁损，鬻牒自此始"。

日本曾我部静雄撰《宋度牒杂考》，断定嘉祐之说由于误会，而治平四年冬神宗已即位，卖牒之制确始于神宗时。

卖牒熙宁中取百三十千，其后价目有涨落。元丰间高者至三百千。徽宗大观四年岁卖三万余纸，新旧积压，民间折价至九十千。朝廷病其滥，住卖三年，仍追在京民间者抹毁，诸路民间闻之，一时折价急售，至二十千一纸。而富家停榻，渐增至百余串。（见《诒谋录》）高宗南渡，欲重其价，故改黄纸印者为绫，每牒所得者为一百千至数百千。后高宗欲抑释教，故住卖度牒，令天下僧道纳丁钱，自十千至一千三百凡九等，谓之清闲钱，年六十以上及残疾免纳。（见《统纪》四十七，志磐谓此为王荆公所创）高宗末年仍许卖牒。（见《统纪》）宋朝私度者依律科罚，常见于史书中。（以上多采录曾我部之考，在《史学杂志》四十一编六号中）

明代由官给牒，亦常猥滥。至明祚衰，亦行卖牒。成化二年，命礼部给牒鬻僧，以济饿民。（见《明大政纪》）二十年十月，给空名牒一万纸，分送山陕，令募民为僧道者，诣避灾处，输粟十石给度之。十二月预度天下僧道六万人，以救山陕饥。（《名山藏·典谟记》）嘉靖十八年定价为十两，三十七年减四两，隆庆中减为五两。清初定牒价为四两，后又免纳。（敛僧之法尚有卖号租税诸端）

出家人数朝廷亦行限制。辽代如统和十五年禁诸山寺毋滥度僧尼。宋代，开宝六年诸州僧帐许度一人；至道元年诏诸州僧三百人，岁度一人，尼百人，度一人；仁宗时听张洞之言减度三分一；高宗时停度僧人。明代，如洪武六年禁四十以下女子为尼；二十年令民二十上者不许为僧；永乐十六年定十年度僧一次，额府四十人、州三十、县二十；天顺二年又定十年一度；正德十六年，嘉靖十六年，均禁私度；万历中因沈鲤等议禁私建寺度人。清代，如康熙六年定大小寺人数等事；乾隆时亦有同样禁令。以上为诸代限度之概况。

（三）荣典

朝廷以颁荣典为奖诱僧人之具，兹述其重要者：一为赐名号（死后赐谥）。一为赐紫衣，最滥者如后晋天福五年天和节赐僧人道士紫衣师号者九十二人；六年天和节赐僧人道士百三十四人；而宋高宗时敕卖四字师号价二百千。一为赐寺额，如太平兴国三年赐天下无名寺额，曰太平兴国、曰乾明。一为赐僧人钱物，元朝每次常赐金千锭数百锭，银数千百锭，钱数十万贯不等。一为授爵位，元朝更为优渥混滥，授国师、仪同三司、光禄卿等是也。一为建寺礼庙，如宋太祖亲往龙门山广化寺；太宗敕造金铜像于五台、峨眉，重修峨眉五寺，又遣内侍送宝冠璎珞袈裟往峨眉普贤寺，峨眉山之有名自此始；真宗亦赐黄金三千金修普贤寺设斋。一为赐著作入藏，如后晋高祖敕以可洪《大藏经音义》四百八十卷入藏，宋仁宗敕赐天台教文入藏等事是也。一为行香，于皇帝诞日或国忌日百官往佛寺行香（见《西溪丛语》、《容斋笔记》、《王文正公笔记》等书），而僧道先后每为争端云。